새벽우물에서 퍼 올린

말씀묵상

새벽우물에서 퍼 올린

말씀묵상

레위기 · 민수기 · 신명기

박춘희 지음

kmc

감동과 기쁨의 눈물로 말씀을 만나기를…

"내가 날이 밝기 전에 부르짖으며 주의 말씀을 바랐사오며 주의 말씀을 조용히 읊조리려고 내가 새벽녘에 눈을 떴나이다"(시 119:147~148)

　새벽기도회에 참석하는 이들이 고마웠습니다. 그들이라고 어찌 피곤하지 않고, 졸리지 않겠습니까? 그런데도 변함없이 1년 365일 매일 새벽마다 주 앞에 나와 찬송을 부르고, 말씀을 묵상하고, 기도를 합니다. 그 이듬해에도, 그리고 또 그 이듬해에도 그러합니다. 새벽기도회 때에는 창세기부터 매일 한 장씩 읽어가며 말씀을 묵상하였는데, 한 번 마치는 데 대략 3년이 넘게 걸렸고, 그렇게 하기를 7년쯤 되니 성경 전권을 두 번 마치게 되었습니다. 세 번째를 앞둘 무렵, 이번에는 새벽기도회에 참석하는 이들에게 뭔가 더 잘 해드리고 싶었습니다. 성령께서 감동을 주셨습니다. 그것은 매일 새벽마다 창세기부터 성경 한 장씩 묵상할 내용을 유인물로 나누어 드려야 하겠다는 것이었습니다. 그리고 이렇게 함으로 단 한 사람이라도 더 새벽기도회에 나오게 하고 싶었습니다.

　그래서 다음날 새벽기도회에서 함께 묵상할 내용을 만들었습니다. B5 용지 한 장에 한 줄도 모자라지 않고, 한 줄도 넘어 가지 않도록 그 내용을 정확하게 한 페이지에 담았습니다. A4 용지로 하고 싶었지만, 조금 더 많은 분량 때문에 혹시 꾀부리다 중단하지 아니할까 염려스러워 그보다 조금 작은 용지로 한 것입니다. 매 장마다 중심이 되는 말씀 한 절을 찾아 요절로 삼고 그 요절에서 제목을 달았습니다. 그렇게 한 것은 주제에 맞춰 성경을 읽지 않고, 성경에서 그날 주시고자 하는 메시지를 듣고 싶었기 때문입니다. 즉 성경강해로 말씀을 묵상하도록 한 것입니다.

이러기를 매일 밤 하였습니다. 어느 날 미리 여러 장을 해 놓거나 하지 않았습니다. 매일 그 전날에 하였습니다. 무슨 일이 있거나, 어디를 다녀와 늦어져도 이 일을 해 놓고 잠을 잤습니다. 이렇게 창세기에서부터 에스더서까지 하였습니다. 때로는 힘들고, 꼭 이렇게 해야 하나 하는 회의도 있었습니다. 그렇지만 멈출 수 없었습니다. 새벽에 참석하는 이들은 은혜를 받았고, 매우 좋아하였습니다. 어쩌다 그날을 놓치면 그 후에라도 유인물을 달라 하는 이도 있었습니다. 물론 대수롭지 않게 여기는 이들도 있었습니다.

이것을 친분이 있는 목회자들과 공유를 하였습니다. 받아 본 목회자들의 반응이 좋았습니다. 그러다 소문이 났고, '강단과 목회'에서 원고 청탁을 해 왔습니다. 레위기·민수기·신명기 부분을 싣겠다는 것입니다. 그래서 내용의 분량을 늘리고 수정, 보완하여 연재를 하였습니다. 그것이 이제 책으로 나오게 된 것입니다.

레위기·민수기는 이른바 제사장 문서에 해당됩니다. 그리고 나란한 흐름에서 신학적으로 잘 정리된 신명기의 말씀이 이어집니다. 잘 알려져 있다시피 신명기와 제사장 문서는, 분단된 이스라엘과 유다가 나라를 잃어버리는 때와 깊은 관련이 있습니다. 그리고 바벨론 포로라는 민족적 대재난을 겪으면서 문서화된 경전의 형태로 자리 잡았습니다. 귀환한 유대인들은 예루살렘 성전과 도성을 재건하고 이 율법서(토라, Torah)를 통하여 영적 부흥을 일으키게 됩니다. 에스라가 낭독하는 율법의 말씀을 들으면서 그들은 감격에 북받쳐 뜨거운 눈물을 흘립니다. 비로소 그들에게 가시적인 도성의 건설, 불가시적인 심령의 재건이 함께 일어난 것입니다.

이것이 바로 성경을 읽는 독자의 마음가짐입니다. 따라서 이 시대를 살고

새벽우물에서 퍼 올린 말씀묵상

있는 우리도 감동과 기쁨의 눈물로 제사장 문서(그리고 그 외 모든 성경)를 말씀을 만났으면 합니다. 그럴 때 비로소 말씀의 취지도 이해하게 되고, 하나님의 은혜도 임하게 되기 때문입니다.

아무쪼록 이 책이 성경을 읊조리는 모든 이들에게 '새벽우물에서 말씀묵상을 퍼 올리는' 데 도움이 되기를 빌어 봅니다.

이 책이 나오기까지 강단과 목회에 연재해 주시고, 출판해 주신 감리회본부 출판국(도서출판 kmc) 손인선 목사님과 편집실에 감사를 표합니다. 그리고 사랑하는 아내 한상희를 비롯한 가족들에게 감사하며, 이 책을 일생 동안 새벽기도를 하신 103세이신 나의 어머니 김봉수 권사에게 드립니다.

2014년 4월
박춘희

| 차 례 |

PART ① 레위기 ——————————————— LEVITICUS

Leviticus

PART
1

레위기

| 레위기 |

LEVITICUS

1장

번제이면 기쁘게 받으시도록 드릴지니라

그 예물이 소의 번제이면 흠 없는 수컷으로 회막 문에서 여호와 앞에 기쁘게 받으시도록 드릴지니라.(3)

'성경통독을 한 번은 해야지.'라고 결심하는 사람도 출애굽기 후반부나 특히 레위기쯤에 오면 중도 포기하는 경우가 많습니다. 내용이 지루하고 무슨 말인지 몰라서 싫증이 납니다. 레위기에서는 그 시작부터 동물을 잡아 죽이고, 피를 뿌리고, 불에 태우는 제사(예배)의식이 나옵니다. 그러니 오늘날 현대인으로서는 이해하기 어려울 수밖에 없습니다. 그런데도 레위기를 포함한 성경이 우리 기독교에 전승되어 온 것은 그만한 이유와 가치가 있기 때문입니다. 레위기는 하나님을 예배하는 모든 것을 담고 있는 그릇이라 할 수 있습니다. 그 속에는 예배에 관한 보화와 진주(마 13:44~46)가 담겨 있습니다. 그것은 바로 레위기가 전하고자 하는 메시지입니다. 우리 모두 이 메시지를 캐내어 우리의 것으로 삼아 봅시다.

제사와 거룩

레위기는 출애굽기 19장 5~6절과 관련이 있습니다. "너희가 내 말을 잘 듣고 내 언약을 지키면 너희는 모든 민족 중에서 내 소유가 되겠고 너희가 내게 대하여 제사장 나라가 되며 거룩한 백성이 되리라." 이 말씀에 나오는 '내 소유', '제사장 나라', '거룩한 백성'이라는 세 단어는 매우 중요한 말입니다. 이스라엘은 하나님의 소유인 제사장 나라로서 전 세계 열방이 하나님께 나아갈 수 있게 해야 합니다. 그리고 하나님의 소유인 거룩한 백성으로서 자신을 온전히 바치는 제물이 되어야 합니다. 레위기는 바로 이 언약을 이루어 가게 해 줍니다. 그것은 두 가지로, 하나는 전반부(1~16장)에 나오는 '제사'이고, 또 하나는 후반부(17~27장)에 나오는 '거룩'입니다. 이것을 통하여 하나님의 소유와 제사장 나라와 거룩한 백성이 될 수 있는 것입니다.

참다운 예배

레위기는 번제, 소제, 화목제, 속죄제, 속건제를 두 번씩(1:1~6:7, 6:8~7:38) 소개합니다. 그중에 1장은 '번제'(燔祭)에 대한 말씀입니다. 번제는 제사 중에 가장 기본적인 것으로 흔히 그저 '제사'라고만 말할 때에는 '번제'를 일컫기도 합니다. 번제는 제물을 불에 태워 바치는 화제(火祭)의 형태입니다.(9, 13, 17)

번제로 드리는 제물은 반드시 흠이 없는 가장 좋은 것이어야 했습니다(3, 10). 만일 흠이 있거나 병든 것을 바친다면, 그것은 어차피 버릴 것이니 하나님께나 바치자 하는 꼴이 됩니다. 그렇게 되면 아무런 가치가 없는 예배가 되고 맙니다. 영어로 예배를 'worship'이라 하는데, 많은 이들이 이 단어를 가장 가치(worth) 있는 것을 드리는 행위(ship)라고 풀이합니다. 참다운 예배는 나의 가장 소중한 시간과 물질과 정성을 바치는 것입니다.

또한 제물의 머리에 안수를 하고 바쳐야 합니다(4). 이것은 예배하는 이가 자신과 제물을 동일시한다는 의미입니다. 즉 제물을 바치는 이가 제단에 자기 자신을 바친다는 상징적인 행위인 것입니다.

속죄와 순종

이렇게 드린 번제는 속죄(贖罪)의 기능을 합니다. 속죄란 죄 지은 자가 마땅히 받아야 할 형벌의 대가를 돈이나 다른 사람, 또는 동물이 대신 치르는 것을 말합니다. 번제가 죄와 관계없이 드려지는 경우도 있습니다. 그것은 순종과 헌신 또는 감사를 표현하는 제사입니다. 아브라함이 아들 이삭을 바친 번제는 순종과 헌신을 보여 주는 대표적인 예입니다.

이 두 가지, 즉 속죄와 순종(헌신)을 통합한 것이 예수님의 제물 되심입니다(히 9:26). 예수님은 "세상 죄를 지고 가는 하나님의 어린 양"(요 1:29)입니다. 예수님은 기꺼이 그리하셨습니다. 오늘날 우리도 예배를 통하여 피 흘려 돌아가신 예수님의 대속의 은총을 깨닫고, 기꺼이 하나님께 순종과 헌신을 다짐해야 합니다. 이것이 우리가 드릴 영적 예배이며, 하나님은 그러한 예배를 기쁘게 받으십니다.(요 4:23~24)

| 레위기 |
LEVITICUS

2장

첫 이삭의 소제를
여호와께 드리거든

 너는 첫 이삭의 소제를 여호와께 드리거든 첫 이삭을
볶아 찧은 것으로 네 소제를 삼되 그 위에 기름을 붓고
그 위에 유향을 더할지니 이는 소제니라.(14~15)

향기로 드리는 제사, 소제

'소제'(素祭)는 번제와 화목제와 더불어 '여호와께 향기로운 냄새'를 드리는 세 개의 제사 중 하나입니다. 하지만 소제는 번제와 화목제와는 달리 동물의 피와 관계없이 곡식으로 드리는 유일한 제사입니다. 곡식으로 만든 밀가루와 기름이 소제의 주요 제물이었습니다. 밀가루는 익히거나 날 것으로 바쳤습니다. 익히지 않은 곡식으로 소제를 드릴 경우(1~3)에는 고운 가루 또는 볶은 새 곡식에 기름을 섞은 다음 약간의 유향을 그위에 뿌려 놓습니다. 익혀서 드릴 경우(4~10)에는 세 가지입니다. 즉 화덕으로 구운 빵이나 과자(4), 철판에 부친 것(5~6), 냄비(솥)에 찐 것(7)으로 드릴 수 있습니다. 이때 공통점은 고운 가루에 누룩을 넣지 않고 기름을

뿌려 익혀야 한다는 것입니다. 제사장은 이것들을 받아 그 일부를 태워 향기로 제사를 드렸습니다.

소제의 목적

소제는 일반적으로 번제에 이어 드렸습니다. 소제는 하나님께서 율법을 주신 것에 감사하며, 그 율법에 순종하여 기꺼이 그 율법을 지키겠다는 마음의 표현이었습니다. 번제와 마찬가지로 소제도 일생 되풀이하여 드리는 제사입니다. 이 제사는 왕국시대에 아침저녁으로 드리기도 할 만큼 정기적으로 자주 드렸습니다. 그만큼 인간은 반복적으로 예배를 통하여 하나님의 용서를 구해야 했으며, 또한 헌신을 새롭게 해야 했습니다.

또한 소제에는 제사장들에게 양식을 제공하는 실용적인 목적도 있었습니다. 소제는 번제와 함께 가장 빈번히 드리는 제사라, 그 제사를 드린 후에는 제물로 바쳐진 모든 것들이 제사장의 몫으로 주어졌습니다. 제사장들과 레위인들은 아무 땅도 기업으로 물려받지 못하기에 전적으로 백성에게 의존해야 했습니다. 백성은 모든 소득의 십일조와 제사에 사용하는 제물을 하나님께 드림으로 하나님 백성의 도리를 다하면서 동시에 제사장들과 레위인들의 생계를 유지하게 했던 것입니다.

소제는 곡식을 알갱이로 바치는 것이 아니라 가루로 만들어 바쳤습니다. 가루가 되어야 무엇이든지 만들 수 있습니다. 우리도 가루로 하나님께 바쳐져 하나님을 통하여 새로 지으심을 받는 제물이 되어야 합니다.

그리스도의 향기

소제를 드릴 때 누룩과 꿀은 사용하지 못하게 하였습니다(11). 누룩과 꿀은 밀가루를 발효시켜 부패할 수 있기 때문인 것 같습니다. 그 대신 소금과 기름과 향유를 사용해야 합니다(13, 15). 소금은 부패를 방지하며 불변하게 합니다. 기름과 향유도 소금과 같은 역할을 하면서 또한 향기로운 냄새를 나게 합니다. 이것들은 우리가 하나님께 나아갈 때의 마음을 잘 보여 주고 있습니다. 우리는 오직 순결하고 정결하게 하나님께 나아가야 합니다.

또한 이 소제는 반드시 불로 태우는 화제(火祭)로 드려야 합니다. 불로 태울 때 나는 향기로 드리는 제사이기 때문입니다. 이 부분은 매우 중요합니다. 이 장에서도 세 차례나 반복하여 "여호와께 향기로운 냄새니라." (2, 9, 12)고 강조합니다. 사도 바울도 우리 그리스도인들을 가리켜 '그리스도의 향기'라 하였습니다(고후 2:15). 사도 요한도 성도들의 기도를 향이라 하였습니다.(계 5:8, 8:3~5)

우리 모두 하나님의 백성으로서 하나님 앞에 예배드릴 때에는 기도의 향기는 물론이요, 우리의 삶의 자리에서도 세속에 물들지 말고 믿음을 지켜 그리스도의 향기를 내야 하겠습니다. 이것이야말로 주일에 교회에서 예배드릴 때뿐만 아니라, 월요일부터 토요일까지의 생활 속에도 예배가 삶으로 이어지는 그리스도인의 아름다운 모습입니다. 우리 모두 이런 삶으로 하나님께는 향기로운 제사를 드리고, 사람들에게 향기로운 영향을 끼치도록 합시다.

| 레위기 |

LEVITICUS

3장

화목제의 제물을
예물로 드리되

사람이 만일 화목제의 제물을 예물로 드리되 소로 드
리려면 수컷이나 암컷이나 흠 없는 것으로 여호와 앞에
드릴지니(1)

더불어 화목하는 제사

'화목제'는 번제와 소제에 이어 여호와께 향기로운 냄새로 드리는 세 번째 제사입니다. 번제와 소제는 의무적으로 드리는 정규적인 제사인 반면, 화목제(和睦祭)는 예배자가 드리기 원할 때 드리는 선택적인 제사입니다. 이 제사는 감사함으로(감사제), 자원함으로(낙헌제), 또는 서원(서원제)을 이루기 위하여 드렸습니다.

화목제의 제물은 암수 관계없이 가축으로 드릴 수 있었습니다. 번제에서는 제물 전체를 하나님께 드렸으나 화목제의 경우에는 세 부분으로 나누어 드렸습니다. 하나는 동물의 내장, 콩팥, 간 등과 그것을 덮고 있는 기름을 태워 하나님께 드리고, 그 다음으로 피는 제단에 뿌리게 하였습니다. 그리고 드린 제물에서 고기는 일부분 자신의 몫으로 되돌려 받을 수 있었습니다.

제사 후에는 되돌려 받은 짐승의 고기를 먹는 것을 허용하였기 때문에 (7:15), 제물의 일부는 제사장들과 회막 봉사자들이 먹었으며, 그 나머지는 예배자가 가족이나 친지, 이웃들과 함께 나누어 먹었습니다. 따라서 화목제는 하나님과도 화목하고, 사람들과도 화목하는 즐거운 축제였습니다. 이들은 이렇게 음식을 나누면서 평안과 기쁨을 함께 나누었던 것입니다.

즐거움 중에도 정결하게

그러나 이것은 아무렇게나 먹는 식탁은 아니었습니다. 하나의 의식(儀式)이었습니다. 그렇기 때문에 이 식사에 참여하는 사람은 정결해야 합니다. 그리고 피와 기름은 결코 먹어서는 안 됩니다.(17)

사무엘상 1장에 보면 엘가나의 가족은 매년 실로에 올라가서 제사를 드렸습니다. 비록 제사의 이름은 언급되지 않았지만 엘가나가 제물의 분깃을 가족들에게 나누어 준 것을 보면 그것이 바로 화목제였음을 알 수 있습니다. 화목제물은 새만 제외하면 번제와 동일합니다. 아마도 새는 나누어 식사하기에는 너무 작기 때문에 제물로 쓰지 않은 듯합니다.

화목제에서도 피를 뿌리는 의식이 있었으나 속죄의 목적은 아닙니다. 속죄는 화목제를 드리기에 앞서 드려진 번제의 주요 목적이었습니다. 그런데 화목제에서도 피를 뿌리는 것은 이렇게 즐겁고 경사스러운 제사라 할지라도 항상 '죄를 용서받아야 함'을 상기시켜 줍니다. 그 예로 욥을 들 수 있습니다. 욥은 자녀들의 생일잔치를 한 후에 제사를 드렸습니다(욥 1:5). 그 잔치를 하는 동안 잔치에 정신이 팔려 자기들도 모르는 사이에 잘못(죄)을 저질렀을 수 있기 때문입니다.

언약의 피

주님의 최후의 만찬은 이 화목제와 흡사합니다. 예수님은 성만찬에서 포도주를 가리켜 "이 잔은 내 피로 세운 새 언약"(고전 11:25)이라 하셨습니다. 모세도 번제와 화목제를 드리고 백성에게 피를 뿌리며 여호와의 말씀에 대하여 "너희와 세우신 언약의 피"(출 24:8)라 하였습니다.

모세는 열두 지파대로 열두 기둥을 세우고 피를 뿌려 언약식을 하였는데(출 24:4), 예수님은 열두 제자와 언약을 새롭게 합니다. 즉 피로 맺어진 구원의 공동체임을 보여 줍니다. 그렇습니다. 교회는 예수님의 살과 피로 맺어진 공동체입니다. 한 식구요, 한 식탁의 사람입니다. 하나님의 자녀요 가족이요 권속(眷屬)입니다.

예수님이 이 세상에 오신 목적 중 하나도 화목입니다. 에베소서 2장 14~18절에서는 예수님이 친히 화목제물이 되셔서 평화를 이루신다 하셨습니다.

이런 점에서 오늘날 우리의 예배가 화목제가 되어야 합니다. 우리는 예배를 통하여 우리 모두 한 가족임을 확인하고, 먼저는 하나님 아버지와 화목하는 예배, 그리고 성도끼리 화목하는 예배가 되어야 하겠습니다. 나아가 오늘날 간혹 교회 분열과 성도의 갈등으로 아픔을 겪는 교회들은 예배 회복을 통하여 성령께서 하나 되게 하시는 역사로 치유되기를 바랍니다.

| 레위기 |
LEVITICUS

4장

죄를 깨달으면
속죄제로 드릴지니

 여호와의 계명 중 하나라도 부지중에 범하여 허물이 있
으나 스스로 깨닫지 못하다가 그 범한 죄를 깨달으면
회중은 수송아지를 속죄제로 드릴지니(13~14)

속죄제의 특징

'속죄제'는 여러 제사 중에서 가장 자세하게 묘사되어 있습니다. 먼저 제
사하는 사람은 신분에 따라 자신이 드려야 하는 흠 없는 동물을 선택합
니다. 그리고 그 제물을 회막 입구로 가져와 제물의 머리에 안수한 다음
에 잡습니다. 번제와 화목제에서는 제물의 피를 단 주위에 뿌리지만 속죄
제에서는 그 피를 대야에 담아 제사하는 이의 신분에 따라 다르게 뿌립
니다. 제사장이 속죄할 경우에는 회막 안으로 들어가서 피를 성소의 휘
장에 일곱 번 뿌립니다(16). 그리고 약간의 피를 성소 안에 있는 향단 뿔
에 바릅니다. 그러나 족장이나 평민이 속죄할 경우에는 회막에 들어가지
않고 회막 뜰에 있는 번제단에 손가락으로 찍어 바르고 나머지는 번제단

밑에 쏟아붓습니다.

이처럼 속죄제의 특징은 피를 뿌리거나 바르는 의식에 있습니다. 두말할 것도 없이 이것은 예수님의 보혈(벧전 1:2, 요일 1:7, 계 7:14 등)의 예표입니다. 주님은 전 인류의 죄를 속죄하기 위하여 골고다에서 피를 쏟아부어 주셨습니다.

하나님과의 관계를 깨끗하게 함

속죄제와 속건제는 둘 다 죄와 연관이 있으나 속죄제는 하나님과 관련한 종교적인 죄를 정결하게 하는 제사라면, 속건제는 일상생활에서 실제 일어나는 범죄 행위에 대한 배상으로서 용서를 비는 제사라 할 수 있습니다. 속죄제는 여호와의 계명 중 하나라도 그릇 범하면 드려야 하는 제사입니다(2). 이 범죄는 모르고 저지른 것, 즉 부지중에 실수로 저지른 죄까지도 포함합니다(13~14). 이러한 내용으로 보아 여기에서 언급하는 '계명'이라는 말은 꼭 십계명에 국한되기보다는 좀 더 광범위한 범죄행위, 주님의 금령을 범한 모든 것이라 할 수 있을 것입니다.

속죄제는 일종의 정결례로서 하나님과 인간 사이에 죄로 생긴 더러움을 씻어 내는 제사입니다. 만일 우리가 하나님과의 관계가 깨끗하지 못하면 다른 제사가 용납될 수도 없을 뿐 아니라 제사 지내는 성소까지도 더러워집니다. 또한 이스라엘 공동체까지도 더럽혀집니다. 그러니 하나님과 인간 사이의 보다 근원적인 문제를 해결해 주고, 공동체까지도 정화시켜 주는 것이 속죄제인 것입니다. 그래서 속죄제에서 볼 수 있는 중요한 후렴 문구는 "그가 사함을 받으리라."(4:20, 26, 31, 35; 5:10, 13)입니다.

죄를 깨닫는 것의 중요성

무엇보다 중요한 것은 자신의 죄를 깨닫는 데 있습니다. 즉 죄의식이 없으면 속죄제를 드릴 수 없습니다. 대제사장의 범죄와 온 회중의 범죄는 같은 비중으로 다룹니다. 이들은 스스로 죄를 깨달아야 합니다. 제사장뿐 아니라 일반 회중도 죄를 깨달아 제사를 드리는 것이 가장 이상적입니다(14). 그러나 죄를 깨닫지 못하는 지도자(족장 등)나 평민이 있다면 누군가가 깨우쳐 주어서라도(23, 28) 이 제사를 드리게 해야 합니다.

오늘날 우리가 살고 있는 현대사회를 가리켜 '죄의식이 없는 시대'라 합니다. 교회에서도 목사가 강단에서 죄를 깨우치는 설교를 하면 싫어하는 시대가 되었습니다. 죄를 가지고 위로받기보다는 죄를 해결하고 기쁨으로 사는 것이 더 좋습니다. 죄와 함께 사는 것은 일시적인 위로에 불과하기 때문입니다. 성경도 살아 있는 하나님의 말씀으로서 마음과 생각과 뜻을 판단하여 가르쳐 줍니다(히 4:12). 우리는 늘 성경을 읽고 말씀을 들으며 우리가 하나님과 올바른 관계에 있는지 살펴보도록 합시다. 잘못(죄)이 있다면 속죄기도를 통하여 주님의 보혈로 정결케 됩시다. 그리고 기쁨으로 살아갑시다.

| 레위기 |
LEVITICUS

5장

이는 속건제니

 이는 속건제니 그가 여호와 앞에 참으로 잘못을 저질렀음이니라.(19)

속건제의 의미

번제, 소제, 화목제는 각 한 장씩 소개하는 반면에 속죄제는 4장 1절~5장 13절에 걸쳐, 속건제는 5장 14절~6장 7절에 걸쳐 소개합니다. 속죄제(贖罪祭, the Sin Offering)가 하나님과의 관계에서 보다 근본적인 죄를 정결하게 하는 것이라면, 속건제(贖愆祭, the Guilt Offering)는 성소나 이웃 등에게 손실을 입히는 범죄를 저지른 것에 대하여 배상하는 의미가 있습니다. 잘못을 저지른 사람은 변상을 해주고, 하나님께 속건제물을 드립니다. 이것은 신의 노여움을 달래는 의미가 있습니다. 속죄제는 신분에 따른 제물과 제사 방식, 그리고 피 뿌림에 대하여 상세하게 가르치는 반면에, 속건제는 제사 의식보다는 죄의 성격에 따른 제물의 가격을 강조합니다.

성물, 이웃에 대한 범과 보상

'속건제'에서 다루는 범과는 크게 두 가지입니다. 하나는 하나님의 성물 (15)에 대하여 부주의로 범했을 경우와 계명 중 하나(17)를 부지중에 범했을 경우입니다. 또 하나는 이웃의 재산에 손해를 입혔을 경우(6:2~3)입니다.

성물이란 하나님께 바친 모든 것을 의미하는데, 하나님께 드린 동물, 집, 밭, 십일조 등이 모두 여기에 해당합니다. 이 성물에 대한 범과는 하나님께 무엇을 바치기로 서원하고 바치지 않거나, 꼭 바쳐야 할 것(십일조 같은 것)을 바치지 않았거나, 바쳐진 것(성물)에 손을 대거나, 바쳐진 제물의 고기를 먹지 말아야 할 사람이 먹었거나 하는 것 등입니다. 이럴 경우 그 성물의 본래 가격의 오분의 일을 더하여 배상해야 했으며, 흠 없는 숫양으로 하나님 앞에서 자신의 잘못을 인정하는 제사로 속건제를 드려야 했습니다.

뿐만 아니라 이웃의 재산에 손해를 입히는 것도 여호와께 신실하지 못하여 생긴 범죄로 간주하였습니다. 남의 물건을 도둑질하거나 착취하거나 맡은 것이나 주운 물건을 속이거나 부인하여 돌려주지 않았을 경우(6:2~4) 그것에 대한 보상과 함께 제물을 드려야 했습니다(6:4~5). 이때에도 성물에 대하여 배상한 것처럼 본래 물건에 오분의 일을 더하여 돌려보내야 합니다(6:5). 그리고 역시 흠 없는 숫양을 속건제물로 바쳐야 합니다(6:6). 이렇게 하여 그는 속죄를 받을 수 있었습니다.

속건제에서 손해를 끼친 것(성물, 물건 등)에 더하여 내어놓는 것은 피해 입은 성전의 제사장이나 손해를 입은 사람에 대한 보상이요, 제물로 드린 숫양은 속죄 받기 위하여 하나님께 드리는 보상이라 할 수 있습니다.

철저한 회개

지금까지 살펴본 다섯 가지 제사에 쓰인 제물은 모두 이스라엘 회중(오늘의 우리)을 대신하여 바쳐진 소나 양이나 염소 등입니다(곡물도 있습니다). 그 짐승들은 인간 대신 죽은 대속물입니다. 전 인류를 위한 대속물은 우리 주님이십니다(사 53장). 그 주님의 피가 우리를 살려내었습니다. 구원하였습니다. 그 은혜에 감사할 따름입니다.

1903년 원산에서 일어난 영적 대각성 회개운동은 전국으로 확산되면서 하나의 특징을 지니게 되었습니다. 그것은 말로만의 회개가 아니라 실제로 회개를 몸으로 실천했다는 것입니다. 예를 들어 만일 어떤 이가 남의 돈을 떼어 먹었다거나 공금에 손실을 끼쳤다면 그것을 갚아 주면서 회개하였다는 것입니다. 비단 금전의 문제에 국한된 것이 아니라 축첩을 하였으면 그 여인을 돌려보내고 그런 일을 그만 둔다든지 하는 것 등 보다 넓은 의미입니다. 이러한 철저한 회개가 교회에 영적 각성과 부흥을 가져다주는 계기가 되었습니다. 오늘날 우리는 혹시 입술로만 회개하고, 또 잘못을 반복하고 있지는 않은지 생각해 볼 일입니다.

| 레위기 |
LEVITICUS
6장

불은 꺼지지 않게
할지니라

 불은 끊임이 없이 제단 위에 피워 꺼지지 않게 할지니라.(13)

6장과 7장에서 1장부터 5장까지 소개했던 다섯 가지 제사를 다시 한 번 소개합니다. 그러나 이번에는 두 가지 점에서 앞의 것과 다릅니다. 첫째, 앞에서는 제사에 관한 내용을 이스라엘 자손 전체에게 일러 주셨는데, 여기서는 제사장을 대상으로 하신 말씀입니다. 따라서 제사의 일반적인 것은 다 똑같지만 여기에서는 주로 제사장들이 알아야 할 사항들을 말씀합니다. 둘째, 제사를 소개하는 순서가 앞에서는 번제, 소제, 화목제, 속죄제, 속건제인데, 여기서는 화목제가 가장 뒤에 있다는 점입니다.

불을 꺼뜨리지 말라

제사 전반에 대하여 제사장들에게 일러 준 말씀 가운데에는 번제단의 불을 꺼지지 말게 하라는 것과 제사 후에 타고 남은 기름과 나무의 재를 청소하라는 것이 있습니다. 제사장은 아침에 청소할 때는 재를 먼저 제단 옆에 옮겨두었다가 청소에 합당한 옷으로 바꾸어 입고, 재를 진 바깥 깨끗한 곳으로 가져다 버려야 합니다(10~11). 그만큼 성과 속을 구분하고 있는 것입니다. 이것은 오늘날 성의(聖衣)를 입는 것에 대해 다시 한 번 생각하게 합니다.

제사장의 직무에서 매우 중요한 것은 언제든지 제사드릴 수 있게 제단의 불을 꺼지지 않게 하는 것입니다. 옛날에는 불씨가 매우 소중한 것이었습니다. 불을 한 번 꺼뜨리면 다시 불을 붙이기가 그리 쉽지 않았기 때문입니다. 제사는 아침저녁 공식적으로 드리는 것 외에 낮에도 드릴 수 있었는데, 그때마다 다시 불을 붙이는 일이 번잡하기도 하고, 자칫하면 제사에 차질을 가져오기도 합니다. 이런 점에서 불은 언제나 제사 준비 상태를 의미하는 것으로 볼 수 있습니다. 이 일이 얼마나 중요하면 "제단에 불을 꺼뜨리지 말라."는 당부를 세 번이나 반복하여(9, 12, 13) 하셨겠습니까? 저녁 제사 이후에 아침까지는 따로 제사가 없었습니다. 그래도 번제단의 불을 꺼뜨려서는 안 됩니다. 이와 함께 성소 안에 있는 등대의 등불도 밤새도록 켜 놓아야 합니다. 우리 하나님은 불 꺼진 성막을 원하지 않으셨습니다.

언제나 간직해야 할 불

현대 교회에서도 늘 간직하고 있어야 하는 것은 '불'입니다. 이 불은 항상 꺼지지 않게 해야 합니다. 특히 하나님께 예배할 때에 언제나 준비된 예배를 드려야 하는데, 그 방법은 우리 심령에 성령의 불을 꺼지지 않게 하는 것입니다.

처음 교회(초대 교회)의 시작은 불이었습니다. 예수님이 승천하신 이후에 성도들은 예루살렘을 떠나지 아니하고 오로지 기도에 힘썼습니다. 오순절이 되자 하늘로부터 불의 역사가 일어났습니다. "마치 불의 혀처럼 갈라지는 것들이 그들에게 보여 각 사람 위에 하나씩 임하여 있더니 그들이 다 성령의 충만함을 받고"(행 2:3~4)라는 말씀처럼 처음 교회는 불을 붙이는 것으로 시작하였습니다. 모세도 소명을 받을 때에 불꽃 가운데에서 하나님을 만났습니다. 엘리야가 바알 선지자와 대결할 때 하나님은 불로 응답하셨습니다. 불은 하나님을 향한 우리의 열정과 식지 않는 신앙을 말합니다.

오늘날 우리 교회에서도 성령의 불이 꺼지지 않게 합시다. 찬송의 불이 꺼지지 않게 합시다. 예배의 불이 꺼지지 않게 합시다. 기도의 불이 꺼지지 않게 합시다. 기도의 향기가 항상 피어오르게 합시다. 우리의 삶도 불처럼 열정적으로 뜨겁게 삽시다.

제사와 거룩

소제는 2장에서, 속죄제는 4장에서 이미 다루었습니다만 여기에서는 이러한 제사에 대하여 '지극히 거룩하니'라는 말을 첨가하였습니다(17, 25; 속건제 7:6). 그렇습니다. 제사와 제물은 거룩해야 합니다. 또한 바쳐진 제물을 먹을 때에도 거룩한 곳에서 먹어야 합니다. 거룩은 곧 정결을 의미합니다. 따라서 제사 지내는 과정에서 옷에 피가 묻으면 깨끗이 씻어야 하고(27), 사용한 그릇도 깨끗이 씻어야 합니다(28). 오늘날 우리의 예배에도 거룩과 정결이 있어야 합니다. 그것은 예배(회개)를 통하여 예수 그리스도의 보혈로 우리 영혼을 맑게 씻는 것입니다.

7장

기름과 피를 먹지 말라

 너희는 소나 양이나 염소의 기름을 먹지 말 것이요(23)
너희가 사는 모든 곳에서 새나 짐승의 피나 무슨 피든
지 먹지 말라.(26)

기쁨 중에도 잊지 말아야 할 것

제사에 관한 모든 내용을 마치면서 마지막으로 다시 한 번 언급하는 것
은 '화목제'입니다. 화목제는 이스라엘 백성이 고기를 먹을 수 있는 좋은
기회였습니다. 그러나 이때에 먹지 말아야 할 것이 두 가지 있었습니다.
하나는 기름이고(23), 또 하나는 피입니다.(26)

이미 3장에서 다룬 대로 화목제는 두 가지 목적이 있습니다. 하나는 하
나님과 더불어 화평을 누리는 것이고, 또 하나는 일가친척 이웃과 더불
어 화목을 도모하는 것입니다. 이 두 가지를 함께 만족시키는 제사가 바
로 화목제입니다. 그들은 하나님께 화목제물을 바침으로 제사로는 하나
님과 친교를 나누고, 공동식사로는 이웃과 친교를 나누는 것입니다.

다른 제사에 비하여 아무래도 잔치 같은 분위기일 수밖에 없는데, 이때에도 마음이 흐트러져 신의 영역을 넘어서는 일이 없도록 주의시켰습니다. 그것은 먹는 데 정신 팔려 기름과 피까지 먹어서는 안 된다는 것입니다. 이것은 이미 3장 17절에서 한 차례 말씀하신 바 있습니다. "너희는 기름과 피를 먹지 말라 이는 너희의 모든 처소에서 너희 대대로 지킬 영원한 규례니라."

기름과 피를 먹지 말아야 하는 이유

고기는 사람이 먹더라도 제사로 바친 가축(소, 양, 염소)의 기름과 피는 따로 구분하여 하나님께 드려야 하기 때문입니다. 결코 사람이 먹어서는 안 됩니다. 그 까닭은 사람들에게 희생 짐승의 피와 기름이 가지는 생명의 의미를 깨우쳐 주기 위함입니다. 제사를 드리기 위해 자주 짐승을 잡다 보면 자칫 짐승의 생명을 가볍게 여길 수 있기 때문입니다. 그래서 그들에게 생명에 대한 경외심을 가지게 하는 것이 필요했습니다.

또 하나의 이유는, 고기는 사람의 것, 기름과 피는 하나님의 것으로 구분함으로써 모든 생명은 하나님께 속한 것임을 가르쳐 주기 위해서입니다. 특히 피를 먹지 못하게 한 것은 이미 하나님께서 노아와 그 후손들에게 말씀하신 내용(창 9:3~6)입니다. 하나님은 대홍수 이후에 노아의 가족들에게 모든 동물과 채소를 먹을거리로 주신다고 하시면서도 그것들을 먹을 때 피째 먹지 말라고 하셨던 것입니다. 피는 생명이기 때문입니다.

기름도 매우 소중하게 여겨서 제물로 드린 것 외에 다른 짐승에게서 나온 기름이라도 먹거나 허비하지 말고 중요한 용도(등불기름 등)로 쓰라(24)는 것입니다. 하나님은 이 규정에 대하여 엄격하셨습니다. 만일 이 규정을 어길 경우에는 "자기 백성 중에서 끊어지리라."(25, 27)고 하셨습니다. 그만큼 생명을 소중히 여기고 하나님의 영역을 침범하지 못하게 하신 것입니다. 또한 함부로 모든 것을 소모하거나 낭비하지 말고 필요에 따라 긴하게 사용하도록 당부하시는 것입니다.

화목제물 되신 예수님

하나님께 바쳐진 화목제물이 인간에게는 먹을거리가 되었습니다. 우리는 이러한 가르침에서 말구유(먹이통)에서 태어나신 예수님을 생각해 봅니다. 예수님은 하나님께는 화목제물이 되셨고, 온 인류에게는 먹이가 되어(성만찬) 우리를 살리셨습니다. 우리는 성찬예식에 참여할 때에 주님께서 우리에게 당신의 생명이신 살과 피를 주셨음을 잊지 말아야 합니다. 예수님은 말씀하셨습니다. "나는 생명의 떡이니 내게 오는 자는 결코 주리지 아니할 터이요 나를 믿는 자는 영원히 목마르지 아니하리라."(요 6:35)

"나의 생명이 되시는 주님, 감사합니다. 주님, 당신을 사랑합니다. 우리도 이 생명 나누며 살게 하소서." 모든 이들이 주님께로 나아와 생명의 떡과 생명의 물을 함께 나눌 수 있기를 바랍니다.

관유를 붓고
거룩하게 하고

 또 관유를 아론의 머리에 붓고 그에게 발라 거룩하게 하
고(12)

용서하시고 제사장 삼으시는 하나님

출애굽을 한 이스라엘 백성은 시내 산 아래에서 하나님과 언약을 맺고 계명과 법을 받았습니다. 또한 성막을 지었고, 그 성막에서 어떻게 제사를 지내야 하는지에 관한 규례를 받았습니다. 레위기에서는 제사에 대하여 상세하게 알려 주고 있습니다. 레위기 7장까지는 제사에 대한 규례를 말씀하셨고, 8장부터 10장까지는 앞에서 언급한 제사를 주관하는 제사장을 세우고 그 제도의 실행해 가는 것에 대하여 말씀합니다.

8장에서는 아론이 이스라엘 최초의 대제사장으로 위임을 받고, 이레에 걸쳐 위임식을 거행합니다. 그런데 곰곰이 생각해 보면 아론이 대제사장이 되었다는 것은 하나님의 크나큰 용서와 은혜입니다. 아론은 모세의 형

이요, 지도자로서 모세가 시내 산에 올라가 계명을 받는 동안 산 아래에서 하나님을 잘 섬기도록 백성을 독려하며 모세를 기다려야 했습니다. 그런데 오히려 아론은 금송아지 우상을 만드는 데 관여하여 함께 우상 숭배를 하는 크나큰 잘못을 저질렀습니다. 그 일로 이스라엘 백성은 모두 진멸당할 뻔하였습니다. 그럼에도 불구하고 하나님은 큰 죄를 지은 아론을 대제사장으로 삼아 주셨습니다.

이는 마치 주님을 세 번이나 모른다고 부인한 베드로에게 당신의 양 떼를 맡긴 것이라든지, 처음 교회의 신도들을 잡으러 다니며 핍박에 앞장섰던 바울에게 이방 선교를 맡기신 것과 같습니다. 우리도 마찬가지입니다. 우리도 모자람과 흠이 많은데, 하나님께서 불러 주셨습니다. 그래서 새찬송가 320장에서 이렇게 노래합니다. "나의 죄를 정케 하사 주의 일꾼 삼으신 구세주의 넓은 사랑 항상 찬송합니다."

위임식 절차

8장에는 제사장 위임식 절차가 간략하게 잘 나타나 있습니다. 물로 씻음, 제사장(아론) 의복을 갖춤, 기름 부음, 속죄제(14~17)와 번제(18~21)와 위임식 제사(22~29), 피 뿌림(30), 공동식사(31) 등의 순서로 진행됩니다. 그리고 이 위임식의 행사는 이레 동안 이어집니다.(33)

이 과정에서 첫 번째로 하는 일은 물로 씻음을 받는 것입니다(6). 이것은 그들의 온갖 죄악과 부정한 것을 깨끗하게 하는 의식입니다. 그 다음에는 거룩한 옷을 입습니다(7~9). 그들은 이 옷을 입음으로 자연인으로서 한 개인은 감춰지고, 공적인 존재로서 하나님의 권위를 나타내며 일반인과 구별되는 외모를 갖추게 됩니다. 그런 후에 기름 부음(관유, 灌油)을 받습니다(12). 이 의식이야말로 직임을 위임받았다는 가장 두드러진 표시입니다. 이것은 전통적으로 하나님께서 특정인에게 당신의 중요한 임무(왕, 제사장, 예언자)를 맡길 때에 행하였습니다. 그리고 '기름 부음 받은 이'는

새벽우물에서 퍼 올린 말씀묵상

메시아, 곧 그리스도를 일컬음도 우리는 늘 상기(想起)해야 합니다.

하나님께 나아가려면

주님은 우리를 (왕 같은) 제사장이라 하셨습니다(벧전 2:5, 9, 계 1:6, 5:10). 그렇다면 우리도 하나님께 나아가기 위하여 갖추어야 할 것이 있습니다. 먼저 우리는 무엇보다 '정결'해야 합니다. 그것은 주님의 피로 가능합니다. 주님의 피는 우리를 죄에서 자유롭게(계 1:5~6) 하는 것입니다. 그리고 우리는 세상적인 악함과 추함을 감추어 주시는 믿음과 의의 옷을 입어 '거룩'한 존재가 되어야 합니다. 주님께서 덧입혀 주시는 의복은 우리의 허물을 감추어 주십니다. 그러고는 우리를 의롭다고 여겨 주십니다. 또한 우리는 성령을 통하여 기름 부음을 받아야 합니다. 제사장 직분을 능력 있게 감당하려면 성령님의 도우심이 필요합니다. 제 몫을 하지 못하는 제사장이 성막에 필요한 존재일까요? 우리도 우리를 왕 같은 제사장으로 삼아 주신 주님께서 맡기신 사명을 잘 감당해야 할 것입니다. 이것이 제사장된 우리의 도리입니다.

불이 나와 번제물과
기름을 사른지라

 불이 여호와 앞에서 나와 제단 위의 번제물과 기름을
사른지라. 온 백성이 이를 보고 소리 지르며 엎드렸더
라.(24)

아론의 속죄

일주일 동안 제사장 위임식을 마친 후 아론은 대제사장으로 완전하게
승인받았습니다. 팔일 째 되는 날, 아론은 대제사장으로서 첫 번 제사
를 주관하게 되었습니다. 아론은 위임식 때 이미 자신의 죄를 씻기 위하
여 칠일 동안 제사를 드렸음에도 불구하고, 본인이 주관하는 첫 번 제사
에서 아론은 다시 한 번 자기 자신을 위한 속죄제(8)와 번제(12)를 스스로
드려야 했습니다. 아론은 이처럼 먼저 자신을 위한 제사를 드리고 난 후
에야 백성을 위한 제사를 드렸습니다. 하나님 앞에 서기 위해서 죄 문제
만큼은 반드시 해결해야 한다는 것을 잘 보여 줍니다.

오늘날 하나님을 떠나 온갖 죄를 저지르고 예배하러 오는 이들도 있을

것입니다. 예배드리고 나서 또 다시 죄 가운데 살면서 회개해야 할 생각은 전혀 없는 것처럼 신앙생활을 하는 이들도 있을 것입니다. 이런 모습은 아론의 속죄의 모습과는 사뭇 다릅니다.

인간의 죄와 하나님의 용서

위임식 제사는 모세가 주관하였는데, 이제부터 모든 제사는 누구의 도움도 없이 아론이 주관하면 됩니다. 그런데도 첫 번 제사에 대해서는 하나님께서 모세를 통하여 아론에게 지시하셨습니다. 아론은 하나님의 명령에 순종하여야 했습니다. 하나님께서는 제물을 바치도록 지시하셨습니다. 그런데 그 제물은 공교롭게도 송아지였습니다. 아론은 출애굽기 32장에서 보면 황금송아지를 만들어 우상 숭배를 하였는데, 하나님은 송아지로 대제사장의 죄를 속죄하는 첫 번 제사를 드리라고 하신 것입니다. 아마도 아론은 이 제사를 통하여 황금송아지 우상을 회상하며 가슴 아파하였을 것입니다. 이것은 인간의 배신 죄와 하나님의 용서를 함께 보여 줍니다. 베드로가 주님을 부인하였을 때 부활하신 주님은 베드로에게 "네가 나를 사랑하느냐."라고 물으셨습니다. 부인하는 것과 사랑하는 것을 대조시키신 것입니다. 진정 사랑한다면 부인하지 않을 것입니다. 이 또한 인간의 죄와 주님의 용서를 함께 보여 주고 있습니다.

하나님의 불과 영광이 임하는 예배

아론은 이렇게 자신을 위한 제사를 드리고 난 다음에 백성을 위한 속죄제와 번제와 소제와 화목제를 주재하여 드렸습니다. 하나님은 제사에 임재하실 것을 다음과 같이 약속하셨습니다. "오늘 여호와께서 너희에게 나타나실 것임이니라."(4) "여호와의 영광이 너희에게 나타나리라."(6) 아론은 모든 제사를 말씀과 규례대로 드렸습니다. 그리고 가장 마지막에는 손을 들어 제사장의 축복기도(22; 민 6:24~26 참고)를 하였습니다. 이렇게 하여 모든 제사를 마치자 여호와의 영광이 온 백성에게 나타났습니다(23). 하나님은 그 제사에 임재하시고 열납하셨다는 증표로 하늘에서 불을 내리셨습니다(24). 이미 제물을 태우고 있는 중이지만 하나님은 하늘의 불이 임하게 하여 번제단 위의 번제물과 기름을 함께 불사르신 것입니다. 이 모습을 본 백성은 기뻐 외치며, 하나님의 위대하심과 거룩하심에 압도되어 하나님께 경배하였습니다.

참다운 예배에는 하나님의 불과 영광이 함께 임합니다. 엘리야가 갈멜산에서 바알 선지자와 대결할 때에도 하나님은 불로 응답하셨고, 참 신임을 보여 주셨습니다(왕상 18:38~39). 솔로몬이 성전을 봉헌하였을 때에도 하나님은 불로 응답하셨고, 백성은 엎드려 경배하여 하나님께 영광을 돌렸습니다(대하 7:1~3). 오늘날에도 영과 진리로(요 4:24) 예배드리면 우리 가슴은 뜨거워지고, 우리의 눈에는 뜨거운 눈물이 흘러내립니다. 하나님께서 성령의 불로 임재하시고 영광을 받으시는 것입니다.

| 레위기 |
LEVITICUS
10장

다른 불을 담아
분향하였더니

 아론의 아들 나답과 아비후가 각기 향로를 가져다가 여호와께서 명령하시지 아니하신 다른 불을 담아 여호와 앞에 분향하였더니(1)

하나님의 명령을 경홀히 여기지 말라

아직 제사 제도의 처음이라 그런 것일까요? 칠 일 동안의 위임식이 끝나고 팔 일째 되는 날 하나님의 영광은 어두운 그림자로 얼룩졌습니다. 하나님의 영광이 나타나고 백성은 한껏 고무되어 있는데, 그만 제사를 잘못 드려서 아론의 두 아들, 나답과 아비후(출 24:1, 9 참조)가 죽는 불상사가 일어난 것입니다. 아론에게는 아들이 넷 있었는데(출 6:23, 28:1) 맏이와 둘째를 잃은 것입니다. 비극입니다. 예배가 비극이 되다니 있어서는 아니 될 일입니다. 이런 비극이 펼쳐진 이유는 하나님께서 명하시지 않은 다른 불로 분향하였기 때문입니다.(16:12~13 참조)

출애굽기에서 레위기 10장에 이르기까지 성막을 짓는다든가, 제사장의 성의를 만든다든가, 제사 제도를 세운다든가 하는 모든 일에는 마치 후렴구처럼 나오는 말이 있습니다. 그것은 "여호와의 명하는 대로 하였더라." 입니다. 그런데 그만 아론의 두 아들은 모두 다 지켜 온 이 말씀에 대하여 신중하지 못하고 주제넘은 행동을 하였습니다. 제멋대로 한 것입니다. 제사규례를 어긴 것입니다. 하나님은 이들을 불로 삼켜 버리고 말았습니다. 참으로 무섭습니다. 불은 제사에 대한 응답이기도 하지만, 이처럼 불순종하는 사람에게는 심판이기도 하였습니다. 그만큼 하나님의 명령은 경홀히 여김을 받아서는 안 됩니다.

하나님의 거룩과 영광

이들의 죽음을 계기로 모세는 하나님의 뜻을 선포합니다. "나는 나를 가까이하는 자 중에서 내 거룩함을 나타내겠고 온 백성 앞에서 내 영광을 나타내리라"(3). 거룩과 영광은 하나님의 속성을 잘 드러내는 말입니다. 하나님께 가까이 나아가도록 허락된 사람은 제사장입니다. 따라서 제사장은 다른 이들보다 하나님의 거룩과 영광에 보다 더 주의를 기울여야 합니다.

훗날 이와 흡사한 일이 또 한 번 일어납니다. 여호와의 궤가 블레셋 땅에 있다가 제사장의 성읍인 벧세메스로 옮겨지던 날, 벧세메스 사람들이 여호와의 궤를 함부로 들여다보았습니다. 그러다가 그만 죽임을 당한 것(삼상 6:19)입니다. 이것 또한 하나님의 거룩과 영광을 가볍게 여기다가 징벌 받은 예입니다.

오직 하나님의 뜻만 생각하라

아론의 두 아들이 죽자, 모세는 아론과 그의 나머지 두 아들, 엘르아살과 이다말에게 다시는 이런 일이 생기지 않도록 근신하게 합니다. 그래서 그들은 장례에도 참석할 수 없었고, 당분간 회막에 들어갈 수도 없었습니다. 그 기간 동안 여호와께서 치신 불을 생각하며 지내야 했습니다.

그리고 그들에게 새로운 명령 두 가지가 주어졌습니다. 하나는 회막에 들어갈 때에 포도주나 독주를 마시지 말라는 것이요(9), 또 하나는 거룩하고 속된 것, 부정하고 정한 것을 구별하라는 것입니다(10). 이 명령으로 보아서 하나님이 명령하지 않은 다른 불로 분향하다가 죽은 나답과 아비후는 술을 마시고 그런 실수를 저지른 것으로 볼 수 있습니다. 술을 마시면 판단력이 흐려져 거룩하고 속된 것, 부정하고 정한 것을 구별할 수 없게 되어 실수하게 됩니다.

우리는 항상 맑은 정신을 가지고, 하나님 앞에서 반듯하게 살아가야 합니다. 하나님을 가까이 섬기는 사람일수록 하나님의 뜻을 이루어 드려야 합니다. 우리 주님의 생각이 내 생각이 되고, 우리 주님의 뜻이 나의 뜻이 되게 하여야 합니다. 간혹 우리는 교회에서 내 주장을 지나치게 강조할 때가 있습니다. 성경의 가르침보다는 '내가복음(?)'을 앞세워 나의 불(감정)을 확 지르기도 합니다. 그러면 안 됩니다. 오로지 예배와 교회에서 하나님의 불만 활활 타올라야 합니다.

스스로
더럽히지 말라

 나는 여호와 너희의 하나님이라 내가 거룩하니 너희도
몸을 구별하여 거룩하게 하고 땅에 기는 길짐승으로 말
미암아 스스로 더럽히지 말라.(44)

거룩과 정결

'거룩'은 레위기 전체를 지배하는 핵심 주제입니다. 거룩과 속(俗)은 정
(淨)과 부정(不淨)과 함께 레위기를 이해하는 데 매우 중요한 개념입니다.
거룩한 것은 언제나 정결한 것과 그 궤(軌)를 함께합니다.

거룩한 것이 부정해져서 더러워지면 안 됩니다. 음식이든 출산이든 육
체의 질병이든 공간(곳, 땅)이든 시간(때)이든 생활이든, 그것이 무엇이든지
하나님의 백성은 이 모든 것에서 언제나 거룩해야 합니다. 그리고 거룩하
기 때문에 정결해야 합니다.

거룩함을 지키기 위한 구별

레위기 11장에서는 짐승들을 정결한 것과 부정한 것으로 구별합니다. 사람이 거룩하려면 정한 것을 가까이해야 합니다. 그래서 접촉해야 할 것과 접촉하지 말아야 할 것을 구분해 놓고 있는 것입니다. 그중에 부정한 것을 가까이하면 거룩한 사람도 더러워집니다.

만일 부정한 동물이나 부정한 사물에 접촉하여 더러움이 발생하였다면, 그 부정을 씻어내는 일을 해서라도 정결해야 합니다. 무엇보다 거룩함을 지키는 가장 좋은 방법은 부정한 것을 멀리하여 몸을 더럽히지 않는 것입니다. 마찬가지 의미에서 음식물조차도 정한 것과 부정한 것으로 구별하여 정한 것을 먹어야 합니다. 먹을 수 있는 것으로는, 짐승은 굽이 갈라지고 되새김질 하는 것이어야 합니다(2~8). 어류는 지느러미와 비늘이 있는 것이어야 합니다(9~12). 곤충은 날개가 있고 발로 뛰는 것이어야 합니다.(20~23)

내적 정결을 강조하신 예수님

이와 같은 정결 규례는 예수님 당시에도 계속되었습니다. 이 내용은 마가복음 7장에 잘 나타나 있습니다. 바리새인들은 더러움과 깨끗함을 외적이고 의례적인 관점으로 보았습니다. 그들은 손을 씻는 것, 그리고 특정 음식을 피하는 것만 염려하였습니다. 그러나 예수님은 외적인 것이 아니라 내적인 것을 강조하셨습니다. 그래서 예수님은 식사 전에 손을 씻는 것보다 깨끗한 마음이 더 중요하다는 것을 가르치셨습니다. 우리를 더럽게 하는 것은 입으로 들어가는 음식이 아니라 입에서 나오는 악한 생각과 이것으로 인하여 생기는 악한 행위라는 것입니다. 이때 주님은 음식을 정한 것과 부정한 것으로 구별하는 전통을 철폐하는 선언을 하셨습니다. "이러므로 모든 음식물을 깨끗하다 하시니라."(막 7:19)

마음이 청결한 자

레위기에서 이토록 강력하게 정한 것과 부정한 것을 구별한 이유는 종교적인 것 말고도 공동체를 깨끗하게 보존하고자 하는 위생과 보건을 위한 깊은 속뜻도 있었습니다. 전염병이라도 번지면 자칫 이스라엘 공동체를 모두 해칠 수도 있기 때문입니다. 물론 규례가 아니더라도 우리는 손발을 씻고 음식을 구분하며 더러운 것에 가까이 가지 말아야 합니다. 그래서 우리의 몸과 환경과 사회를 정결하게 해야 합니다.

그러나 우리 그리스도인들에게는 이보다 더 소중한 것이 있습니다. 그것은 바로 우리의 마음(심령, 영혼)이 얼마나 정결하냐 하는 것입니다. 심령이 깨끗하면 악한 말과 행동을 하지 않습니다. 좋은 나무가 좋은 열매를 맺고 나쁜 나무가 나쁜 열매를 맺는 것과 마찬가지 이치입니다.

다윗은 이렇게 기도하였습니다. "하나님이여 내 속에 정한 마음을 창조하시고 내 안에 정직한 영을 새롭게 하소서."(시 51:10) 우리 주님은 산상설교에서 이렇게 말씀하셨습니다. "마음이 청결한 자는 복이 있나니 그들이 하나님을 볼 것임이요."(마 5:8) 그렇습니다. 오늘날 사람들의 심령 속에 온갖 잡다한 것이 다 들어 있습니다. 그래서 이 시대에 그리운 것이 있습니다. 바로 영혼이 맑고 깨끗한 사람입니다.

| 레위기 |

LEVITICUS

12장

그리하면
깨끗하리라

 제사장은 그것을 여호와 앞에 드려서 그 여인을 위하여
속죄할지니 그리하면 산혈이 깨끗하리라.(7)

부정하다는 의미

자녀를 낳는 것은 하나님의 창조에 동참하는 일이며 하나님의 명령이요 큰 복입니다. 그런데 본문에서는 출산하면 어느 기간 동안은 부정(不淨)하다고 말합니다. 이 말씀에 대하여 다소 거부감이 들 수 있습니다. 그러나 여기에서 말하는 부정하다는 것은 더럽다는 의미보다는 출산 때 생기는 유출과 연약해진 몸으로 인하여 자칫하면 산모의 건강까지도 해칠 수 있기 때문에 꼭 지켜야 할 위생의 기간, 몸 회복의 기간, 조심해야 할 기간이 필요하다는 의미로 보는 것이 타당할 것입니다. 이것을 단지 레위기의 개념인 정과 부정으로 설명했을 뿐입니다.

45

레
위
기

출산의 고통의 의미

출산은 놀라운 하나님의 은총이지만 산모에게는 말로 다 할 수 없는 고통의 기간입니다. 물론 이것은 인간의 범죄와 타락으로 인한 결과이기도 하지만 그만큼 소중한 것은 쉽게 주어지는 것이 아님을 보여 주는 것이기도 합니다. 어찌 고통이라는 대가를 치르지 않고 천하보다 더 귀중한 인간, 가장 가치 있는 생명을 얻을 수 있겠습니까? 출산의 과정은 아기의 생명과 어머니의 생명을 맞바꾸는 것과 마찬가지입니다. 만일 이러한 대가를 치르지 않고 아기를 낳는다면, 생명을 바꾸는 듯한 아픔을 겪고 출산한 아기만큼 소중히 여길 수 있을까요?

산모에 대한 배려의 기간

출산의 과정도 중요하지만 출산 후에도 위생관리를 잘 해야 합니다. 성경은 이것을 당부하는 것입니다. 출산 시 피와 함께 분비물도 배출합니다. 성경에서 '피'는 언제나 매우 중요하게 여겨집니다. 피를 흘린다는 것은 생명을 흘린다는 것으로 간주하여 자칫하면 생명을 잃을 수도 있다고 본 것입니다. 따라서 몸이 완전히 회복될 때까지는 사람도 접근하지 말아야 하고, 산모도 바깥출입을 하거나 성소로 가서는 안 됩니다.

이 기간은 남자아이를 출산하였을 때에는 여덟째 날에 할례를 받고 나서부터 33일(4), 여자아이를 출산하였을 때에는 두 이레, 그러니까 14일의 소위 부정한 기간 이후부터 66일입니다(5). 이것은 요즘으로 보면 한 달, 또는 두어 달 동안 출산휴가를 받는 것과 같다 하겠습니다.

딸이 태어나면 왜 아들보다 배의 기간을 지내야 하는지에 대하여는 여러 의견이 있습니다만, 그 먼 옛날에 이렇게까지 법으로 출산휴가를 규정하여 놓은 것은 참으로 대단한 일입니다. 여기에는 산모와 아기, 모두의 생명을 보호하려는 하나님의 깊은 관심과 사랑이 배어 있음을 알 수 있습니다. 그러니 부정(不淨)이라는 시각으로 보기보다는 산모에 대한 배려로 보는 것이 좋을 것입니다.

정결제사를 드림

충분한 기간을 두고 몸조리를 하고, 다시 정상적인 생활을 할 수 있을 만큼 몸이 회복되면 혹시 있었을지도 모를 부정한 것을 씻어 내기 위하여 하나님께 정결제사를 드려야 합니다. 이것은 말 그대로 정결제사이지만, 적극적인 의미에서 자녀를 주신 하나님께 감사하는 제사도 포함하고 있는 것으로 해석하고 싶습니다. 이 제사에도 짐승 제물이 필요합니다. 만일 양을 바칠 수 없을 만큼 가난하다면 비둘기를 바쳐도 됩니다. 그만큼 누구든지 이 제사를 꼭 드리라는 뜻입니다.

예수님도 태어난 지 팔 일 만에 비둘기 두 마리로 제사를 지냈습니다 (눅 2:21~24). 비둘기를 제물로 바친 것으로 보아 예수님의 부모는 그리 넉넉한 형편은 아니었던 것 같습니다. 여기에서 우리가 알 수 있는 것은, 예수님의 부모도 이 정결법을 존중하였다는 것입니다. 오늘 우리도 이러한 법조차도 소홀히 생각하지 말고, 늘 정결하게 살아서 건강한 몸으로 주님께 헌신해야 하겠습니다.

| 레위기 |
LEVITICUS
13장

혼자 진영 밖에서
살지니라

 나병 환자는 … 부정하다 부정하다 할 것이요 병 있는
날 동안은 늘 부정할 것이라. 그가 부정한즉 혼자 살되
진영 밖에서 살지니라.(45~46)

부정한 병, 나병

레위기 13장과 14장은 사람에게 발생하는 악성 피부병과 의복과 집에 발생하는 곰팡이 종류의 전염병에 관한 규례를 다룹니다. 이러한 질병의 통칭은 나병(문둥병, 한센병)입니다. 그러나 여기에서 다루는 것은 나병뿐 아니라 그와 유사한 전염성 피부병, 또는 해를 끼치는 곰팡이 등을 두루 다루고 있습니다.

나병과 피부병을 구분하자면, 피부병은 피부에만 영향을 끼치는 병이고, 나병은 피부뿐만 아니라 뼈까지도 변형하며 신체의 감각을 마비시키는 끔찍한 병입니다. 이 병은 전염성이 있을 뿐 아니라 최근까지도 불치의 병으로 알려져 왔습니다. 지금은 현대 의학의 발달로 퇴치가 가능해졌지

48
새벽우물에서 퍼 올린 말씀묵상

만, 당시로서는 이 질병이 사람을 비정상적으로 만들고, 창조의 온전성을 파괴하는 것이어서 부정한 것으로 여길 수밖에 없었습니다. 또한 전염성이 강하기 때문에 가족과 회중과 격리하여 하나님의 회중을 건강하게 지켜야만 했습니다.

나병에 대한 제사장의 역할

이 병에 대한 판정은 제사장이 하였습니다. 제사장이 문제가 된 피부병을 심각하고 전염성이 있는 것으로 판단하면, 먼저는 제사장이 "부정하다"라고 말하고(11), 이 진단을 받은 사람은 옷을 찢고 머리를 풀며 "부정하다 부정하다"라고 외쳐야 합니다(45). 이렇게 하는 이유는 자신이 병에 걸렸음을 다른 사람에게 알려, 부지중에라도 자기를 만지지 못하게 해야 하기 때문이었습니다.

그리고 이스라엘의 거룩한 진에서 격리되어 가족을 떠나 진 밖에서 홀로 살아야 했습니다(46). 얼마나 비참하고 불행한 일인지 모릅니다. 그는 하나님의 복과 하나님의 백성에게서 단절된 삶을 살아야 했기 때문에 살아 있으나 죽은 자와 다름없었습니다. 참으로 안된 일이지만 제사장은 이렇게 해서라도 이스라엘 공동체를 지켜야만 했습니다.

제사장은 이 병이 의심되는 사람이나 그의 의복, 또는 집을 조사하여 이들이 정결한지 아니면 부정한지를 판단해야 합니다. 만일 의복에까지 나병의 색점이 발견되면 그 의복이나 천은 모두 불살라야 했습니다(52, 55, 57). 그러나 제사장은 이들을 진단만 할 뿐, 치료하거나 처방하는 일을 할 수는 없었습니다. 그것은 자기의 능력 밖의 일이었기 때문입니다. 그러니 제사장은 그저 성소와 백성을 정결하게 보존하기 위해 부정한 자들이 성소에 접근하지 못하게 규제하는 것이 고작이었습니다. 만일 제사장이 진단을 할 뿐 아니라 그 병을 고치기도 할 수 있었다면 얼마나 좋았겠습니까?

치유하시고 회복하시는 예수님

신약시대에 와서 전 인류의 대제사장 되시는 예수님은 어떠하셨습니까? 예수님은 자신들을 불쌍히 여겨 달라는 나병 환자들을 내치지 아니하시고 깨끗하게 고쳐 주셨습니다(눅 17:11~19). 구약의 제사장은 나병 환자들을 가족에게서 떠나가게 하였지만, 예수님은 나병 환자들을 가족의 품으로 돌아오게 하셨습니다. 제사장은 그들을 격리하고 소외시켰으나 예수님은 그들을 본래의 자리로 되돌리셔서 인간답게 살아가게 해주셨습니다.

이러한 내용은 유명한 영화 '벤허'에서도 잘 묘사되어 있습니다. 영화 끝부분에, 나병에 걸린 벤허의 어머니와 여동생이 예수님이 십자가에 못 박히는 순간에 깨끗이 나음을 입는 장면은 특히 그러합니다.

그렇습니다. 지금도 이 땅에는 이런저런 이유로 소외되어 고독하게 살아가는 이들이 많이 있습니다. 이들에게도 주님의 손길이 필요합니다. 우리 주님은 이러한 모든 이들을 어루만져 주시고 치유하여 깨끗하게 해주십니다. 그리고 모든 것을 회복시키셔서 본래 삶의 자리로 복귀시켜 주시고 하나님 나라 시민으로 살아가게 하십니다.

| 레위기 |
LEVITICUS
14장

힘이 미치는 대로

 그는 힘이 미치는 대로 산비둘기 한 마리나 집비둘기 새
끼 한 마리를 드리되(30)

삶으로의 복귀

14장은 나병에서 완치된 사람이 어떻게 하나님의 백성과 가족에게로 복귀할 수 있는지에 대하여 자세하게 말씀합니다. 제사장은 진영 밖에서 그 환자가 병이 나았는지를 판정합니다. 만일 환자가 나았을 경우에는 진영 밖에서 정결의식을 행해야 합니다.

이 의식을 할 때에 살아 있는 새 두 마리를 가져와 그중에 한 마리를 흐르는 물에서 잡습니다. 그리고 질그릇에 흐르는 물과 새의 피를 담습니다. 그 물과 피를 병이 나은 사람에게 뿌립니다. 나머지 피를 다른 살아 있는 새에게 뿌리고 들에 놓아 줍니다. 이것은 마치 아사셀 염소(레 16:6~21)가 인간의 죄와 부정을 짊어지고 가는 것과 같습니다.

51
레
위
기

그 후 일주일을 기다렸다가 몸의 모든 털을 밀고, 옷을 빨고, 목욕을 하고 회막에 들어갑니다. 팔 일째 되는 날에는 속건제, 속죄제, 번제, 소제 등 네 가지 제사를 드립니다. 이렇게 하고 나서야 그는 비로소 공동체에서 함께 생활할 수 있습니다.

전염병 예방

만일 어느 집에 나병 균이나 심각한 곰팡이 균이 있어서 다른 집에까지 전염될 기미가 보일 때에는 어떻게 해야 합니까? 이것도 나병 환자처럼 제사장이 빨리 조치를 해야 합니다. 어느 집에 부정을 초래할 만한 곰팡이가 발생하면 제사장은 먼저 그 집을 검사하여야 합니다. 조사 결과 그 집에 심각한 곰팡이가 서식하여 점점 확산되고 있다고 판단되면 그 집을 부수게 합니다(45). 그러나 그리 심각하지도 않고 더 이상 확산되고 있지 않다고 판단되면, 그 집을 정결하게 하는 의식을 하고 나서 그 집에 들어가 거주할 수 있게 했습니다.

이와 같은 절차와 의식에서 그들은 사회 보건과 위생에 대하여 매우 철저하게 다루고 있음을 알 수 있습니다. 이렇게까지 하는 것은 병균이 전염될 여지를 미리 차단하여, 백성 가운데 전염병이 창궐하지 않게 조치하고자 하는 것입니다.

형편대로 바치라

나병에서 나은 환자가 정상적인 삶으로 복귀하려면 역시 정결례와 제사 절차를 밟아야 합니다. 만일 제물을 바치지 못할 만큼 가난하다면 어떻게 합니까? 이들도 제사드릴 수 있게 한 것이 바로 "그의 힘이 미치는 대로"(22, 30, 31)입니다. 성경은 이 말씀을 마치 후렴문구처럼 반복하여 기록합니다. 이야말로 그들에게는 참으로 감사한 말씀입니다. 왜 그렇습니까? 나병 환자는 이미 가난해질 대로 가난해진 사람입니다. 그들은 비싼 큰 짐승들을 바칠 수 있는 형편이 못됩니다. 그래도 양과 염소를 바치라고 하면 그들은 제사를 지낼 수도 없고 세상으로 복귀할 수도 없을 것입니다. 그러니 이 말씀은 나병에서 고침을 받은 사람은 누구나 형편대로 바칠 수 있게 하고, 일상생활로 복귀하는 것도 가능하게 한 것입니다.

힘이 미치는 대로 정성을 다하라

그러나 여기에 나오는 "힘이 미치는 대로"라는 말씀이 넉넉하게 바칠 수 있는데도 적게 바치는 빌미나 구실이 되어서는 안 됩니다. 이 말씀의 깊은 뜻은 오히려 할 수 있는 대로 누구든지 빠짐없이 참여하게 하고자 하는 것입니다. 제사에 누구든지 정성을 다하라는 의미입니다. 중요한 것은 양(量)이 아니라 바치는 자의 마음자세입니다.

이 정신은 예수님의 가르침에서도 볼 수 있습니다. 예수님은 성전에서 부자와 어떤 가난한 과부가 헌금하는 것을 보시고 가난한 사람의 헌금을 더 칭찬하신(막 12:41~44) 적이 있습니다. 천국 백성의 한 가족으로 살아가는 우리 모두 주님께 힘이 미치는 대로 정성을 다합시다.

| 레위기 |
LEVITICUS

15장

부정에서
떠나게 하여

 너희는 이와 같이 이스라엘 자손이 그들의 부정에서 떠나게 하여 그들 가운데에 있는 내 성막을 그들이 더럽히고 그들이 부정한 중에서 죽지 않도록 할지니라.(31)

부정한 병, 유출병

하나님은 남자와 여자가 성인이 되면 결혼을 하여 자녀를 나을 수 있게 하셨습니다. 이것은 하나님의 창조 질서입니다. 이러한 점에서 결혼과 성은 거룩한 것이며 하나님께서 주신 커다란 복입니다. 이러한 하나님의 창조섭리에 따라 성년이 되면 생식을 위한 호르몬이 작용합니다. 그리고 성인이 된 남녀 모두 분비물이 생성되어 몸 밖으로 나오기도 합니다. 이스라엘 백성은 이러한 유출물이 병으로 인하여 나타나거나 비위생적으로 나타나는 경우에 이것을 유출병이라 하였고, 부정한 것으로 여겼습니다.

성경은 먼저 남성이 유출물로 인하여 부정해지지 않기를 언급하면서 여성의 생리적인 유출은 어쩔 수 없는 것임에도 불구하고 그 기간에는 정결하기를 원하였습니다. 이것은 모두 성적인 유출물로 인하여 발생할지도 모를 질병을 예방하고, 확산을 방지하기 위한 위생적 조치입니다. 유출병에 걸린 남성이나 여성과 접촉할 경우 그들도 감염되어 부정해지기 때문입니다. 따라서 생리 기간에는 감염되지 않게 성생활도 절제하게 하였을 뿐 아니라, 유출병이 있는 사람과의 성적인 접촉을 경계하였습니다. 이러한 질병은 말하자면 성병이어서 앞에서 다룬 나병 못지않게 부정(不淨)과 정(淨)의 문제로 중요하게 다룹니다. 이것 또한 방치할 경우에 육체와 가정에 파멸을 가져올 수 있기 때문입니다.

정결 유지의 중요성

유출병으로 인한 부정은 비단 직접적인 접촉뿐 아니라, 환자의 침이나 유출병에 걸린 사람이 사용하던 물건이나 집기도 해당합니다. 그래서 그가 누웠던 침상(4), 앉았던 의자(6), 타고 다닌 말이나 짐승의 안장(9), 사용한 (밥)그릇(12) 등도 접촉하지 못하게 하였습니다.

이러한 유출병을 경계하기 위하여 하나님은 정결(청결)을 강조하십니다. 즉 "옷을 빨고 몸을 씻으라."는 것입니다. 이 명령을 수차례 반복하십니다. 이것은 이스라엘 백성을 향한 하나님의 각별한 관심과 정결 유지의 중요성을 잘 보여 줍니다. 이렇게 하여 유출이 있었던 사람들이 깨끗해지면, 이들 또한 하나님 앞에 제사를 드려야 합니다. 이들은 비둘기 두 마리를 제사장에게 가져가서 한 마리는 속죄제로, 다른 한 마리는 번제로 드렸습니다(29~30). 그러고 나서야 성막에도 참여하고 정상적인 생활로 복귀할 수 있었습니다.

이 정결 규례는 우리에게 두 가지를 강조합니다. 하나는 위생이요, 또하나는 건전한 성생활입니다. 그러나 보다 중요한 것은 단지 육체적인 청결상태와 위생을 넘어 여호와 앞에 순결한 신앙을 유지하려는 종교적인 의미도 엿볼 수 있다는 점입니다. 성 문란으로 몸을 더럽히지도 말고 하

나님 앞에 범죄도 하지 말라는 것입니다. 성 자체는 죄가 아니지만 음란
은 죄입니다.

절제의 중요성

요즈음 들어 부쩍 불륜을 주제로 하는 드라마가 많아진 것을 볼 수 있
습니다. 걱정스러운 부분 중 하나입니다. 지금 우리 사회는 음란과 쾌락
에 너무 노출되어 있습니다. 성 문란은 불륜, 범죄, 병, 가정 파괴, 잘못된
출산, 낙태 등 사회적으로 좋지 않은 문제만 야기합니다. 기독교는 분명히
고행과 금욕의 종교는 아닙니다. 그러나 아무리 좋은 것이라도 절제해야
함을 강조합니다. 절제와 함께 건전한 성생활과 참된 가족 사랑이 병행되
어야 합니다. 빗나간 사랑은 하지 말아야 합니다. 육체를 창조의 섭리대로
사용하지 아니하고 정욕대로 버려두면 영혼까지도 파괴시키는 무서운 악
이 될 수도 있습니다. 소돔과 고모라도, 폼페이도, 로마도 음란과 방탕으
로 망했음을 기억하기 바랍니다.

| 레위기 |
LEVITICUS

16장

모든 죄를 아뢰고

 이스라엘 자손의 모든 불의와 그 범한 모든 죄를 아뢰
고 그 죄를 염소의 머리에 두어 미리 정한 사람에게 맡
겨 광야로 보낼지니(21)

속죄일의 목적

레위기 16장은 일 년에 한 차례 있는 속죄일(Yom Kippur)에 대하여 말
씀합니다. 이날은 일 년 중 가장 거룩한 날로 지킵니다. 속죄일의 주요 목
적은 죄와 부정으로 더럽혀진 예배자들과 회막을 정결하게 하는 데 있습
니다. 이미 앞에 나오는 11장부터 15장까지의 내용에서 본 대로 모든 사
람은 생활하다 보면 자신도 모르는 사이에 정결하지 못한(부정한) 부분에
물들게 됩니다. 그만큼 사람은 언제든지 부정해질 소지가 있습니다. 그렇
다고 부정이 반드시 윤리적인 범죄인 것도 아니어서 본인이 부정해졌는지
제대로 깨닫지도 못합니다. 그러다 보면 자신도 모르게 부정해진 몸으로
성막에 들어가는 일이 생깁니다. 그렇게 하여 성소는 조금씩 더럽혀지고

(부정하여지고) 맙니다. 이런 식으로 성소가 더럽혀지다 보면 결과적으로 지극히 거룩하신 하나님께서 그곳에 임재하실 수 없게 됩니다. 속죄일은 바로 이렇게 부지중에 더럽혀진 성소를 정결하게 하는 날입니다.

속죄 의식

속죄일에 대제사장(아론)은 몸을 깨끗이 씻고, 평상시에 입던 화려한 제사장 복장이 아니라 검소한 세마포 옷을 입습니다. 그것은 옷조차도 정결하게 한 후에 입는다는 의미이고, 그 옷은 거룩한 옷이라는 것입니다. 이날 이스라엘 자손의 회중에게서 속죄제물로 숫염소 두 마리와 번제물로 숫양 한 마리를 바쳐 제사를 지냅니다(5). 제사장은 속죄제로 수송아지를 잡아 제물로 드립니다. 이 피의 제사는 자기 자신과 자신의 집안의 죄를 속죄하는 것입니다.(6)

그 다음으로 대제사장은 이스라엘 백성의 죄를 속죄하기 위하여 두 마리의 염소를 준비합니다. 이 염소는 상징적으로 이스라엘 백성의 죄를 짊어지게 됩니다. 그중 한 마리는 하나님을 위한 제물로서 피의 제사로 하나님께 바칩니다. 그리고 다른 한 마리는 제사장이 그 염소의 머리에 두 손을 얹고 "이스라엘 자손의 모든 불의와 그 범한 모든 죄를 아뢰고" 그 염소에게 그 모든 죄를 짊어지게 하여 광야로 내어보냅니다. 그렇게 함으로써 백성은 죄와 부정에서 놓임을 받게 됩니다.

전승에 따르면 속죄 염소의 뿔에 백성의 죄를 표시하는 붉은 털실을 감는다고 합니다. 이 염소를 가리켜 '아사셀'을 위한 염소라 합니다(8, 10). 아사셀은 명확하지는 않지만 광야에 있는 어떤 신이거나 아니면 광야 자체를 일컫는 말일 수도 있는데, 어찌 되었든 염소에게 죄를 뒤집어씌워 제물로 내어보낸다는 뜻입니다. 영어로 'Scapegoat'(남의 죄를 대신 짊어지는 사람)라는 말은 바로 여기에서 생겨났습니다. 그리고 이러한 속죄행위를 통하여 인간은 하나님과 화해가 되고, 단번에 하나가 된다 하여 속죄를 위한 보상을 'at-one-ment'라 합니다. 여기에서 나온 말로 'the Atonement'는 '그리스도의 속죄'를 뜻합니다.

회개의 중요성

이 속죄 의식에 참여한 사람들은 또 다시 정결을 위해 몸과 옷을 씻어야 합니다. 신약시대에 와서 우리 그리스도인들에게 대속죄일은 주님께서 십자가에 달려 돌아가신 날입니다. 이날 인간의 죄를 대신 짊어진 염소는 예수님이십니다. 그래서 우리는 죄의 짐을 벗게 되었습니다.

히브리서 10장 19~22절은 이렇게 말씀합니다. "우리가 예수의 피를 힘입어 성소에 들어갈 담력을 얻었나니 … 우리가 마음에 뿌림을 받아 악한 양심으로부터 벗어나고 몸은 맑은 물로 씻음을 받았으니 참 마음과 온전한 믿음으로 하나님께 나아가자." 하였습니다.

그렇습니다. 우리 모두 성소(교회)로 나아갑시다. 그러나 지금 우리가 성소에 들어가기 위하여 해야 할 일은 자신을 정결하게 하는 것입니다. 그것은 회개입니다. 회개만이 살 길임을 다시 한 번 깨닫습니다.

| 레위기 |

LEVITICUS

17장

백성 중에서
끊어지리라

 회막 문으로 가져다가 여호와께 드리지 아니하면 그는 백성 중에서 끊어지리라.(9)

레위기 구성과 주제

레위기는 1~16장과 17~27장으로 나눌 수 있습니다. 전반부는 제사와 정결법에 관한 규례이고, 후반부는 거룩한 삶을 위한 규례입니다. 물론 후반부에도 제의(祭儀)에 관한 사항들이 종종 나오기는 하지만 주로 여러 가지 윤리적인 삶에 대한 내용을 다룹니다. 그 윤리란 바로 거룩한 삶을 의미합니다. 그래서 후렴처럼 나오는 문구가 "너희는 거룩하라. 나 여호와 하나님이 거룩함이니라."입니다. 이것은 전반부의 제사와 정결이라는 주제가 후반부의 윤리적인 삶과 별개가 아니라 둘 다 '거룩'과 연결되고 있음을 보여 줍니다.

60

새벽우물에서 퍼 올린 말씀묵상

예배와 삶의 연결

이것은 지금 우리에게도 매우 중요한 이슈입니다. 오늘날 그리스도인들이 안고 있는 문제 중 하나는 교회와 사회, 신앙과 윤리, 믿음과 행함, 주일과 주간의 이분법적인 양태입니다. 이것 때문에 그리스도인들이나 교회가 비난을 받고 힘을 상실하고 있다 하여도 과언이 아닙니다. 이것은 우리에게 하나님께 드리는 예배(제사의식)와 삶(윤리, 거룩한 생활)이 분리되어서는 안 된다는 점을 가르쳐 줍니다. 예배는 삶으로 이어져야 합니다. 주일은 주간 중의 생활과 이어져야 합니다. 이제 우리는 주일만의 그리스도인(sunday christian)이거나 교인(church member)의 수준에 머물지 말고, 예배가 삶으로 연결되게 해야 하겠습니다.

경계할 사항

17장은 전반부와 후반부의 연결고리로서 제사장과 그 아들들, 그리고 이스라엘 백성, 심지어는 거류민(타국인)까지도 알아야 할 내용으로 되어 있습니다. 먼저 소나 양이나 염소를 도살하는 문제입니다. 짐승을 잡을 때 그것이 제사 목적이 아닌 식용이 목적일 때는 어디에서 잡을 것이냐 하는 것입니다. 이럴 경우 그 짐승을 회막으로 끌고 와서 잡으라고 합니다. 이때 제사장은 먼저 하나님께 화목제를 드리고, 짐승의 피를 제단에 뿌리고, 기름은 태워 하나님께 향기로운 냄새가 되게 합니다(5~6). 그렇게 하고 나서 고기를 먹게 하였습니다. 이것은 회막 바깥에서(혹은 성막과는 멀리 떨어진 곳에서) 하나님이 아닌 들짐승 귀신(음란하게 섬기던 숫염소)에게 혹시라도 제사하거나(7) 피째로 고기를 먹게 될 경우를 경계하는 것입니다.

또 하나는 피를 먹는 것을 금지하는 내용입니다(10~14). 이것은 7장에서 이미 상세하게 다룬 바 있지만 여기에서도 매우 강조합니다. 하나님은 고기를 먹을 때 피를 먹거나 피째 먹지 못하게 하였습니다. 피는 생명을 상징하는 것으로 비록 고기를 먹기는 하지만 생명을 존중해야 함을 가르쳐 주는 것입니다. 또한 피는 속죄(대속) 사상을 가르쳐 줍니다. 이미 제사법에서 다룬 것처럼 제물이 된 짐승은 그것을 바치는 사람의 죄를 속죄하고자 대신 피를 흘린 것이므로 그 피를 먹지 말라는 것입니다. 이 규례는 야생 짐승이나 사냥한 새를 먹을 경우에도 그대로 적용하였습니다. 만일 이미 죽어 있는 짐승일 경우에는 그 자체가 부정할 뿐 아니라 피를 깨끗하게 처리한 것이 아니므로 먹지 못하게 하였습니다.

하나님이 원하시는 대로

이러한 규례를 어길 경우에는 백성에게서 끊어지리라 하였습니다(4, 9, 10, 14). 이것은 심각한 피부병이나 혈루병으로 부정해진 사람만 백성과 격리되는 것이 아니라 하나님의 정결법도를 따르지 아니하고 자신의 편의대로 하나님을 예배하거나 생활하는 것도 하나님은 내치신다는 것입니다. 우리의 신앙생활에 혹시 자기 편의에 따라 하려는 유혹이 있지는 않습니까? 하나님께서 원하시는 쪽으로 신앙생활을 합시다. 그래야 하나님에게서 끊어지지 않고 바른 관계를 맺을 수 있습니다.

새벽우물에서 퍼 올린 말씀묵상

| 레위기 |
LEVITICUS
18장

다른 민족의 풍속을
따르지 말며

 너희는 너희가 거주하던 애굽 땅의 풍속을 따르지 말며
내가 너희를 인도할 가나안 땅의 풍속과 규례도 행하지
말고 너희는 내 법도를 따르며 내 규례를 지켜 그대로
행하라.(3~4)

타락한 풍속을 따르지 말라

하나님은 이스라엘 민족에게 다른 민족하고는 달라야 한다는 점을 강조하십니다. 그 내용은 전에 살았던 애굽의 풍속도, 앞으로 들어가 살게 될 가나안의 풍속도 따르지 말라는 것입니다. 그 민족들처럼 행동하지 말라는 것입니다. 만일 그러한 풍속을 그대로 행한다면 역시 레위기의 규례에서 볼 때, 자신을 더럽히게 되어 거룩성을 상실하고 부정(不淨)하게 될 것입니다. 하나님은 이스라엘 백성이 주변국가와 다르기를 원하십니다.

이스라엘 백성이 지난날 400여 년 동안 살았던 애굽이나 앞으로 들어가서 살게 될 가나안은 모두 이스라엘에 비하면 훨씬 나은 문화를 가지고 있습니다. 역사가 증명하듯이 대체로 미개한 문화는 진보한 문화에 흡수

되어 버리고 맙니다. 하나님은 바로 이점을 우려하십니다. 비록 그들의 문화가 발달해 있다 할지라도 그리 바람직한 것은 아닙니다. 타락하고 음란하고 잡신을 섬기는 그들의 풍속은 백성의 영혼을 병들게 하는 망국적인 문화이기 때문입니다. 아직 문화의 형태를 갖추지 못한 이스라엘 백성이 그들의 풍속과 관습을 부러워하며 좇아가다가는 그 문화에 물들어 함께 타락할까 염려스러우신 것입니다.

반드시 거룩하라

하나님께서 이스라엘 백성을 애굽에서 불러내신 것은 그곳에 먹을 것이 없거나 풍요로움이 없어서가 아닙니다. 하나님은 이스라엘 백성이 타락한 세상을 좇아 사는 것이 아니라 하나님의 법도와 규례를 따라 새로운 세상, 새로운 문화를 만들기 원하신 것입니다. 앞으로 들어가 정착하게 될 가나안의 풍속도 애굽과 마찬가지로 다신을 섬기고, 우상을 숭배하며, 성적으로 매우 문란하였습니다. 이 중에 종교적인 면에서 하나 예를 들면 "몰렉에게 자녀를 주어 불로 통과하게 하지 말라."는 것입니다(21). 말하자면 그때 당시에 흔히 있었던 인신제사를 절대로 금하는 것입니다. 이 얼마나 당연하고 반드시 지켜야 할 가르침입니까?

특히 자세하게 나열하며 강조하는 것은 성적인 타락과 음란한 풍속의 금지입니다. 하나님은 입에 담기도 거북한 근친상간, 수간, 동성애 등 온갖 음란하고 타락한 것들을 중점적으로 금하게 하셨습니다. 어떻게 하나님의 백성이 그런 것을 따르도록 그냥 둘 수 있겠습니까? 만일 그런 것을 따른다면 이스라엘 백성은 결코 거룩할 수도, 정결할 수도 없을 것입니다. 하나님은 이렇게까지 금하는데도 그들의 풍속을 따른다면 징벌할 것도 경고해 놓으셨습니다. 거룩한 하나님은 거룩하지 못한 백성과 함께 계실 수 없기 때문에 그의 백성을 이방민족처럼 토하고 끊어 버리시겠다 (28~29)는 것입니다.

새벽우물에서 퍼 올린 말씀묵상

거룩함을 지키라

오늘날도 마찬가지입니다. 세상 사람들은 우리 그리스도인들에게 괜찮
다면서 별별 것으로 다 유혹합니다. 그러나 속지 마십시오. 실제로 그들
은 그리스도인들이 무언가 다르기를 바랍니다. 무엇보다도 하나님은 우리
가 순결하기를 원하십니다. 그리스도인들이 자신의 믿음과 순수성을 지
키려면 음란하고 타락한 문화나 풍속, 관습을 따라서는 안 됩니다.

주님은 분명하게 말씀하십니다. "가증한 풍속을 하나라도 따름으로 스
스로 더럽히지 말라."(30) 오늘날 이 시대에도 우상 숭배와 카페 점과 성적
인 타락이 만연해 있습니다. 이러한 세속적이고 비기독교적인 풍속을 따
르지 말고, 거룩한 백성으로 살아가야 하겠습니다.

| 레위기 |
LEVITICUS

19장

너희는 거룩하라

너는 이스라엘 자손의 온 회중에게 말하여 이르라. 너희는 거룩하라. 이는 나 여호와 너희 하나님이 거룩함이니라.(2)

거룩한 삶

레위기에서 정작 말씀하고 싶은 핵심 주제는 '거룩'입니다. 레위기는 모든 것을 지나치리만큼 부정한 것과 정결한 것으로 나누어 놓습니다. 그러한 규례들은 알고 보면 더러운 것을 제하여 버리고 깨끗한 것으로 나아가며, 궁극적으로는 거룩에 이르게 하는 과정이라 할 수 있습니다. 이 거룩이 19장에서 비로소 그 내용을 밝히 드러냅니다.

그것은 하나님께서 거룩하신 것처럼 하나님의 사람도 거룩해야 한다는 것입니다. 그런데 여기 19장에서는 거룩한 사람을 외양(外樣)으로 나타나는 모습으로 말하지 아니하고, 거룩한 삶을 사는 행동으로서 말씀합니다. 다시 말하면 거룩은 모습이라기보다는 삶(생활, 윤리)의 문제라는 것입니다.

하나님처럼 거룩하라

"내가 거룩하니 너희도 거룩하라."는 요청은 하나님의 형상(Imago Dei, image of God)으로서의 인간이 하나님의 속성대로 어쩌면 하나님 같이 살라는 뜻일 것입니다. 그래서 "거룩하라" 하면서 겉치레에 대한 말씀은 한마디도 없고, 우리 인간이 실제 하루하루 삶에서 거룩을 실천해야 할 구체적인 내용을 다양하게 제시하고 있습니다. 그리고 이러한 윤리 규범이 하나씩 제시될 때마다 "나는 너희 하나님 여호와니라." 또는 "나는 여호와니라."는 말씀으로 끝을 맺습니다. 그만큼 이 계율을 주신 주체가 하나님이심을 강조하는 것입니다.

거룩하게 사는 것의 절정은 18절입니다. "원수를 갚지 말며 동포를 원망하지 말며 네 이웃 사랑하기를 네 자신과 같이 사랑하라. 나는 여호와이니라." 이 말씀은 예수님이 그리스도인들의 삶에도 그대로 적용해야 한다고 가르치셨습니다.(마 5:43, 22:39)

거룩의 실천

여기에 나오는 여러 가지 실천 사항 중에 눈여겨볼 것이 몇 가지 있습니다. 그 하나는 부모를 경외하고 노인을 공경하라는 것입니다(3). 여기에서는 십계명에 나오는 순서와는 달리 안식일 준수나 우상 숭배하는 것보다 부모 경외를 더 앞서서 말씀합니다. 출애굽기에 나오는 계명에서는 "부모를 공경하라" 하였는데 여기에서는 "부모를 경외하라" 하였습니다. 이 표현에서 '경외'는 하나님께 준하는 말씀입니다(14, 32 참조). 종교개혁자 마르틴 루터도 부모는 신의 대리인이라 하면서 부모를 신의 권위에 상응하는 위치에 놓았습니다.

또 하나는 사랑을 이웃과 나그네와 가난한 사람, 타국인에게로 그 실천의 폭을 넓혀 가야 한다는 것입니다. 이것을 구체적인 예를 들어 나열합니다. 농사지은 후 추수할 때 곡식 이삭이나 포도원의 열매도 다 가져가지 말고 그들을 위하여 남겨 놓으라는 것입니다(9~10). 또한 품꾼을 썼으면 그 삯을 다음 날로 미루지 말고 당일에 주라고 합니다(13). 이러한 것이야말로 상대방의 처지를 나의 처지로 생각하는 구체적인 실천들입니다.

그리고 음란하고 미신적인 행위를 따르지 말라 합니다. 즉 창녀가 되지 말라든지(29), 신접하거나 무당(박수)이 되지 말라는 것입니다(31). 또한 그들을 믿고 따르지도 말라는 것입니다. 이와 같은 매음, 점술, 복술 등을 따르는 것은 자신의 거룩함을 더럽혀 부정하게 합니다. 이것은 우리에게 잘못된 종교는 사람을 잘못되게 한다는 것을 가르쳐 주면서 그런 종교를 경계하고 있습니다.

"이웃 사랑하기를 네 몸과 같이 하라."는 레위기의 가르침은 기독교에서도 마찬가지입니다. 이 명령은 윤리와 삶의 원칙이 되어야 합니다. 하나님과 이웃에 대한 사랑이 그리스도인의 생각과 행동을 지배해야만 합니다. 이것이야말로 진정 우리를 거룩하게(성자가 되게) 합니다.

| 레위기 |

LEVITICUS

20장

구별하였음이니라

 너희는 나에게 거룩할지어다. 이는 나 여호와가 거룩하고 내가 또 너희를 나의 소유로 삼으려고 너희를 만민 중에서 구별하였음이니라.(26)

이 장에서는 도저히 그냥 넘길 수 없는 중대한 범죄와 그 형벌에 대하여 언급합니다. 여기에서 말하는 형벌이란 극형(사형)이나 그에 상응하는 큰 벌에 해당하는 것들입니다. 그처럼 중대한 죄란 무엇입니까? 그것은 종교적인 죄요, 가족과 성에 대한 윤리적인 죄입니다.

종교적인 죄

먼저 이방신 몰렉을 섬기는 것을 철저하게 금하고 있습니다(2~5). 몰렉에게 제사할 때 불 가운데에 아들을 제물로 바치기도 하였습니다. 하나님은 이러한 이교도들의 제사를 본받아 몰렉에게 자식을 바치며 제사하는 사람은 그가 이스라엘 사람이든지 거류민이든지 불문하고 모두 극형에 처하거나 백성 중에서 끊겠다고 하십니다. 또한 그 사실을 알면서도 못 본 체 덮어 두거나 그를 본받아 몰렉을 음란하게 섬기는 사람에게도 모두 같은 벌을 내리겠다고 하십니다. 실제로 당시만 하더라도 인신제사를 드리는 종교적인 경향이 있었습니다. 그러나 하나님은 인신제사를 금하고 동물제사로 그것을 대신하게 하셨습니다. 학자들에 따르면, 아브라함이 이삭을 바쳐 제사하려 할 때에 양으로 대신 바치게 하신 것도 인신제사를 금하는 한 예라 할 수도 있습니다. 그러니 하나님께서 이스라엘 백성이 몰렉에게 아들을 바쳐가며 제사하는 것을 용납할 리 없습니다.

이와 함께 접신하거나 박수무당이 되거나 그러한 사람을 음란하게 따르는 사람도 끊어버리겠다고 경고하십니다(6, 27). 당시에 이방신을 섬기는 방식으로 신전에서 성행위도 함께 하였는데, 하나님은 이것을 매우 큰 범죄로 여기고 금하셨습니다. 만일 하나님의 백성이 이러한 죄를 저지를 경우에 당사자뿐 아니라 추종자들까지도 벌하게 하셨습니다. 이렇게 연대하여 책임을 묻는 것은 이러한 것들로부터 공동체를 지키기 위해서입니다. 우리는 여기서 지금도 잘못된 종교는 성적인 범죄도 수반하고 있음을 볼 수 있습니다.

윤리적인 죄

그 다음으로 가족과 성에 관한 범죄입니다. 이것을 말하기 전에 먼저 알아야 할 것은 하나님은 십계명을 비롯한 여러 규례에서 부모의 권위와 존엄성을 강조한다는 점입니다. 그래서 누구든지 부모를 저주하는 자는 반드시 죽이라고 말씀합니다. 부모를 저주하는 것은 하나님을 저주하는 것과 같은 수준으로 보는 것입니다.(9)

성에 관한 범죄는 이미 18장에서 금지한 내용을 다시 한 번 강조합니다. 이러한 범죄는 간음, 근친상간, 동성애, 수간 등으로 이를 어겼을 경우에는 사형에 처해서라도 백성에게서 끊어지는 중벌을 받습니다. 말하기도 부끄러운 이 같은 행위는 가정은 물론 공동체까지 파멸로 이끌어 갑니다. 레위기식으로 말하자면, 당사자는 물론 그 사회와 민족 모두를 부정하게 만듭니다.

성경의 가르침을 따라 사는 삶

그런데 이러한 범죄를 저지른 죄인에 대하여 우리 예수님은 징벌 일변도로 나아가지 아니하고 갱생의 길을 열어 주기를 원하셨습니다. 그래서 주님은 간음하다 붙들려 온 여인이 레위기 말씀대로 죽게 되었을 때에 새로운 삶의 기회를 주셨습니다(요 8:1~11). 그러나 분명히 하신 것은 "가서 다시는 죄를 범하지 말라"는 것이었습니다. 이 점을 간과해서는 안 될 것입니다.

우리가 살고 있는 현대사회는 하나님을 인정하지 않으며, 성윤리를 가볍게 여기는 풍조가 만연해 있습니다. 이러한 세상에서 레위기는 종교와 가정을 순수하고 거룩하게 지키는 것이 얼마나 소중한지를 다시 한 번 깨우쳐 줍니다. 우리 그리스도인들은 종교와 윤리관이 확고하여 무턱대고 세속사회의 만연한 풍속을 따르기보다는(23) 성경의 가르침을 따라 살아야 하겠습니다. 그것이 거룩하고 구별된 삶을 살면서 종교와 가정을 함께 지켜 나가는 길입니다.

21장

거룩하게 하는 여호와

 그의 자손이 그의 백성 중에서 속되게 하지 말지니 나는 그를 거룩하게 하는 여호와임이니라.(15)

특별히 구별된 제사장

21장과 22장은 일반 백성과는 다른 제사장들의 거룩에 관한 문제를 다룹니다. 하나님 가까이에서 직무를 수행하는 제사장들에게는 일반인들보다 더 높은 수준을 적용하고 있습니다. 그래서인지 제사장들이 당면할 수 있는 문제들에 대하여 말씀하시고 난 후에는 "나는 … 거룩하게 하는 여호와니라."로 끝을 맺습니다. 그만큼 명령수여자가 어떠한 하나님(거룩한 하나님)이신지를 밝힘으로 거룩의 중요성을 더해 주는 것입니다.

21장과 22장은 연결되어 있습니다만, 21장에서는 제사장이 당하는 상(喪)과 혼인에 대한 규례, 제사장직의 수행과 관련된 신체적 장애에 관한 문제를 다룹니다.

상과 혼인에 대한 규례

먼저 누군가 죽었을 때입니다. 죽은 몸은 부정(不淨)하기 때문에 누구든지 시체를 접촉하는 이도 부정하게 됩니다. 이러한 이유로 성소에서 거룩한 사역을 담당하는 제사장들은 직계가족(부모, 자녀, 형제, 출가하지 아니한 자매인 경우)에만 장례에 참여하도록 제한하고 있습니다. 그 외의 경우에는 장례에 참여하는 것이 금지되었습니다. 심지어 가족이라 할지라도 때로는 장사 지내는 것을 관장하지 못하도록 규정합니다(10~11). 또한 이때에 외모나 복장에 대해서도 규정대로 해야지 제 감정대로 해서는 안 됩니다. 감정이 격해져서 머리나 수염을 깎거나 살을 베거나 머리를 풀어도 안 됩니다. 또한 예복을 찢거나 해도 안 됩니다.

제사장의 아내도 제사장만큼이나 하나님께 헌신할 만한 사람이어야 하기 때문에 단정한 품행과 성품을 지녀야 합니다. 따라서 제사장은 문란한 생활을 하는 여인과는 결혼할 수 없게 하였습니다. 자녀들의 품행도 중요하게 여겼으며, 행음하는 범죄를 저질러서는 안 됩니다. 이처럼 온 가족이 제사장과 함께 거룩을 지켜야 했습니다. 오늘날에도 성도들의 가족, 특히 목회나 사역을 하는 이들의 가족, 장로로 봉직하는 집안의 가족들은 모두 신앙인으로서 하나님의 일에 동참하여야 할 것입니다. 주일에 한 가족이 함께 교회에서 예배와 봉사하는 모습은 참으로 아름답습니다. 그리고 집에서도 가정예배를 드리며 신앙으로 살아가려는 모습은 더할 나위 없이 거룩한 삶이 될 것입니다.

최상의 것을 요구하시는 주님

신체적인 결함이 있는 제사장은 제사 직무를 행하지 못하게 하였습니다. 이 명령은 제물이 온전해야 하는 것처럼 제사장도 온전해야 한다는 데 기인한 것입니다. 그래서 제사를 드릴 수 없는 제사장의 신체 조건들이 17~21절에 나열되어 있는데, 이것은 제물로 드려질 수 없는 동물들의 조건들(22:20~24)과 동일하게 나옵니다. 그만큼 하나님은 최상의 것을 요구하십니다. 이제는 나에게 필요 없으니 하나님께나 드리자는 식이어서는 안 된다는 것을 보여 줍니다. 하지만 흠이 있게 된 제사장이라 할지라도 직무만 수행하지 못할 뿐 여전히 제사장직은 그대로 유지하면서 제물음식은 먹을 수 있게 허용하였습니다.

제사장의 가족

21장 전체는 제사장의 온전함, 위엄과 그에 맞는 품행, 그리고 여기에 상응하는 그 가족들에 대하여 가르쳐 줍니다. 사무엘 당시 제사장 엘리의 아들들은 그렇지 못하였습니다. 이러한 내용은 신약시대에 와서 교회 지도자들과 그 가족들의 성품과 처신에도 그대로 적용되었습니다(딤전 3:1~3, 딛 1:6~9). 성경은 우리에게도 똑같은 수준의 요구를 합니다. "너희는 택하신 족속이요 왕 같은 제사장들이요 거룩한 나라요 그의 소유가 된 백성이니 이는 너희를 어두운 데서 불러 내어 그의 기이한 빛에 들어가게 하신 이의 아름다운 덕을 선포하게 하려 하심이라."(벧전 2:9)

| 레위기 |
LEVITICUS
22장

기쁘게 받으심이
되도록

 만일 누구든지 서원한 것을 갚으려 하든지 자의로 예물을 드리려 하여 소나 양으로 화목제물을 여호와께 드리는 자는 기쁘게 받으심이 되도록 아무 흠이 없는 온전한 것으로 할지니(21)

제물을 먹을 수 없는 경우

22장은 21장과 그 내용이 이어집니다. 21장 마지막 부분에서 신체적인 장애로 그 직무를 수행할 수 없는 제사장이라 할지라도 제물을 먹을 수 있게 하였습니다. 그러나 22장에서는 이것을 좀 더 세부적으로 다루어 제사장이라 할지라도 제사음식을 먹을 수 없는 경우를 상세하게 밝힙니다. 그것은 제사장에게 피부병이 발생했거나 몸에 유출이 있거나 사람이나 동물의 주검과 접촉하여 부정하게 되었을 때입니다. 비록 제사장이라 할지라도 이 규례(11장, 13~15장)는 지켜야 한다는 법 앞에서 평등을 보여 준다 하겠습니다.

또한 제사장의 집에 거주하는 이들이라 할지라도 가족처럼 여기는 몸

75

레
위
기

종(돈을 주고 사와 식구처럼 지내는)이나 그 집에서 태어난 종의 자녀, 그리고 미혼의 딸 외에 일반인이나 객이나 품꾼은 그 음식을 먹을 수 없었습니다(10). 이러한 규정을 어기고 금지된 사람이 제물을 부주의로 먹게 되면 제사장의 소유를 훔친 것으로 간주하여 그것에 오분의 일을 덧붙여 보상해야 합니다.

기뻐 받으실 만한 드림

그리고 21장에서 신체적으로 결함이 있는 제사장이 성소에서 제사직무를 할 수 없었던 것(21:17~23)과 같이 여기 22장에서는 흠이 있는 동물을 제물로 드릴 수 없음을 명기하고 있습니다(17~33). 이 둘은 그 내용이 뚜렷하게 대응을 이룹니다. 그만큼 제사장과 제물은 모두 하나님 앞에 흠 없이 온전해야 한다는 것을 보여 주는 것입니다. 사실 제물로 드리는 동물이 흠이 없어야 한다는 것은 벌써 1~4장에 여러 차례 강조한 내용입니다. 아울러 거세된 동물도 제물로 바칠 수 없습니다. 이것은 어쩌면 "생육하고 번성하라"는 하나님의 창조원리와 어긋나기 때문인 것으로 보입니다. 이런 점은 성경의 흐름이 일관성이 있음을 보여 줍니다.

오늘날 우리가 신앙생활을 하면서 내 할 일 다 하고 나서 더 이상 나의 일을 할 수 없을 만큼 늙거나 병들면 예수를 믿겠다거나 봉사하겠다는 이들을 종종 볼 수 있습니다. 그러나 그와는 달리 가장 좋은 나이에 젊음을 주 위해 바치며, 가장 좋은 재능과 실력으로 주님의 일을 감당하는 이들도 봅니다. 히브리 시인은 "주의 권능의 날에 주의 백성이 거룩한 옷을 입고 즐거이 헌신하니 새벽 이슬 같은 주의 청년들이 주께 나오는도다."(시 110:3)라고 노래하였습니다. 가장 좋은 나이 때에 헌신하는 젊은이들이 있기에 하나님의 선교역사는 계속되고 있습니다.

그리고 여기에서 눈여겨볼 내용은 하나님께 바쳐지는 모든 것은 기뻐받으실 만한 것이어야 한다는 점입니다(21, 롬 12:1, 벧전 2:5 참조). 개역성경

새벽우물에서 퍼 올린 말씀묵상

에서는 이것을 '열납(悅納)되도록'이라 하였는데, 개역개정에서는 '기쁘게 받으심이 되도록'이라 하였습니다. 오늘날 우리의 예배와 예물(헌금, 헌신, 봉사를 포함하여)도 하나님께서 기뻐 받으실 만한 것이어야 할 것입니다. 우리가 싫어서 마지못해 바치는 것을 하나님이신들 기뻐하시겠습니까? 우리의 드림이 기쁨에서 비롯되었으면 참 좋겠습니다.

주님의 은총

구약이나 신약 모두 하나님의 백성에게 거룩할 것을 요구합니다. 그러나 신약에서는 규례와 규제에 의한 거룩보다는 오로지 '주님의 구속의 은총'으로 거룩해질 수 있음을 강조합니다. 예수님은 당신이 베푸시는 잔치 자리에 신체적인 결함이 있는 사람들도 초대합니다(눅 14:21). 레위기와는 상반되는 것 같습니다. 그러니 레위기의 가르침을 보면서 예수님의 행적과 말씀을 묵상하면 할수록 우리 예수님의 은혜가 얼마나 크게 느껴지는지요! 레위기에서 배척하는 사람들을 예수님은 도리어 받아들이시니 말입니다. 주님, 감사합니다.

| 레위기 |
LEVITICUS
23장

대대로 지킬
절기

 이 날에 너희는 너희 중에 성회를 공포하고 어떤 노동도
하지 말지니 이는 너희가 그 거주하는 각처에서 대대로
지킬 영원한 규례니라.(21)

지켜야 할 절기

이미 출애굽기 23장에서 유대인들이 지켜야 할 3대 절기(무교절, 맥추절, 수장절)에 대하여 말씀하신 바 있습니다만, 여기에서는 더 많은 절기로서 안식일, 유월절과 무교절, 초실절, 칠칠절, 나팔절, 속죄일, 초막절을 소개합니다. 이 두 책이 다른 말로 표기한 절기가 있습니다. 유월절은 무교절이라고도 합니다. 무교절은 유월절에 누룩을 넣지 않은 떡을 먹는 데서비롯된 것입니다. 초실절은 맥추절이라고도 합니다. 칠칠절은 오순절이라고도 합니다. 유월절 이후 칠을 일곱 번 곱하여 49일이 지나 50일째 날이라는 말입니다. 초막절은 수장절, 추수절이라고도 합니다. 이 모든 절기에 대하여 설명할 때마다 나오는 후렴문구는 "이는 너희가 거주하는 각처에

서 대대로 지킬 규례이니라."(14, 21, 31, 41) 입니다.

모이기에 힘쓰라

이 절기를 지킬 때마다 공통적으로 반복하는 말씀이 아무 일도 하지 말라는 것이고, 또 하나는 성회로 모이라는 것입니다. 그래서 23장에서 가장 많이 나오는 말은 "성회로 모이라"와 "아무 노동도 하지 말지니라"입니다.

모이라는 말과 노동을 하지 말라는 말은 맞물려 갑니다. "일이 있어서요."라든가 "다른 약속이 있어서요."라는 말을 흔히 듣습니다. 이것은 주님께서 잔치를 준비해 놓고 사람들을 불러들일 때 참석하지 못하던 사람들에게서 듣던 말과 같은 것입니다(눅 14:15~24). 이것은 우선순위의 문제입니다. 같은 시간에 여러 약속이 생기면 어느 쪽을 선택하겠습니까? 더 중요하게 여기는 쪽을 선택합니다. 절기(주일)에는 주님과 만나는 것이 무엇보다 먼저였으면 합니다.

'교회'라는 말에는 모인다는 뜻이 내포되어 있습니다. 처음 교회는 모이는 것을 매우 잘 하였습니다. 그것이 처음 교회에 부흥과 성장을 가져다 주었습니다.

안식일의 중요성

이러한 절기를 지키는데 대표적인 성격을 지닌 가장 기본적인 절기는 안식일입니다. 절기에는 안식일처럼 아무 노동도 하지 말고 쉬어야 하며, 성회로 모여 하나님께 감사하며 예물(제사)을 드려야 하고, 이날을 즐겨야 합니다. 그래서 안식일을 가장 먼저 소개한 것입니다. 안식일이 일생 동안에 얼마나 중요한 것인지 봅시다. 7일마다 안식일을 지킵니다. 7년마다 안식년을 지킵니다. 일곱 번째 안식년 다음에 오는 오십 번째 해는 특별 안식, 즉 희년을 지킵니다. 그러니 인생주기(life cycle)가 안식일의 반복 혹은 그 확대로 되어 있는 셈입니다.

현대의 우리도 한 주 단위로 순환하며 모든 일을 하고 있습니다. 결국 주일을 시작으로 매주를 잘 보내야 합니다. 근래에는 "주일에는 주님과 함께"라든가 "주일은 쉽니다"라는 표지를 내걸고 주일을 지키는 기업이나 가게를 많이 볼 수 있습니다. 이날을 지킴으로 하나님께서 창조하시고 쉬신 것에 동참하며 하나님께서 하신 일을 상기합니다. 뿐만 아니라 피곤하고 지친 육신과 영혼을 재충전하여 삶의 활력소를 공급받을 수 있습니다.

절기가 주는 기쁨

구약의 절기들은 신약과 연속성이 있습니다. 예수님은 유월절에 최후의 만찬으로 스스로 어린 양과 무교병 양식이 되셨습니다. 그리고 십자가에 달려 돌아가시고 그 피로 우리를 죄에서 구속하셨습니다. 부활로 사망을 이긴 첫 열매(초실절, 맥추절)가 되셔서 인류를 죽음의 권세에서 살리셨습니다. 오순절(칠칠절)에 성령강림으로 교회가 시작되었습니다. 구약시대의 절기는 매일의 삶 가운데 쉼을 얻을 수 있는 기회였고, 또한 하나님의 백성이 성회로 모여 함께 즐거워하는 기회였습니다(40). 오늘날 우리 그리스도인들도 주일(집회)마다 주 안에서 우리가 받은 영육간의 복을 감사하며, 성회로 모여 예배하고 즐거워하며 그 에너지로 힘차게 살아가야 하겠습니다.

| 레위기 |

LEVITICUS

24장

계속해서 등잔불을
켜 둘지며

 이스라엘 자손에게 명령하여 불을 켜기 위하여 감람을 찧어낸 순결한 기름을 네게로 가져오게 하여 계속해서 등잔불을 켜 둘지며(2)

등대와 떡의 상징적 의미

성소에서 밤낮 켜 놓는 등잔(등대)에 대한 말씀은 출애굽기 27장에도 언급된 바 있습니다. 오늘은 그 시리즈(series)로 보아도 좋을 것입니다.

등잔에 사용하는 기름은 감람(올리브)을 찧어낸 순결한 기름을 사용해야 합니다. 말하자면 하나님의 집(성소)에서 쓰는 등유는 최고급품이어야 한다는 것입니다(2). 이러한 기름은 그을림도 거의 없이 빛을 밝게 비춥니다. 성소에서 끊이지 않고 비추는 등대는 여호와는 빛의 하나님임을 보여줍니다. 말하자면 하나님의 눈길이 성소에 계시다는 것을 상징한다 하겠습니다. 등대는 떡상과 정면으로 마주하고 놓여 있으므로 자연히 떡상을 비춥니다. 그런데도 민수기에 보면 진설병을 잘 비추도록 하라(민 8:1~4)고 강조합니다. 그것은 떡 상에 진설한 열두 덩이의 떡은 열두 지파를 상징하는데, 하나님은 이 열두 지파를 밤낮 지켜 주신다는 것을 강조하고자 함입니다.

등대만 계속하여 켜 두는 것이 아닙니다. 떡도 항시 진설되어 있어야 합니다(6). 떡은 한 줄에 여섯 씩 두 줄로 열두 덩이를 안식일마다 새로운 것으로 성소의 상 위에 올렸습니다. 새 떡으로 교환할 때 묵은 떡은 제사장들이 거룩한 곳에서 먹었습니다(8~9). 한번은 다윗이 사울을 피하여 도망하다가 배가 고파서 놉 땅의 제사장 아히멜렉에게 갔을 때 제사장은 다윗에게 그 떡(진설병)을 내어 주었습니다(삼상 21:3~6). 이것은 훗날 예수님도 인용하신 유명한 이야기가 되었습니다(마 12:1~8). 이렇게 늘 진설해 둔 떡은 하나님께서 이스라엘 백성에게 생명의 양식을 공급하시는 분이심을 보여 줍니다.

신성한 여호와의 이름

이러는 중에 신성모독 사건이 발생하였습니다(10~23). 어떤 사람이 다른 사람과 다투다가 여호와의 이름을 모독하고 저주한 것입니다. 사람들은 이 신성모독 자를 잡아다가 모세에게 끌고 갔습니다. 결국 이 사람은 하나님의 명령에 따라 돌에 맞아 죽고 말았습니다. 하나님의 이름을 모독하는 것은 십계명(제3계명)에서 금지한 것입니다. 주님을 욕되게 하지 않는 삶이 얼마나 중요한지를 잘 보여 주는 대목입니다.

이 사건 와중에서 나온 말이 "눈에는 눈, 이에는 이"(20)라는 동태복수법(同態復讐法 혹은 同害復讐法, law of talion)입니다. 그러나 예수님은 산상설교에서 이 법에 대하여 보복하는 방식을 경계하며 무저항을 가르치셨습니다.(마 5:38~39)

새벽우물에서 퍼 올린 말씀묵상

세상의 빛이며 생명의 떡이신 예수

예수님은 등대와 떡의 상징을 자신에게 적용하셨습니다. 예수님은 "나는 세상의 빛"(요 8:12, 9:5)이며 "생명의 떡"(요 6:35, 48)이라 하셨습니다. 예수님은 온 세상을 비추는 참된 빛으로 이 세상에 오셨습니다. 그리고 성만찬을 통하여 주님의 살과 피를 먹고 마셔서 속죄의 사역으로 말미암아 하나님과 친밀한 교제를 나누게 하셨습니다. 우리 그리스도인들의 삶도 이와 같아야 합니다. 빛을 비추고 나를 내어 주어 참다운 교제를 이루어야 합니다.

깨어 기도하라

등잔불은 기름이 없거나 관리하지 않으면 꺼집니다. 히브리 시인은 "주의 말씀은 내 발에 등이요 내 길에 빛이니이다."(시 119:105) 하였습니다. 말씀이 등불입니다. 우리의 심령 속에 성령의 불이 활활 타오르도록 말씀을 통하여 늘 기름을 공급해야 하겠습니다. 다시 오실 주님은 신랑이 올 때 신부는 등불을 준비하라 하시면서 "그런즉 깨어 있으라 너희는 그 날과 그 때를 알지 못하느니라."(마 25:13)고 말씀하십니다. 등잔의 불을 꺼지지 않게 하려면 잘 잠 다 자서는 안 됩니다. 즉 깨어 기도하라는 것입니다. 이것이 등불을 꺼지지 않게 하는 방법입니다.

| 레위기 |
LEVITICUS
25장

자유를 공포하라

 너희는 오십 년째 해를 거룩하게 하여 그 땅에 있는 모든 주민을 위하여 자유를 공포하라. 이 해는 너희에게 희년이니 너희는 각각 자기의 소유지로 돌아가며 각각 자기의 가족에게로 돌아갈지며(10)

84

새벽 우물에서 퍼 올린 말씀묵상

안식년

23장에서 살펴본 바와 같이 안식일의 개념을 확대한 것이 안식년과 희년입니다. 안식년은 매 7년 되는 해를 말합니다. 이때에는 농경지를 개간하지 아니하고(4~5), 땅에서 저절로 나는 소산은 가난한 사람, 나그네, 짐승들의 양식이 되게 하였습니다(6). 우리도 어렸을 때에 농사를 오랫동안 지은 밭을 묵혀 놓거나 벼를 벤 겨울 논에 다른 흙을 부어 토질을 바꾸어 주는 것을 보았습니다. 그래야 그 다음에 소출이 많이 나온다고 합니다. 그러니 사람만 쉬는 것이 아니라 땅도 쉬어야 한다는 것입니다. 욕심 같아서는 땅을 묵히지 않고 농사지어 한 번이라도 더 소출을 얻고 싶겠지만 하나님의 방식대로 하면 분명히 더 나은 결과를 얻을 수 있습니다. 그래서 하나님의 말씀대로 사는 것이 복입니다.

희년, 회복의 기쁨

이 안식년이 일곱 번 지난 다음해를 희년(禧年, Jubilee)이라 합니다. 그러니까 50년이 되는 해입니다. 이 희년은 이스라엘 민족이 하나님과 백성 사이에서 야기(惹起)된 모든 것들을 본래대로 회복하는 데 의미가 있습니다. 그래서 하나님과의 관계든 사람과의 관계든 땅과의 관계든 얽매인 모든 것에서 풀어 주는 해방과 자유와 기쁨을 누립니다.

희년에는 채주(채권자)가 도저히 빚 갚을 능력이 없는 채무자의 못 갚은 빚을 탕감해 줍니다. 가난한 사람은 빚을 갚지 못하여 땅을 팔거나 자신을 팔아 남의 종이 되어야 했습니다. 따라서 빚을 탕감해 주는 것으로 이런 것을 방지할 수 있었습니다. 이런 연유로 이미 팔렸던 땅은 본래의 땅 주인에게 돌려줍니다. 이때 이들은 땅의 진정한 주인은 하나님이시라는 것을 의식합니다.(23)

그리고 같은 동족인 이스라엘 백성을 종으로 삼았던 사람은 그를 해방시켜 가족에게로 돌아가게 하였습니다. 이 얼마나 이상적인 제도인지 모릅니다. 모든 것이 본래로 돌아갑니다. 원상복귀(原狀復歸)됩니다. 모든 것이 회복됩니다. 그러니 그 해는 기쁜 해(희년)가 아니 될 수 없습니다.

이 율법을 따르며 순종하는 이들에게는 풍성한 복이 약속되었습니다(18~22). 안전하게 거주하고, 배불리 먹고, 이 절기 전 해에는 소출이 3년 쓸 만큼 대풍을 이루어 넉넉하게 해 주시겠다는 것입니다. 이 본문을 읽기만 해도 넉넉해지는 느낌이 듭니다.

희년이 우리에게 주는 의미

희년과 우리의 삶을 연관 지어 봅니다. 희년에는 '안식'이 있습니다. 땅도 쉬고 사람도 쉽니다. 우리도 이 세상을 분주하게 살고 있지만 언젠가는 이 땅의 수고가 그치고 영원한 안식을 누리게 될 것입니다. 이 땅에서 주일마다 제대로 안식할 줄 알았던 사람에게 주어지는 복입니다.

그리고 희년에는 '회복'이 있습니다. 50년간 타인의 손에 넘겨졌던 많은 것들이 원래의 장소와 소유대로 돌아갈 수 있었습니다. 그것이 토지든 사람이든 남의 손에서 회복됩니다. 오늘날 우리가 진정 회복할 것은 무엇입니까? 그것은 인간이 타락하기 이전의 하나님의 형상입니다. 그 형상을 회복해야 합니다.

또한 안식년과 희년에는 '자유'가 있습니다. 49년이 지나고 50년째 되는 해에 밝은 태양이 떠오르면 땅이든 동식물이든 사람이든 모두 진정한 자유를 누리게 됩니다. 빚 때문에 남의 종살이 하던 사람에게는 이보다 더 기쁜 소식이 어디에 있겠습니까? 주님은 우리에게 참 자유를 주시기 위하여 오셨습니다. 죄에서 자유하고, 악한 영에서 자유하고, 질병에서 자유하고, 온갖 욕망에서 자유롭게 하셨습니다. 주님은 희년의 주인이십니다.(눅 4:18~19)

| 레위기 |

LEVITICUS

26장

규례와 계명을
준행하면

 너희가 내 규례와 계명을 준행하면 내가 너희에게 철따라 비를 주리니 땅은 그 산물을 내고 밭의 나무는 열매를 맺으리라.(3~4)

아는 것을 실천하는 삶의 중요성

26장은 레위기 문서답지 않은 느낌입니다. 왜냐하면 레위기는 법전처럼 보이는데 이 부분은 마치 신명기에 나오는 설교처럼 되어 있고 그 내용이 복과 저주 선언이기 때문입니다. 하지만 이 책의 저자로서는 그만큼 이 규례를 중요하게 여기고 순종하여 그대로 살라는 말씀을 아니할 수 없을 것입니다. 말하자면 아는 데서 끝나지 말고 그대로 살라는 뜻입니다. 그대로 살아서 복을 누리라는 뜻입니다. 알고 있기만 하는 것보다는 '그대로 산다'는 것, 이것이 얼마나 중요합니까?

그래서 순종에 따른 복과 저주 선언은 성경에서 중요한 가르침 뒤에 반드시 따라 나옵니다. 가장 뚜렷하게 나타나 있는 것은 출애굽기 23장

25~33절과 신명기 28장(1~19)입니다. 율법서 외에도 시편 1편과 예레미야 17장(5~8) 등에 나옵니다. 특히 모세 유형론으로서 오경적 구조를 가진 마태복음에도 이와 같은 내용이 나옵니다. 마태복음에 산상설교(5~7장)가 끝나는 부분에서 예수님은 집 짓는 자의 비유를 통해 말씀에 순종하느냐 아니냐에 따라 그 인생의 집을 반석 위에 세운 지혜로운 사람이 되기도 하고, 모래 위에 세운 어리석은 사람이 되기도 한다고 말씀합니다(마 7:24~27). 반석 위에 세운 인생은 복된 인생이고, 모래 위에 세운 인생은 저주스럽다는 것입니다.

순종에 따른 축복

축복과 저주에는 조건이 붙어 있습니다. 그 조건이란 순종하느냐 불순종하느냐, 하나님을 섬기느냐 그렇지 않느냐 하는 것입니다. 하나님은 강제성을 띠지 않고 그 선택을 우리에게 하라 하십니다. 어느 쪽을 선택하시겠습니까? 만일 순종하여 그대로 행하는 쪽을 선택하면 그때부터 복입니다.

먼저 '복'의 선언입니다(3~13). 세 가지로 나누어 볼 수 있습니다. 첫 번째는 '풍성한 수확'의 약속입니다. 계절에 합당한 비를 주시고 곡식을 잘 익게 하여 항상 배불리 먹을 수 있게 하시며, 묵은 곡식이 떨어지기도 전에 새 곡식을 주시겠다는 것입니다(4~5). 두 번째 복은 '평화의 약속'입니다. 평안하게 잠을 자며 들짐승이나 전쟁의 위협이 없게 해주신다는 것입니다. 안전에 대한 보장이 없는 양식은 약탈자의 것이 될 수도 있습니다. 주님은 그러한 침략을 막아 주시고 늘 평화롭게 살게 해주시겠다는 것입니다(6~10). 세 번째 복은 '하나님의 임재의 약속'입니다. 하나님께서 그들과 함께 계시고 언제나 동행해 주시겠다는 것입니다(11~13). 이스라엘의 하나님이 되셔서 인도해 주시고 멍에의 빗장을 부수고 바로 걷게 하신다는 것입니다. 이런 복은 얼마나 신납니까?

새벽우물에서 퍼 올린 말씀묵상

불순종에 따른 저주

그러나 불순종하면 '저주'가 임합니다(14~39). 그 저주는 질병, 기근, 전쟁(그것도 패배하는, 17), 가뭄, 흉년, 들짐승의 위협, 또 다시 전쟁(여기에서는 전염병과 기근을 가져오는, 25), 포로 등입니다. 전쟁은 큰 저주입니다. 전쟁은 전쟁으로 끝나지 않고 그 후유증으로 전염병, 흉년, 기근 등을 동반합니다. 그러니 전쟁은 일어나지 말아야 합니다. 이 모든 저주 뒤에는 "칠 배나 더 징치하리라."(18, 21, 24, 28)는 후렴문구가 따라 나옵니다. 그리고 신명기 28장처럼 복보다는 저주 선언에 대한 내용이 더 길고 상세하게 나와 있습니다. 그만큼 징벌도 복 못지않게 무게 있게 다룬다는 뜻입니다.

그러나 이 저주 선언은 읽고 싶지도 않고, 그렇게 되어서도 안 됩니다. 우리 모두에게 이 저주 선언은 아무런 상관이 없었으면 좋겠습니다. 그나마 다소 위안이 되는 것은 하나님께서 그런 저주 끝에도 다시 한 번 회복의 기회를 허락하셨다는 것입니다(40~45). 그러나 회복은 파멸 뒤에 있는 약속입니다. 이런 후회스러운 것조차도 없어야 하겠습니다.

27장

여호와께 드리기로
서원하였으면

 이스라엘 자손에게 말하여 이르라. 만일 어떤 사람이 사람의 값을 여호와께 드리기로 분명히 서원하였으면 너는 그 값을 정할지니(2)

서원기도

레위기는 우리 생각으로는 법전 끝에 그대로 잘 순종하여 지키라는 26장으로 끝맺어도 좋을 듯한데, 레위기 중간쯤에 나올 법한 내용을 제일 끝장에서 다룹니다.

평상시에는 기도도 하지 않던 사람들이 곤경에 처하면 기도를 합니다. 그때에 사람들은 어려움에서 건져달라면서 서원(誓願)을 합니다. 이 문제만 해결해 주시면 무엇을 바치겠다거나 또는 특정한 일에 자신을 바치겠노라고 서원을 합니다. 우리는 성경에서 이러한 예를 많이 볼 수 있습니다. 야곱도 그러했습니다. 야곱은 형과 아버지를 속여 장자의 명분을 탈취한 후 브엘세바를 떠나 외가가 있는 하란으로 피신합니다. 벧엘에 이르러 돌베개를 베고 처량하게 누워 잠을 자다가 꿈속에서 여호와 하나님을 만납니다. 이때 야곱은 하나님이 자기를 평안하게 집으로 돌아가게 해주신다면 자기가 가진 모든 것에서 십일조를 드리겠다고 서원하였습니다.(창 28:20~22)

대체로 서원이란 다급한 위기에서 하기 때문에 이성적인 판단보다는 감정조절이 되지 아니한 채로 하게 됩니다. 그러나 그때가 지나고 모든 난제가 풀리면, 그때에 그렇게까지 서원했어야 했는가 하는 생각을 합니다. 그 서원들이 어리석고 불필요하게 느껴지기도 합니다. 그리고 시간이 지남에 따라 그것을 잊어버리거나 아니면 기억한다 할지라도 부분적으로만 지키고 싶은 유혹을 받기도 합니다. 이럴 때 어떻게 해야 합니까?

서원한 것은 반드시 지켜야 함

서원한 것은 반드시 갚도록 하고 있습니다(신 23:21~23 참조). 서원은 하나님과 약속한 것이며, 하나님은 서원을 지키지 않는 사람에 의해 업신여김이나 조롱을 받을 수 없는 분이시기 때문입니다. 서원 자체가 나쁜 것은 아닙니다. 서원은 하나님과 다시 한 번 가까워지게도 하고, 기도를 통하여 어려움을 이겨 내고 문제를 해결하게도 합니다. 그러나 그때만 좋자고 서원하고 이행하지 않는 것은 거짓맹세가 됩니다. 그래서 주님은 산상설교에서 함부로 "맹세하지 말라."(마 5:34) 하셨습니다. 그러니 맹세나 서원은 그렇게 쉽게 할 일이 아닙니다. 그리고 했다면 지켜야 합니다.

정상참작이 있어 형편에 따라 조절이 가능하기도 합니다만(8), 그 외에는 서원한 것을 이행해야 합니다. 여기에는 사람(자신), 가축, 집, 밭을 바치기로 한 것을 구분하여 설명하지만 공통적인 것은 서원을 무르려면 오분의 일의 배상금을 더 내도록 규정한 것입니다. 그러니 서원한 것을 그냥 갚는 것이 더 나을 수도 있습니다. 재미있는 것은 자기 자신을 바친다고 서원하였을 때에 사람의 값이 남녀와 나이에 따라 다르다는 점입니다.

남자보다는 여자가 싸고, 20세에서 60세가 가장 비쌉니다. 내 가치(cost)가 가장 높을 때 주님의 일을 열심히 해야 하겠습니다.

서원물의 조건

이미 하나님께 바쳐진 헌물이나 하나님의 것을 서원물로 내어놓아서는 안 됩니다. 즉 헌납한 가축, 집이나 밭, 십일조 등을 말합니다. 이런 것들을 바치기로 하고서 그것을 취소하거나 돈으로 갚고 싶으면 역시 오분의 일의 추징금을 내야 합니다. 특히 십일조는 이 세상에 있는 모든 것이 하나님의 것인데, 그중에 십분의 일을 드려 우리의 모든 것을 드린다는 뜻을 담고 있습니다. 이것은 십일조 외의 모든 것, 즉 열의 아홉은 내가 사용할 수 있음에 대한 감사 표시이기도 합니다.

레위기를 마치며

레위기의 주제인 '거룩'은 삶의 모든 분야에서 하나님을 섬기는 일에 전적으로 헌신할 때 이루어집니다. 레위기를 마치며 우리 모두 하나님의 거룩한 백성이 되기를 다짐합시다.

Numbers

PART

2

민수기

계수하였더라

여호와께서 모세에게 명령하신 대로 그가 시내 광야에서 그들을 계수하였더라.(19)

하나님의 신실하심

이스라엘 사람들은 출애굽 이후 처음 삼 개월 동안 계속하여 광야를 걸어갔습니다. 그 행진은 고난과 시련의 연속이었습니다. 낮에는 강렬한 태양과 더위, 밤에는 견디기 어려운 추위, 먹을 것과 마실 것의 부족, 이것은 언제나 원망과 불평으로 나타나곤 하였습니다. 이러한 어려움의 반복으로 하나님을 향한 그들의 믿음과 신뢰가 흔들렸습니다.

그럴 때 주님은 매번 은혜 가운데 그들에게 필요한 것을 채워 주셨습니다. 구름 기둥과 불 기둥으로 인도하신 것이요, 반석에서 물을 내고 만나와 메추라기로 먹이신 것입니다. 백성은 이러한 하나님의 능력과 손길을 체험하면서 다시 한 번 하나님의 신실하심을 믿고 따르게 되었습니다.

약속의 땅에 들어갈 준비

계속 전진하던 이스라엘 백성은 시내 광야에 이르러서는 오랜 기간(1년여, 출 19:1과 민 1:1 참고)을 머물렀습니다. 그들은 그곳에서 약속의 땅 가나안에 들어갈 구체적인 준비를 하였습니다. 하나님께 그곳에 들어가 살 때 필요한 여러 가지 규례와 계명과 율법을 받았습니다. 또한 하나님을 예배(제사)할 성막도 마련하였습니다. 그리고 예배에 대한 규례(레위기서의 내용)도 받았습니다. 그들이 이집트에서 나올 때의 본래 명분은 하나님을 예배한다는 것이었습니다. 그래서 모세가 애굽의 바로 앞에 섰을 때 받은 신탁은 "우리가 우리 하나님 여호와께 제사 드리려 하오니… 가도록 허락하소서 하라."(출 3:18 외)이었습니다. 그러니 이스라엘 사람들이 가장 중요하게 실행해야 할 것은 하나님을 예배하는 것이었습니다. 이렇게 그들은 시내 광야에서 가나안에서의 삶과 신앙을 준비한 것입니다.

약속 성취를 위한 인구조사 실시

이제 그들은 다시 약속의 땅을 향하여 행진할 것입니다. 그러기 위하여 또 한 가지를 준비해야 했습니다. 그것은 약속의 땅을 차지하기 위하여 전투할 인원과 전투력을 확보하는 것입니다. 그 첫 단계로 각 지파의 리더를 세우고, 지파별로 인구조사를 실시하였습니다. 이것이 '민수기'(民數記)라는 책 제목이 된 것입니다. 뜻은 백성의 숫자입니다만, 실제 내용의 흐름으로 보자면 민수기는 출애굽기에서 이어지는 속편이라 할 수 있습니다. 출애굽기는 애굽(이집트)에서 시내 광야(시나이 반도)까지라면, 민수기는 시내 광야에서 가나안 동편 모압 평야까지입니다.

1차 인구조사 결과, 20세 이상 남자만 603,550명이었습니다. 여기에 여자들과 노소까지 포함하면 200만 명은 족히 된다 할 수 있습니다. 이 많은 인구가 가나안까지 가려면 질서가 필요했습니다. 또한 행진 과정에서 언제 다른 부족 국가들이 공격해 올지도 모를 일이었습니다. 따라서 인구조사의 대상인 장정들은 군대가 되어 외부의 공격으로부터 자신들을 방어하고 나아가 약속의 땅을 차지해야 합니다. 하나님은 인구조사를 한 후에 행군 대형과 각 지파의 위치를 정해 주셨습니다. 그리고 레위인들은 성막과 제사와 제사장을 돕는 일에만 전념하도록 인구조사에서 빼 주셨습니다.

우리는 십자가 군병

이스라엘 백성은 이 모든 일에 불평하지 아니하고 순종하였습니다. 이렇게 순종하는 그들에게 하나님은 승리를 안겨 주셨습니다. 우리도 십자가 군병입니다. 군병으로서 이미 하나님의 인구조사에서 세신 바가 되었습니다. 군사는 자기 생활에 얽매이지 아니하고 모집한 분을 기쁘게 합니다(딤후 2:4). 우리 모두 대장 예수를 모시고 전진해 나갑시다.

진을 회막
사방으로 치라

 이스라엘 자손은 각각 자기의 진영의 군기와 자기의 조
상의 가문의 기호 곁에 진을 치되 회막을 향하여 사방
으로 치라.(2)

진 편성과 행군 순서

인구조사를 마친 이스라엘 백성은 머물 때와 행진할 때에 질서가 필요
하였습니다. 하나님은 머물러 진을 칠 때 그 배치도를 상세하게 알려 주
셨습니다. 성막을 중심으로 성막 가장 가까이에 레위 지파가 진을 칩니
다. 그리고 그 사방 동서남북으로 각각 세 지파씩 진을 칩니다. 동쪽에는
유다, 잇사갈, 스불론 지파가 진을 칩니다. 남쪽에는 르우벤, 시므온, 갓 지
파가 진을 칩니다. 서쪽에는 에브라임, 므낫세, 베냐민 지파가 진을 칩니
다. 북쪽에는 단, 아셀, 납달리 지파가 진을 칩니다. 여기에서 각각 가장
먼저 언급된 지파는 세 지파를 한 단위로 대표성을 지닙니다(3, 10절 외).
이렇게 하나님의 성막을 향하여 배치된 것은 하나님은 자기 백성의 한 가

운데 계시고, 백성은 하나님을 중심에 두고 있음을 알려 줍니다.

그러다가 행진할 때에는 그 모든 것을 해체하여 옮겨가야 합니다. 그렇기 때문에 성막은 영구적인 집으로 된 성전으로 지을 수 없었고, 막(텐트)으로 지은 것입니다. 성막은 레위인들이 옮겨야 하는데, 한 번씩 이동할 때마다 얼마나 힘들었을까 하는 생각이 듭니다. 이들이 행진할 때의 순서는 이러합니다. 제일 앞에 법궤, 그 다음에는 동쪽의 세 지파, 그 뒤로 성막 부품, 그 다음으로는 남쪽의 세 지파, 또 그 뒤로 성막 기구, 이어서 서쪽의 세 지파, 마지막으로 북쪽의 세 지파가 나아갑니다.(민 10장, 수 3장 참고)

하나 되어 나아감

이들에게는 각 지파마다 깃발(군기)이 있고, 각 가문마다 일정한 기호가 있었습니다. 이들이 진을 칠 때나 행진할 때에는 이러한 자기 진영의 군기와 조상 가문의 기호를 내걸고 그 기를 따르거나 기 곁에 함께 모여 행동을 했습니다(34). 이것은 같은 지파 사람이 서로 단결하여 질서를 유지하며, 혈연끼리 하나가 되어 대오를 이탈하지 않고 상호 유대적인 관계를 유지하며 나아가도록 한 것입니다. 이렇게 하여 그들은 인구조사 숫자대로 함께 힘을 모으고 도와가며 보다 더 질서정연하게 앞으로 나아갈 수 있었습니다.

이러한 방식은 예수님의 피로 맺어진 오늘날 우리의 교회에서도 마찬가지로 적용됩니다. 처음 교회의 성도들을 보십시다. 그들은 서로 사랑하고 하나가 되어 성전에 모이기를 힘쓰고, 기도하고, 말씀을 들으며, 함께 식사를 하며 신앙생활을 하였습니다. 그랬더니 온 백성에게 칭송을 듣게 되었고, 주께서 구원받는 사람을 날마다 더하셨습니다.

하나님을 중심에 모신 삶

또한 그들은 언제나 성전을 중심으로 각각 세 지파씩 사방으로 진을 쳤다 하였습니다. 이것은 하나님 중심으로 살 것을 명하신 것입니다. 하나님의 백성이 된 우리는 어떠한 상황에서든지 하나님 중심으로 우리 인생을 살아가야 합니다.

여러해 전에 일본 센다이에 있는 모 기독교대학교를 방문한 적이 있습니다. 그때 소개하는 분이 대학교 교회(채플)를 캠퍼스 내에서 가장 가운데 세우고, 하루 중 가장 중심이 되는 매일 오전 11시에 온 학생과 교직원이 참석하여 예배를 드린다 하였습니다.

그렇습니다. 실로 하나님을 그 중심에 모시는 삶보다 더 행복하고 안정된 것은 없습니다. 우리는 하나님 나라를 향해 길 가는 순례자입니다. 그 나라에 이르기까지 우리 모두 중심에 주님을 모시고, 믿음의 형제들과 함께 오늘도 꿋꿋이 행진합시다.

| 민수기 |
NUMBERS
3장

그들은 내 것이라

 처음 태어난 자는 다 내 것임은 내가 애굽 땅에서 그 처음 태어난 자를 다 죽이던 날에 이스라엘의 처음 태어난 자는 사람이나 짐승을 다 거룩하게 구별하였음이니 그들은 내 것이 될 것임이니라. 나는 여호와이니라.(13)

하나님 방식대로

성막 중심의 각 지파별 거주 위치와 행진 순서에 관한 말씀을 마치신 하나님은 이스라엘 전체를 대표하여 성막에서 봉사하게 될 레위인(지파)들에 대한 인구조사를 하게 하시고 규례를 제시하십니다. 그들은 성막 봉사의 의무를 다해야 합니다.

그중에서도 아론과 그 아들들은 제사장의 직무를 수행해야 합니다. 그러나 그들이 가장 하나님 가까이에서 제사 지내는 일을 한다 할지라도 그 의식을 제 방식대로 해서는 안 됩니다. 모두 다 하나님의 방식대로 해야 합니다. 이러한 예는 이미 있었습니다. 아론의 아들 중에 나답과 아비후는 번제단에서 취하지 않은 다른 불로 분향하다가 징벌을 받아 불에 타

죽은 예가 그것입니다(4, 레 10:1~2). 이것을 보면 봉사와 예배도 인본주의로 해서는 안 됨을 알 수 있습니다.

구별된 하나님의 소유

그러나 다시 한 번 하나님은 아론의 남아 있는 두 아들, 엘르아살과 이다말을 비롯한 레위인들을 성별하여 제사와 성막에 관한 임무를 맡기십니다. 이들은 이제 다른 지파의 사람들과는 구별된 하나님의 소유가 되었습니다. 그들을 가리켜서 "처음 태어난 자"라 호칭하면서 "그들은 내 것이라." 하셨습니다.(13)

레위인은 하나님께 바쳐진 사람입니다. 그들에게 성막의 일을 맡기기 위하여 일 개월 이상 된 남자의 인구를 조사하게 하셨습니다. 모두 22,273명이었습니다(39). 이들에 대한 인구조사는, 레위인은 한 명도 예외 없이 하나님의 소유로 계수되어 하나님의 일에 동참해야 함을 보여 주는 것입니다.

레위 자손의 위치와 임무

그리고 난 후에 레위 자손들의 위치와 임무를 확실하게 알려 주었습니다. 레위 자손들도 역시 성막을 중심으로 해서 동서남북으로 진을 칩니다. 서쪽은 게르손 자손, 남쪽은 고핫 자손, 북쪽은 므라리 자손, 동쪽은 아론과 그 자손이 위치합니다. 그러나 레위 지파는 다른 지파들보다는 더 안쪽으로 성막 가까이에 위치합니다.

그리고 레위 지파의 각 자손이 할 일도 제시해 주셨습니다(5~10). 가장 먼저 그들은 제사장 아론에게 시중을 합니다. 이것은 아론이 우위에 있다는 뜻보다는 그렇게 하여 하나님을 섬기는 데 손색이 없게 하려는 것입니다. 또한 그들은 이스라엘 회중을 위하여 직무를 수행해야 합니다. 이것은 레위 지파가 하는 일은 다른 모든 지파를 위한 일이라는 뜻입니다. 세 번째로 그들은 회막에서 직무를 수행합니다. 이것은 하나님의 집을 섬기는 것을 말합니다.

이 중에서 눈에 띄는 것이 있습니다. 37절을 보면 므라리 자손은 "말뚝과 그 줄들"을 책임집니다. 이러한 일은 사소해 보이나 하나만 없어도 성막이 세워질 수 없습니다. 우리도 주님의 몸 된 교회에서 내 자신은 물론이요, 내가 하는 일 하나하나가 소중하지 않은 것이 없음을 다시 한 번 깨닫게 됩니다.

우리도 주님의 소유

오늘날 우리 그리스도인들도 제사장으로서 주님의 소유입니다(벧전 2:9). 우리의 임무도 구약시대의 레위인의 직무와 흡사합니다. 우리도 목사님을 도와 하나님을 예배하며 신앙생활을 하는 데 힘을 모아야 합니다. 또한 하나님과 이웃과 교회를 섬겨야 합니다. 이러한 우리의 섬김이 출애굽 시대에 광야 길을 가고 있는 이스라엘 백성처럼, 이 시대에 광야와 같은 인생길을 가는 모두에게 구원의 힘이 되었으면 합니다.

새벽우물에서 퍼 올린 말씀묵상

| 민수기 |

NUMBERS

4장

그들이 할 일

 그들이 할 일과 짐을 메는 일을 따라 모세에게 계수되었으되 여호와께서 모세에게 명령하신 대로 그들이 계수되었더라.(49)

각 종족에게 주신 임무

이미 3장에서 태어난 지 일 개월 이상 된 레위인 남자들의 수를 조사한 바 있습니다. 그러나 4장에서 레위인들의 또 다른 인구조사를 하고 있습니다. 이번에는 30~50세의 건강한 남자들의 인구를 조사합니다. 이 조사는 종족별로 하였는데(34~49), 고핫 자손이 2,750명, 게르손 자손이 2,630명, 므라리 자손이 3,200명으로, 모두 8,580명입니다.

이들이 해야 할 임무도 종족별로 상세하게 알려 주었습니다. 고핫 자손은 회막 안의 지성물을 담당합니다(1~20). 게르손 자손은 회막 자체의 휘장과 덮개들을 담당합니다(21~28). 므라리 자손은 장막의 판과 기둥과 회막 둘레의 모든 것을 담당합니다(29~33). 이제 이들은 개인으로가 아니라 종족 단위로 함께 일해야 합니다. 그들은 서로 화합과 협동으로 성막을 섬겨야 합니다. 이때 만일 어떤 자손이 임무를 수행하지 않는다면 어떻게 될까요? 성막에서 하나님을 예배하는 일이 제대로 될 수 없을 것입니다. 이것을 보면 오늘의 교회도 역시 직분을 맡은 이들이 각각 맡은 일에 제 몫을 다해야 합니다.

눈여겨볼 것이 있습니다. 고핫 자손에게는 특별히 유의해야 할 사항이 있었습니다. 그들이 비록 성물을 메고 옮겨가더라도 함부로 법궤를 만지거나 성소를 들여다보면 안 된다는 것입니다(15, 20). 그 징벌은 죽음과 연관됩니다. 이것은 거룩한 것을 속되게 하지 말라는 뜻을 지니고 있습니다. 오늘 우리는 성과 속을 너무 쉽게 넘나들고 있습니다. 지나친 세속화로 교회를 더럽히거나 내 영혼을 더럽히지 말아야 합니다.

사람을 통해 일하시는 하나님

우리는 흔히 하나님은 보좌에 앉으셔서 인생을 굽어 살펴보시며 말씀만 하시는 분으로 이해하기 쉽습니다. 그러나 하나님은 일하시는 분입니다. 하나님은 사람을 통해 당신의 일을 하십니다. 본문에서 30~50세의 사람들을 쓰셨습니다. 이것은 인생의 황금기에 하나님의 일을 하라는 것입니다.

우리 주변에는 내 인생의 황금기에는 내 자신만을 위하여 살다가 할 일 없고 나 자신도 보잘것없을 때 비로소 주님의 일을 하겠다는 사람들이 있습니다. 그러나 하나님은 가장 좋은 때를 바치라 하십니다. 이것은 레위기의 가장 좋은 것을 제물로 바치라는 가르침과 통하는 이야기이기도 합니다.

우리를 통해 일하기 원하시는 하나님

그러나 "30세부터 50세까지"라는 말에 너무 집착하지 않아도 괜찮습니다. 그 나이는 힘과 지혜와 기술이 힘든 일들을 감당할 수 있을 때를 의미하기 때문입니다. 그들은 거주할 때 성막을 설치하여야 하고, 이동할 때에는 거두어서 운반해야 합니다. 그래서 힘도 힘이지만 그만큼 원숙하기도 해야 했습니다.

하나님께서 우리를 쓰시고자 할 때에도 우리를 가장 잘 아셔서 쓰고자 하실 것입니다. 괜히 "나 말고 다른 사람을 보내소서." 하지 맙시다. 하나님은 일할 만한 사람을 찾아 기쁘게 사용하십니다. 그 사람이 바로 '나'입니다.

하나님과의 동역에 기쁘게 참여하라

하나님께서는 지금도 인류 구원과 하나님 나라 건설을 위해 일하고 계십니다. 그 영광스러운 사역에 미천한 우리를 불러 참여하게 하십니다. 그것은 하나님과의 동역입니다. 그러니 맡겨만 주신다면 사실은 황공할 따름이지요. 하나님은 일할 능력도 주십니다. 빌립보서 4장 13절은 이렇게 말씀합니다. "내게 능력 주시는 자 안에서 내가 모든 것을 할 수 있느니라." 이 말씀이 하나님의 직분을 맡은 우리 모두의 고백이 될 수 있기를 바랍니다.

여인이 정결하면

 그러나 여인이 더럽힌 일이 없고 정결하면 해를 받지 않고 임신하리라.(28)

정결성 유지의 중요성

이스라엘 백성은 광야를 지나는 동안 옮겨가는 곳마다 진을 쳐야 하고, 머무는 동안 그 진을 언제나 정결하게 해야 했습니다. 진을 칠 장소는 주의 깊게 택해야 하며, 오물을 버릴 곳은 멀리 떨어져야 합니다. 이 정결은 종교적인 이유에서만 필요한 것이 아닙니다. 무려 200여만 명의 인구가 함께 움직이려면 위생상의 이유에서도 매우 중요하였습니다. 그렇지 않으면 건강과 복지가 매우 위태로워집니다. 그래서 이미 레위기에서 언급하였던 나병에 걸린 사람이나 부정한 환자, 특히 유출증 환자는 진 밖으로 격리하도록 다시 한 번 언급합니다. 이것은 전염병 방지를 위한 부득이한 처사입니다.

몸과 마음의 정결

그러나 여기에서는 또 하나 중요한 문제를 다룹니다. 그것은 종교와 도덕상의 문제입니다. 이것은 이스라엘 공동체를 해치고 부정하게 만드는 것이 단지 신체적인 것이나 오물과 같은 것만이 아니라 도덕적인 것도 그러하다는 것을 보여 줍니다. 만일 범죄로 하나님을 거역하는 죄를 범하고 상대에게 손실을 끼치면 그는 죄 값에 오분의 일을 더하여 갚게 하였습니다.

또한 도덕적인 부분으로서 비중 있게 다루고 있는 것은 성 문제입니다. 특히 거룩한 결혼생활(가정)을 해치는 간음에 관한 문제입니다. 이것은 실제로 일어나는 결정적인 성범죄에 못지않게 부부가 서로 성적인 것에 대하여 의심을 갖는 것도 문제로 다룹니다(14). 요즘말로는 의부증과 의처증이라 할 수 있습니다.

도덕적 정결의 중요성

만일 아내의 순결이 의심스러우면 남편은 아내와 함께 예물을 가지고 제사장을 찾아가서 그 여부를 가려야 했습니다. 오늘날 우리의 시각으로는 이해하기 힘든 방식이지만 그때 당시로서는 그런 방법을 썼습니다. 그 방법은 다분히 심리적인 것 같습니다. 그것은 거룩한 물(혹은 저주의 물)이라는 쓴물을 마시게 하여 순결 여부가 드러나게 하는 것입니다. 만일 간음죄를 저질렀다면 그 물은 저주가 되어 신체적으로 결함이 생길 것이요, 몸을 더럽힌 일이 없으면 아무런 해를 받지 않고 임신도 가능하여 정상적인 가정생활(성생활)을 할 수 있다는 뜻입니다. 이러한 판가름은 아마도 오늘날로 말하면 거짓말탐지기 같은 것이라 할 수 있겠습니다.

여기에서 우리는 판가름의 방식보다는 이렇게 하는 의도를 중요하게 생각해 봅시다. 본문에서 말하는 가정의 성스러움을 파괴하는 폐단은 두 가지입니다. 하나는 간음죄입니다(12~13). 만일 가정을 이루는 부부관계가 간음으로 무너져 버린다면 가정을 기초단위로 하는 사회(국가)도 온전할 수 없습니다. 또 하나는 불신과 의심입니다(14). 인간사회는 신뢰를 바탕으로 성립됩니다. 가정은 더더욱 그렇습니다. 부부가 서로 신뢰하지 못하고 특히 순결을 의심하기 시작하면 그 가정은 파국으로 치닫게 됩니다.

정결과 신뢰가 있는 공동체

이스라엘 백성은 거룩한 공동체를 위하여 몸과 마음과 물질이 모두 정결하기를 바라고 있습니다. 그리고 서로 의심하기보다는 신뢰를 구축하기를 원합니다. 우리의 가정과 교회 공동체도 정결과 신뢰가 필요합니다. 신약에서도 마음이 청결한 사람이 하나님을 본다(마 5:8) 하였고, 깨끗한 사람이 천국에 들어간다(계 22:15) 하였습니다. 우리 모두 맑은 영혼과 신뢰로 신앙 공동체를 깨끗하게 만들어 가야 하겠습니다.

새벽우물에서 퍼 올린 말씀묵상

나실인 서원

이스라엘 자손에게 전하여 그들에게 이르라. 남자나 여자가 특별한 서원 곧 나실인의 서원을 하고 자기 몸을 구별하여 여호와께 드리려고 하면(2)

거룩하게 구별된 사람

이스라엘 백성은 이제 곧 가나안을 향하여 행진해야 합니다. 이때에 성막이나 하나님을 섬기는 일은 레위인이나 제사장만 할 수 있습니다. 그러나 그 외의 사람이라 할지라도 일정기간 또는 평생을 온전하게 하나님을 섬길 수 있는 기회를 열어 놓았습니다. 이런 사람을 자기를 하나님께 드리기로 서원하여 구별한 "나실인"이라 합니다(2). 그 대표적인 인물이 훗날 삼손입니다.

나실인이란 '거룩하게 구별된 사람'을 의미합니다. 나실인이 되려면 퍽 까다롭고도 특별한 의무를 지켜야 합니다. 그리고 성별된 생활을 해야 합니다. 이들은 포도주나 독주를 마시거나 심지어 포도 씨나 껍질을 먹어서도 안 됩니다. 머리털을 잘라도 안 되고, 시체를 만지거나 가까이 해서도 안 됩니다. 이렇게 외적으로 구별된 생활을 통하여 하나님을 섬기는 사람으로서 절제와 경건의 모습을 보여야 했습니다. 이것은 어쩌면 오늘날 세상 사람들이 그리스도인들에게 요구하는 윤리적인 수준과 흡사합니다. 그만큼 세상 사람들이 그리스도인들에게 거는 기대는 크다 하겠습니다.

나실인의 규율

나실인들은 하나님의 영광을 위하여 일정 기간 혹은 평생을 드렸기 때문에 자신의 육체의 욕망대로 살아서는 안 됩니다. 또한 이들은 자기가 서원한 기간이 지났다 할지라도 자기 스스로 자유롭게 서원을 풀 수 없습니다. 만일 서원을 풀고자 한다면 정해진 의식을 밟아야 했습니다. 제사장이 회막 문 앞에서 회중에게 이 사실을 알리고 속죄제와 번제와 화목제를 드렸습니다. 이때 나실인은 자신의 결단에 따라 하나님께 물질을 바쳐 자신의 서원을 받아 주신 하나님께 감사를 드렸습니다. 그리고 머리를 깎아 화목제물이 타고 있는 불에 넣어 태웠습니다. 나실인은 본디 머리를 깎지 못하게 되어 있는데, 머리를 깎는다는 것은 그 자체가 이제 나실인으로서 해제되고 있다는 표시입니다. 이렇게 하여 나실인은 서원의 마지막 날에 모든 의식을 끝내고 정상적인 생활로 복귀할 수 있습니다.

이 시대의 나실인된 삶

오늘날 그리스도인들이 안고 있는 과제는 세속 사람들과 별로 구별되지 않는다는 점입니다. 교회가 수적으로는 많은 성장을 하였지만, 그리스도를 닮은 삶을 사는 그리스도인들은 그리 많지 않습니다. 이것은 하나님을 믿는다 하면서도 삶 속에서 우리의 믿음을 사랑으로 보여 주지 못하고 있다(약 2:18)는 뜻입니다.

그러다 보니 이 사회에 영향도 끼치지 못하고, 변화도 일으키지 못하고 있습니다. 이제 우리 그리스도인들은 자신의 몸과 마음과 시간과 물질을 주님께 바치고, 주님께서 기뻐하시고 온전하신 뜻을 분별하여(롬 12:2) 이 시대에서 나실인으로 살아가야 하겠습니다.

6장 마지막 부분에는 제사장의 축복기도 내용이 기록되어 있습니다.

"여호와는 네게 복을 주시고 너를 지키시기를 원하며
여호와는 그의 얼굴을 네게 비추사 은혜 베푸시기를 원하며
여호와는 그 얼굴을 네게로 향하여 드사 평강 주시기를 원하노라."

우리 교회에는 교회 문 앞에 이 내용을 게시해 놓고 있습니다. 제사장들의 이 축도가 우리에게 그대로 임하기를 다시 한 번 축도합니다.

| 민수기 |

NUMBERS

7장

헌물을 드렸으니

 이스라엘 지휘관들 곧 그들의 조상의 가문의 우두머리들이요 그 지파의 지휘관으로서 그 계수함을 받은 자의 감독된 자들이 헌물을 드렸으니(2)

하나님께 바친 예물

성막을 완성하고 봉헌 의식을 행하던 때에 각 지파의 지도자들은 하나님께 예물을 드렸습니다. 성막 봉헌식은 레위기 9장에 나옵니다. 그런데 그때에 드린 예물에 대하여서는 이제 이스라엘 백성이 성막을 가지고 옮겨가야 하는 시점에 밝힙니다. 왜 그랬을까요? 예물의 내용을 보면 다소 이해가 갑니다. 각 지파가 각기 나름대로 자원하는 예물을 드렸는데, 공통적으로 각 지파당 소 한 마리와 두 지파당 수레 하나씩을 바쳤습니다. 그러니 열두 지파에서 바친 것을 모두 합하면, 수레 여섯 대에 소 열두 마리입니다(3). 이것은 성막을 운반하기 위한 것이었습니다. 이제 막 떠나려는 시점에서 이러한 내용을 밝혀 줌으로써 수레와 운반 도구 등은 어디에서 생겼을까 하는 의구심을 덜어 준다 하겠습니다.

하나님께 바치는 예물은 하루에 한 지파씩만 받았습니다. 열두 지파이기 때문에 모두 12일이 걸렸습니다. 7장에서는 열두 지파에서 바치는 헌물 내역과 봉헌자를 날짜별로, 또한 지파별로 상세하게 기록하고 있습니다.

예를 들어 본다면, 제1일에는 '유다 지파에서 나손이 130세겔 무게의 은반 하나와 70세겔 무게의 은 바리 하나를 바쳤다. 그 은반과 은 바리에는 소제물로 기름 섞은 고운 가루로 채웠고, 10세겔 무게의 금 그릇에 향을 채워 바쳤다.' 하는 것과 제물로 드릴 짐승으로서 무엇무엇을 바쳤다는 식으로 기록해 둔 것입니다.(12~17)

하나님을 기쁘시게 하는 예물

단조로워 보이기까지 하는 이 반복 기록은 그만큼 예물을 드리는 것을 중시 여기며, 바치는 각 지파 지도자들의 자원하는 모습을 귀하고 아름답게 본다는 것입니다. 그들이 바친 예물이 얼마나 많은지에 대해서는 84~88절에서 집계하여 적어 놓았습니다. 그야말로 정성을 다하여 차고 넘치도록 바친 것입니다. 그들이 바친 것은 주로 기명(器皿)과 희생제물입니다. 가만히 보면 모두 하나님께 제사하는 데 필요한 것들입니다. 즉 하나님을 기쁘시게 하는 데 쓰이는 것들입니다.

이러한 모습은 오늘날 우리가 주일예배에 바치는 물질 봉헌(헌금)도 궁극적으로는 하나님을 기쁘시게 해 드리는 것임을 보여 줍니다. 하나님께 제물로 바치는 짐승은 실상 인간 자신을 대신하는 것입니다. 마찬가지로 우리가 바치는 물질은 나 자신을 대신하는 것입니다. 그렇기 때문에 헌금을 할 때에는 물질을 통해 자기 자신을 바친다는 심정으로 드려야 합니다. 그래서 주님은 "네 보물(물질) 있는 그곳에는 네 마음도 있느니라."(마 6:21) 하셨습니다.

하나님과의 관계

예물을 봉헌하는 일이 끝났을 때 모세는 회막에 들어가 하나님께 무슨 말인가 하려 하였습니다. 그러자 하나님께서 증거궤 위 속죄소의 그룹들 사이에 나타나셔서 먼저 말씀하십니다. 이것을 보면, 모세는 하나님과 더불어 남들이 알지 못하는 자신만의 신비로운 영적 교제가 있었던 것을 알 수 있습니다. 모세는 아무 곳에서 아무렇게나 하나님과 만나 이야기하고자 하지 않았습니다. 회막에서 하나님을 만나 말하고자 하였습니다.

그렇습니다. 교회는 하나님을 만나 그분의 음성을 듣는 곳입니다. 오늘날 우리도 교회에 예배하러 갔다가, 또는 기도하러 갔다가 하나님을 만나고, 그분의 음성을 듣기를 바랍니다. 그 주인공이 바로 당신이 될 수 있습니다.

| 민수기 |
NUMBERS

8장

성소에
가까이 할 때에

내가 이스라엘 자손 중에서 레위인을 취하여 … 그들로
회막에서 이스라엘 자손을 대신하여 봉사하게 하며 또
이스라엘 자손을 위하여 속죄하게 하였나니 이는 이스
라엘 자손이 성소에 가까이 할 때에 그들 중에 재앙이
없게 하려 하였음이니라.(19)

등잔대에 관한 규례

민수기 8장은 레위인의 성결에 대하여 나와 있습니다. 그러나 그에 앞
서 성소 안에 있는 등잔대에 대한 규례를 언급합니다. 이 등잔대는 일곱
개의 등잔으로 되어 있으며, 모양은 등대 받침에서부터 꽃 모양과 그 줄
기 모양으로 장식하도록 합니다. 그리고 이 장식 모두를 금을 두들겨 만
들게 하였습니다. 등잔은 항상 불을 켜 놓고(레 24:3) 그 불은 등대를 향
하여 비추게 합니다. 왜 이 내용이 레위인의 성결규례에 앞서 나올까요?
성막의 등잔불은 잠시라도 꺼지지 않게 해야 하고, 그러려면 성소 안에
서 늘 지켜봐야 하는데, 이 일을 맡은 레위인들이 정결해야 하기 때문일
것입니다.

레위인의 성별

등잔대 내용 다음에는 끝 절까지 길게 레위인을 성별하는 내용(5~26)이 나옵니다. 하나님은 모세에게 레위인들을 성별하기 위하여 정결의식을 치르게 합니다. 레위인들은 이 의식으로 정결하게 하는 물로 몸을 씻고, 전신을 면도하고, 의복도 빨아 깨끗하게 하여 입습니다. 그러고서 제사를 지냅니다. 깨끗해진 그들에게 이스라엘 백성은 안수를 하여 줍니다(10). 그 후에 그들은 번제물과 속죄 제물로 하나님께 제사를 합니다. 이 제사에 바쳐진 제물처럼 레위인들은 요제(搖祭)의 제물로 하나님께 바쳐진 존재가 됩니다(13). 이렇게 하여 레위인들은 일반 백성과 구별되고 하나님께 속한 사람이 됩니다.

이렇게 레위인들을 정결하게 하는 이유가 있습니다. 레위인들은 제사장들처럼 속죄하는 일은 하지 못한다 하더라도, 이스라엘 백성을 대신하여 성소에서 봉사해야 합니다. 성소에서 하는 일이라 그만큼 복도 누리겠지만, 자칫하여 거룩(聖)을 더럽히면(俗) 재앙도 임하기 때문입니다. 그 내용이 19절 하반절입니다. "이스라엘 자손이 성소에 가까이 할 때에 그들 중에 재앙이 없게 하려 하였음이니라." 여기에서 말씀하는 "재앙이 없게"는 모든 사람의 기도제목입니다. 특히 신앙생활을 하면서 하나님의 거룩성을 더럽히지 말고 일생 동안 재앙 없이 사는 복을 누리기를 바랍니다.

하나님 말씀에 순종하는 태도

이스라엘 사람들은 레위인을 바칠 때, 하나님께서 제시한 방식대로 순종하였습니다. 20절과 22절에는 "온 회중이 여호와께서 모세에게 명령하신 것을 따라 레위인에게 행하였다."라고 기록하고 있습니다. 이 말씀은 순종한 이들이 레위인이 아니라 이스라엘 전체 자손임을 보여 주는 것입니다. 성경에서 보여 주는 가장 강력한 모습은 하나님께서 지시하시는 대로 하라는 것입니다. 노아가 방주를 지을 때에도, 모세가 성막을 지을 때

새벽우물에서 퍼 올린 말씀묵상

에도, 일치되는 말씀은 "명하신 대로 하니라."입니다. 우리에게도 이러한 자세가 요구됩니다.

레위인들은 인생의 황금기를 하나님께 바쳤습니다. 4장에서는 30세부터라고 했는데 여기에서는 25세부터 50세까지로 되어 있습니다. 인생 중 가장 좋을 때입니다. 4장에서 언급하였습니다만, 사람들은 지금은 너무 바빠서 교회에 출석하지도 못하고 봉사도 못하지만, 바쁜 것이 끝나거나 은퇴하면 열심히 하겠다고 말합니다. 그러나 이것은 주님 앞에서 옳지 않습니다. 이 방식대로 하면 교회는 경로당이 되고 맙니다. 하나님은 우리가 일할 수 있는 가장 좋은 시기에 최상의 체력과 타오르는 사랑과 열정, 그리고 재능을 바치기를 원하십니다.

여호와의 명령을 따라

곧 그들이 여호와의 명령을 따라 진을 치며 여호와의 명령을 따라 행진하고 또 모세를 통하여 이르신 여호와의 명령을 따라 여호와의 직임을 지켰더라.(23)

유월절 준수의 의미

이스라엘 백성이 광야로 나온 지 1년이 넘었습니다. 그동안 장막이 완성되었고 하나님께 제사하는 것도 틀을 잡아 갔습니다. 이러는 중에 이들은 유월절을 맞이하게 되었습니다. 첫 번 유월절은 이집트에서 있었던 이스라엘 백성의 해방의 날이요, 구원의 날로 지켰습니다. 이제 이들은 광야에서 두 번째 유월절을 지키게 되었습니다.

유월절은 이스라엘 사람들이 양을 잡아 그 피를 자기들의 집 문설주에 발라 살아난 날입니다. 그날 피를 바르지 아니한 이집트는 사람의 장자와 짐승의 만물이 모두 죽었습니다. 그러나 이스라엘은 장자는 물론 모든 사람이 살아났습니다. 이 일로 이스라엘은 출애굽을 할 수 있게 되었습니다.

그들은 유월절을 지킬 때에 어린 양을 잡고 무교병(無酵餠, 누룩을 넣지 않은 빵, 혹은 떡)과 쓴나물을 먹었습니다(11). 첫 유월절 식사를 재현하는 것입니다. 이것은 우리나라에서 6·25때에 먹던 주먹밥을 먹어 보는 것과 같은 이치입니다. 그들은 앞으로 자자손손 이 절기를 지켜 나갈 것입니다.

유월절 준수는 희생양의 피로 이집트의 장자는 죽었으나 이스라엘 장자를 구속(救贖)하였다는 데 의미가 있습니다. 장자의 구출은 이스라엘 민족 전체를 의미합니다. 그것은 바로 이스라엘의 해방이요, 하나님의 선택이요, 조상들과 맺었던 언약의 성취입니다. 따라서 유월절을 지킬 때마다 그들은 이런 일들을 회상하게 될 것입니다.

하나님의 인도하심

이스라엘 백성은 성막도 완성하고 광야에서 유월절도 지켰습니다. 이제는 다시 약속의 땅으로 나아가야 합니다. 그래서 인구조사를 하고 행진 대형을 갖추었습니다. 하지만 노예생활이 몸에 밴 이스라엘 백성을 이끌고 간다는 것은 쉽지 않습니다. 그들은 어느 방향으로 어떻게 진행해야 할지 막막하기만 했습니다. 하나님은 이러한 백성을 친히 인도하시고자 합니다. 이스라엘 백성은 그 인도를 따르기만 하면 됩니다.

하나님의 인도하심은 성막에서 시작되었습니다. 완공된 성막 위에 구름 기둥이 나타나 증거의 막(성막)을 덮었습니다. 이 구름 기둥이 밤이 되면 불 기둥으로 변했습니다. 이는 하나님께서 이스라엘 백성 중에 거하신다는 것과 이스라엘 백성을 인도하신다는 것을 나타내신 것입니다. 이 두 기둥이 이스라엘 백성의 야영과 행진과 진행 방향을 결정해 주었습니다. 구름이 정지하여 성막 위로 내려오면 행진을 멈추고, 구름이 떠오르면 이동을 준비하여 구름이 움직이는 방향으로 진행하였습니다. 이 모든 것은 "여호와의 명령을 따라" 이루어졌습니다.(23)

믿고 순종하는 삶

이렇게 여호와의 명령을 따라 사는 것이 신앙생활입니다. 신앙이 좋다는 말은 여호와의 말씀에 순종한다는 것과 마찬가지입니다. 이스라엘 백성은 여호와의 명령을 따라 움직였습니다. 기간이 얼마가 되든지 구름 기둥이 성막 위에 머물면 이스라엘 백성은 야영을 하며 기다렸습니다. 심지어는 한 달이든 일 년이든 기다렸습니다.

우리도 하나님의 때를 기다릴 수 있어야 합니다. 누가 기다릴 수 있습니까? 우리의 삶의 수레바퀴를 하나님께서 움직이신다고 믿는 사람이 기다릴 수 있습니다. 이러한 사람에게 구름 기둥과 불 기둥의 인도가 주어집니다. 이 두 기둥은 인도뿐 아니라 보호해 주심도 의미합니다. 우리 모두 하나님의 말씀을 믿고 순종하여 인생의 종착점까지 주님의 인도하심과 보호하심을 받읍시다.

| 민수기 |
NUMBERS
10장

나팔을
만들어 불라

 은 나팔 둘을 만들되 두들겨 만들어서 그것으로 회중을
소집하며 진영을 출발하게 할 것이라.(2)

나팔 신호

하나님은 "회중을 소집하며 진영을 출발하게" 하기 위하여 은 나팔 둘을 만들라 하셨습니다. 제사장들, 즉 아론과 그의 아들들이 이 나팔을 만들고 불었습니다. 그리고 부는 방식에 따라 어떠한 성격의 신호인지 구별할 수 있게 하였습니다.

예를 들어 나팔을 두 개 다 한꺼번에 (길게) 불면 모든 백성이 회막 입구 주위에 총회로 모이라는 신호입니다. 나팔을 하나만 (길게) 불면 각 지파 종족의 대표인 백성의 지도자들이 회합을 하도록 알려 주는 신호입니다. 나팔을 (짧고) 크게(또는 급히) 불면 동쪽에 진을 친 지파들이 행진합니다. 다시 나팔을 (짧고) 크게(또는 급히) 불면 남쪽에 진을 친 지파들이 행진합니다. 이런 식으로 각 지파들이 행진을 할 때에는 나팔을 짧고 크게 불고, 소집할 때에는 길게 불었습니다. 그리고 전쟁이 일어나 대적을 치러 갈 때에는 나팔을 크게(짧게 급히) 붑니다. 그리고 절기 때에도 번제물과 화목 제물을 드리고 나팔을 불게 하였습니다.(10)

오늘날 우리는 이 나팔을 통한 신호 체계를 글만 가지고 명확하게 파악할 수는 없습니다. 그래서 오늘날의 독자들이 이해하는 데 도움이 되도록 나팔 신호에 대하여 괄호 속에 여러 가지 번역본을 함께 적어 놓았습니다. 그러나 당시 이스라엘 백성은 이것을 충분히 구분할 수 있었을 것입니다. 만일 나팔 부는 담당자가 그 소리를 분명하게 구별하지 않고 울리면 백성 간에는 혼돈이 생길 것입니다. 따라서 나팔 부는 이는 분명한 소리를 내어야 합니다. 또한 백성도 분명히 구분하여 들을 수 있어야 합니다. 그래야만 일치된 행동을 할 수 있기 때문입니다.

나팔의 역할과 중요성

이스라엘 백성이 광야에 머물거나 진행할 때의 신호는 두 가지입니다. 하나는 '구름'이고 하나는 '나팔'입니다. 구름은 하나님께서 부리십니다. 이것이 먼저입니다. 나팔은 그 구름의 움직임을 백성에게 알려 주는 데 씁니다. 구름은 하나님의 현존하심과 주권적인 인도를 눈으로 보여 주는 표시이고, 나팔은 그 하나님의 인도하심을 귀로 들려주는 신호입니다.

이것은 나팔이란 하나님의 뜻을 백성에게 알려 주는 도구임을 의미합니다. 따라서 나팔을 부는 사람은 가감 없이 하나님의 뜻을 백성에게 신실하게 알려 주어야 합니다. 이것이 제사장들의 직무요 의무입니다. 만일 제사장들이 나팔을 불지 않으면 백성은 그때그때 하나님의 뜻을 알아내기 어려울 것입니다. 이런 점에서 나팔 불기는 중요합니다.

새벽우물에서 퍼 올린 말씀묵상

나팔 신호와 같은 사역자

이것은 신약시대에 복음을 전하는 사역자들이 하는 일과 유사합니다. 복음을 전하는 이들은 자신의 뜻을 전하는 것이 아니라 하나님의 뜻을 전합니다. 하나님의 말씀을 전하는 사람들은 분명한 소리를 내어야 합니다. 바울은 "만일 나팔이 분명하지 못한 소리를 내면 누가 전투를 준비하리요."(고전 14:8)라고 말씀하였습니다.

이 말씀처럼 이스라엘 백성이 여리고 성을 함락할 때에도 나팔 소리에 따랐습니다. 그들은 나팔 신호에 따라 행진하다가 나팔 소리에 맞추어 소리를 질렀습니다. 그럴 때 그 성이 무너져 내렸습니다.

하나님은 구름으로도 모자라 나팔까지 동원하여 신호를 보내십니다. 오늘날 우리에게도 하나님은 여러 통로로 신호를 보내십니다. 가장 두드러진 신호는 말씀(성경)입니다. 그 말씀 앞에 우리가 할 일은 그 말씀을 따르는 것뿐입니다.

| 민수기 |

NUMBERS

11장

여호와의 손이
짧으냐?

 여호와께서 모세에게 이르시되 여호와의 손이 짧으냐.
네가 이제 내 말이 네게 응하는 여부를 보리라.(23)

광야길 40년의 의미

이집트에서 가나안까지 해안도로로 가면 대략 40일이 걸린다 합니다. 이렇게 단기간으로 끝낼 수 있었던 여행이 왜 40년이나 걸리게 되었는지에 대해서는 출애굽기와 레위기와 민수기를 보면 알 수 있습니다. 그들에게는 훈련이 필요했고, 규례가 필요했고, 하나님을 향한 옳은 믿음이 필요했고, 하나님과의 언약이 필요했고, 성막도 필요했습니다. 그리고 또 하나 불평하고 원망하는 습성을 고쳐야 했습니다. 이제는 노예가 아니라 자유인으로 살아야 합니다. 이 모두 광야길 40년 동안 하나하나 풀어 가야 했던 것입니다.

124

새벽우물에서 퍼 올린 말씀묵상

이스라엘 민족의 습성

이스라엘 민족은 하나님께 감사하기보다는 배은망덕한 행실을 되풀이했습니다. 그들이 주로 원망거리로 삼은 것은 먹고 마시는 것이었습니다. 이미 큰 구원의 역사를 여러 차례 경험하였으면서도 이 원망하는 습성은 쉽사리 고쳐지지 않는 모양입니다. 본문 1절에는 "백성이 악한 말로 원망하매"라고 하였습니다. 하나님은 이 일에 진노하셔서 불을 내리셨고, 백성이 부르짖고 모세가 기도하여 그 불을 꺼지게 할 수 있었습니다.

이 사건의 배후에는 "섞여 사는 다른 인종"(4)이 있었습니다. 이들은 애굽에서 함께 따라 나왔습니다. 이들은 이민족인지라 언약의 백성으로 살아가는 데는 관심이 없었습니다. 그들은 오로지 이스라엘 백성을 통하여 생기는 부대적인 이익과 빵 문제에만 관심이 있었습니다. 이들은 곧잘 탐욕을 품었습니다. 이들은 무슨 문제가 생길 때마다 분규가 일어나도록 배후조정을 하였고, 그렇게 하여 무슨 이득이 생기면 그것만 챙기면 그만이었습니다. 그것도 모르고 이스라엘 백성은 그들의 충동에 부화뇌동(附和雷同)하였던 것입니다.

하나님의 진노

섞여 사는 무리로부터 시작하여 고기를 먹고 싶어 하는 마음이 이스라엘 온 진영에 강하게 일어났습니다. 사람들은 늘 먹는 한 가지, 곧 달짝지근한 만나에 싫증이 나 있었던 것입니다. 이들의 원망은 지도자 모세를 짓눌렀습니다. 모세는 어쩔 수 없어 하나님께 백성의 비난을 전하며 자신을 죽여 달라고까지 합니다.

하나님은 이 문제를 해결해 주시기로 하셨습니다. 그러나 기쁜 마음이라기보다는 진노하고픈 심정이셨습니다. 하나님은 이스라엘 진영 곳곳에 엄청나게 많은 메추라기를 몰아 보내셨습니다. 이스라엘 백성은 먹고 또 먹었습니다. 먹고도 남았습니다. 그러나 하나님의 진노는 가라앉지 않았습니다. 하나님은 아직도 고기를 씹고 있는 백성에게 심히 큰 재앙을 내리셨습니다. 욕심을 낸 백성이 그곳에서 죽었습니다. 그곳 이름을 탐욕의 무덤이라는 뜻으로 '기브롯 핫다아와'라 하였습니다.

하나님을 향한 옳은 믿음

지금 이스라엘 백성의 삶은 그 형편이 열악하기 그지없습니다. 그러니 불평과 불만과 원망이 나올 만도 합니다. 그러나 주님은 반문하시며 말씀하십니다. "여호와의 손이 짧으냐?" 하는 것입니다. 그동안 홍해를 건너 사막 길을 인도하시며 먹이시던 여호와의 손은 결코 짧아지지 않았다는 것입니다. 이것은 오늘 우리에게도 해당되는 말씀입니다. 우리는 지난날 하나님께서 우리를 어떻게 인도하셨는지 그 능력과 기적을 눈으로, 몸으로 체득한 사람들입니다. 그러므로 원망하기보다는 주님의 능력의 손길을 믿어야 합니다. 이 믿음으로 우리는 미래를 향하여 나아가야 합니다.

| 민수기 |
NUMBERS
12장

온유와 충성

 이 사람 모세는 온유함이 지면의 모든 사람보다 더하더라. 내 종 모세와는 그렇지 아니하니 그는 내 온 집에 충성함이라.(3,7)

지도력에 도전한 이들

하나님은 불평하고 원망하는 것을 싫어하십니다. 그래서 이스라엘 백성은 원망하고 악평을 하다가 '기브롯 핫다아와', 즉 '탐욕의 무덤'이라는 지명을 남길 만큼 뼈저린 심판을 받았습니다. 그러나 불평과 원망 못지않게 하나님께서 싫어하시는 것이 있습니다. 그것은 지도자의 지도력을 따르지 않고 비방하며 시기하는 것입니다.

모세가 구스 여인을 취하자 모세의 형제요 자매인 미리암과 아론이 모세를 비방하였습니다. 모세에게 부족한 점이 있다면 그것을 감싸 주고 도와야 할 위치에 있는 그들이 오히려 모세의 약점을 만천하에 드러내었습니다. 이것은 노아가 포도주를 마시고 실수했을 때 이것을 드러낸 '함'을 연상시킵니다(창 9:21 이하 참고). 물론 미리암과 아론은 같은 피붙이로서 모세가 이방여인을 취한 것을 용납하기 어려웠겠지만 하나님은 이것을 기뻐하지 않으셨습니다. 지도자를 하나님께서 세우셨다는 점에서 지도자에 대한 비방이 곧 하나님께 도전하는 것이 되었습니다. 그래서 하나님은 미리암에게 벌을 내리셨습니다. 그 벌로 미리암의 몸에 문둥병이 생기게 하셨습니다. 레위기에서 누누이 보았듯이 문둥병에 걸린 미리암은 진영을 떠나 따로 살아야만 했습니다.

그런데 미리암과 아론이 모세를 비방한 속내는 따로 있었습니다. 그것은 모세에 대한 시기와 질투심입니다. 이것을 보여 주는 구절이 2절입니다. "하나님께서 모세와만 말씀하셨느냐. 우리와도 말씀하지 아니하셨느냐." 이 말 속에는 모세에 대한 질투심과 자신들이 모세와 동등하다는 본심이 들어 있습니다. 그동안 모세를 지도자로 제대로 인정하지 않고 있었음을 엿볼 수 있습니다. 만일 그들이 모세를 자신들보다 훌륭하게 여기고 그 지도력을 인정하였다면 그리 쉽게 비방하지는 않았을 것입니다.

지도자에 대한 태도

하나님은 모세가 약점을 보였음에도 불구하고 여전히 그를 두둔하고 감싸 주며 변호해 주십니다. 참으로 놀랍지 않습니까? 하나님은 당신의 일을 하실 때 사람을 쓰시는데, 그 사람이 다소 부족하더라도 끝까지 인정해 주고 싶어 하시는 것 같습니다.

마찬가지로 사람들도 그 지도력을 따라 질서를 지켜나가 마침내 그 목적을 이루기 원하십니다. 이런 점에서 비방과 항거는 공동체를(공동체의 이익을) 해치는 것이 될 수도 있습니다. 실제로 여기에서 미리암이 격리 수용되자 이스라엘의 행진은 이레나 지연이 될 수밖에 없었습니다(14~16). 우리는 지도자에게 협조자가 될지언정 방해자가 되어서는 안 됩니다.

지도자의 두 덕목 - 온유, 충성

이 사건에서 모세는 어떠한 태도를 보였습니까? 모세는 미리암을 고쳐 달라고 부르짖어 기도하였습니다(13). 모세는 누이가 자기를 비방하고 흠 집을 냈음에도 불구하고 속히 고침 받아 낫기를 원했습니다. 그래서 본문 은 모세에 대하여 이렇게 증언합니다. "이 사람 모세는 온유함이 지면의 모든 사람보다 더하더라."(3) "내 종 모세와는 그렇지 아니하니 그는 내 온 집에 충성함이라."(7) 온유하고 충성스러운 지도자, 이것을 갖춘 지도자가 모세입니다.

우리도 어느 부분에서든지 지도자의 자리에 있습니다. 비록 우리는 부 족하지만 온유함과 충성스러움을 갖추어 보도록 합시다. 이 두 가지를 겸 비해 봅시다. 그것이 우리를 하나님께로부터 계속하여 지도자로 인정받 게 합니다.

그 땅을 취하자

> 갈렙이 모세 앞에서 백성을 조용하게 하고 이르되 우리
> 가 곧 올라가서 그 땅을 취하자 능히 이기리라.(30)

가나안 정탐

이스라엘은 가나안 문턱까지 나아갔습니다. 그곳을 바란 광야라 하였습니다(3). 그들은 가나안에 들어가기 전에 먼저 그곳을 정탐하기로 하고, 각 지파에서 한 명씩 모두 12명으로 정탐꾼을 구성하였습니다. 그리고 그 명단도 상세하게 기록해 놓고 있습니다(4~15). 그들은 40일 동안 땅, 거민, 성읍, 토지, 과실수 등을 정찰하였습니다. 남쪽의 신 광야에서 먼 북쪽의 하맛 어귀 르홉에 이르는 전 지역을 망라했습니다. 40년이 걸리도록 사막 가운데서 지낸 이들에게 가나안은 참으로 매력이 있는 곳이었습니다. 그곳을 둘러본 정탐대원들은 그곳을 과연 '젖과 꿀이 흐르는 땅'이라 표현하였습니다.

서로 다른 두 보고

이 정탐대원들은 그 지역이 젖과 꿀이 흐르는 땅이라는 말답게 포도와 다른 열매들을 둘러메고 돌아왔습니다. 그들은 자기들이 본 내용을 모세와 아론과 백성에게 보고하였습니다. 그들은 물론 본 그대로 보고하였습니다. 그런데 문제는 같은 것을 보고 왔는데 보고 내용이 두 가지로 나뉘었다는 점입니다. 하나는 부정적인 시각으로 본 것이고, 다른 하나는 긍정적인 시각으로 본 것입니다.

그들이 보고한 내용은 이러합니다. 땅은 비옥하여 과일도 잘 맺지만 그곳 사람들은 막강하고, 도시 성읍들은 견고하고 심히 커서 요새 같으며, 게다가 그곳 주민 중에는 아낙 자손 같은 거인이 있다는 것입니다. 그러니 가나안 땅에 들어가기가 어렵다는 것입니다. 말하자면 가나안 입성 불가를 선포한 것입니다.

그러나 이때 유다 지파의 갈렙은 이 보고에 맞서 다른 보고를 합니다. 그는 이렇게 말하였습니다. "우리가 곧 올라가서 그 땅을 취하자. 능히 이기리라." 갈렙이 이렇게 말하자 우왕좌왕하던 백성은 비로소 안심할 수 있었습니다. 이 갈렙의 말은 우리 그리스도인들에게 하는 말입니다.

오늘날 우리도 악의 외적인 힘에 너무 무력해져서 교회가 세상을 향하여 제대로 영향을 끼치지 못하고 있습니다. 이런 점에서 우리는 갈렙의 말을 들어야 하며 우리 또한 그렇게 외쳐야 합니다.

여호와를 신뢰하는 신앙의 눈

갈렙이 이렇게 말하자 갈렙과 여호수아를 제외한 다른 정탐꾼들은 가나안 땅으로 들어가는 것을 공개적으로 반대하였습니다. 그들은 다시 한 번 강조하였습니다. "우리는 능히 올라가서 그 백성을 치지 못하리라. 그들은 우리보다 강하니라."(31) 그러면서 패배주의에 빠져 자신들을 "우리는 스스로 보기에도 메뚜기 같으니"(33)라고 평가하였습니다. 이들은 수치스러운 이 말로 자신들의 불신앙적인 태도를 드러냈습니다.

그들은 상대방만 보았지 자신들에게 있는 60만 명의 장정과 그동안 피 한 방울 흘리지 않게 지켜 주신 만군의 하나님 여호와께서 계심을 보지 못하였습니다. 눈에 보이는 것만이 전부가 아닙니다. 먼 훗날 다윗이 골리 앗과 싸울 때 거대한 장수 골리앗에 비하면 다윗은 메뚜기에 불과하였습 니다. 그러나 다윗이 이겼습니다. 이것은 일반적인 시각에서 벗어나 있습 니다. 그의 승리는 여호와 하나님의 이름으로 나아갔기 때문에 가능한 일 이었습니다.(삼상 17:45)

오늘날 우리는 어떠한 시각으로 상황을 바라봅니까? 상반된 두 가지 시 각이 있을 수 있습니다. 우리는 아무쪼록 신앙의 눈으로 볼 수 있기를 바 랍니다.

| 민수기 |
NUMBERS
14장

그들은
우리의 먹이라

여호와를 거역하지는 말라. 또 그 땅 백성을 두려워하지
말라. 그들은 우리의 먹이라. 그들의 보호자는 그들에
게서 떠났고 여호와는 우리와 함께 하시느니라. 그들을
두려워하지 말라.(9)

신앙의 눈을 잃은 백성

정탐꾼들의 보고를 들은 백성은 얼마나 실망이 컸겠습니까? 기나긴 고통과 고난의 세월, 40여 년의 광야생활이 헛것이 된 셈입니다. 결국 백성의 의견은 가나안 땅으로 전진하지 말자는 쪽으로 기울어졌습니다. 그렇게 되기까지는 별로 오랜 시간이 걸리지 않았습니다.

이렇게 되자 몇 가지 부정적인 현상이 나타나기 시작하였습니다. 그들은 아직 아무런 일도 벌어지지도 않았는데 소리 높여 부르짖으며 곡하였습니다. 마치 벌써 큰 패배나 당한 것처럼 울부짖었습니다. 그러고는 "우리가 애굽 땅에서 죽었거나 이 광야에서 죽었으면 좋았을 것"(2)이라면서 지도자들에 대하여 불평을 했습니다. 이제 이들에게 신앙의 눈은 없습

133

민수기

니다. 그래서 "어찌하여 여호와가 우리를 그 땅으로 인도하여 칼에 망하게 하려는고?"라고 말합니다. 또한 "우리 처자가 사로잡히리니"(3)라고도 합니다. 그러면서 그들은 "애굽으로 돌아가자."(4) 합니다. 40년이나 전진해 왔는데, 그렇다고 이제 와 돌아가자니 이 얼마나 한심스러운 지경입니까?

우리는 지도자를 잘 만나야 합니다. 또한 지도자도 그 지도를 따르는 사람들을 잘 만나야 합니다. 지금 이 순간 모세가 할 수 있는 것은 아무것도 없었습니다. 백성끼리 제 좋은 대로 생각하고, 제 좋은 대로 결정하고, 제 좋은 대로 행동하고 있습니다. 그들은 두려움에 사로잡혀 부정적이고 불신앙적인 행동을 스스럼없이 하고 있습니다. 그들에게서 더 이상 믿음을 찾아볼 수 없게 되었습니다.

신앙인이 가져야 할 의식

이때 또 다시 여호수아와 갈렙이 모세를 대신하여 나섭니다. 자기 옷을 찢어가며 호소를 합니다. "여호와를 거역하지는 말라. 또 그 땅 백성을 두려워하지 말라. 그들은 우리의 먹이라. 그들의 보호자는 그들에게서 떠났고 여호와는 우리와 함께 하시느니라. 그들을 두려워하지 말라."(9) 이 얼마나 힘찬 격려와 용기인지 모릅니다. 앞서 보고한 이들은 '우리가 그들에게 메뚜기 같다' 하였는데, 지금 이들은 '그들은 우리의 먹이("밥", 개역개정)'라고 합니다. 우리가 신앙인으로서 어떠한 의식으로 이 세속사회를 살아야 할지 잘 보여 주는 내용입니다.

부정적 태도의 결과

그러나 닫힌 귀는 들을 줄 모릅니다. 성난 회중은 오히려 여호수아와 갈렙을 돌로 치려 합니다. 하나님께서 보다 못해 그곳에 나타나십니다. 해결해 주려 오신 것이 아니라 벌을 내리러 오셨습니다. 모세가 급히 나서서 중재를 합니다. 하나님께 백성을 살려달라고 용서를 빌었습니다. 그러나 하나님께서는 "너희 말이 내 귀에 들린 대로 내가 너희에게 행하리니"(28) 하시며 말한 그대로 되게 하셨습니다.

가나안 땅에 들어가기 틀렸다 하였으니 가나안 땅에 들여보내지 않으시고 또 다시 백성이 광야로 내모셨습니다. 그리고 불신앙과 악평으로 부정적인 보고를 한 정탐꾼들은 그곳에서 모두 죽게 하셨습니다. 그때 마침 아말렉인과 가나안인이 쳐들어 왔습니다. 그러나 하나님은 돕지 않으셨습니다. 물론 패배주의에 빠져 있는 이스라엘은 그 전쟁에서 패배하고 말았습니다.

부정적인 생각, 부정적인 말 한마디가 참으로 무서운 결과를 가져오고 말았습니다. 우리는 "말한 대로 해 주마!" 하시는 말씀을 기억하며 긍정적이고 신앙적인 말을 하여 내 삶도 그대로 이루어지게 해야 하겠습니다.

고의로
무엇을 범하면

 본토인이든지 타국인이든지 고의로 무엇을 범하면 누구나 여호와를 비방하는 자니 그의 백성 중에서 끊어질 것이라.(30)

제사의 중요성

여기에서는 가나안 정탐에 대한 그 이후의 이야기가 나오지 아니하고 느닷없이 제사법규가 31절에 이르도록 길고 상세하게 나옵니다. 이미 레위기에서 그토록 상세히 다룬 제사 규례가 왜 이곳에 다시 나올까요?

이제 광야생활도 거의 끝나갑니다. 이들이 바란 광야 가데스바네아 지역에서 떠나고자 할 때는 출애굽한 지 38년이나 되었습니다(신 2:14). 그러니 출애굽 1세대들은 거의 다 죽고 이제는 2세대들이 가나안으로 들어가야 합니다. 그런 까닭에 하나님은 구세대에게 알려 주셨던 제사 규례를 이곳에서 신세대들에게 다시 한 번 알려 주시는 것입니다. 그만큼 제사 규례를 중요하게 여김을 알 수 있습니다.

고의로 범한 죄

이 제사 규례와 아울러 부지중에 그릇 범죄 한 경우와 알면서도 고의로 범죄한 경우에 대하여 엄격하게 구별하여 처리하게 했습니다. 부지중에 범죄를 하였을 경우에는 속죄제의 규례를 따라 제사를 지내도록 하였습니다. 그러나 알면서도 고의적으로 범죄를 한 경우에는 더 이상 속죄의 기회가 없습니다. 죄의 대가로 목숨을 내어 놓아야 했습니다. 이것은 타국인에게도 똑같이 적용하였습니다.(30~31)

이러는 중에 사람들이 어떤 사람이 안식일에 나무를 하는 것을 보고 붙잡아 왔습니다. 그 사람은 갇혔다가 재판을 받았는데, 그 결과는 사형이었습니다. 그래서 진영 밖으로 끌어내어 돌로 쳐 죽였습니다. 안식일을 범한 사람에 대한 첫 판례를 남긴 비극적인 일이 되고 말았습니다. 이러한 엄격한 법 적용은 이 사건이 터지기 바로 앞에서 명시한 내용과도 관련이 있습니다. 그 내용은 부지중에 저지른 일은 참작의 여지가 있지만 고의적으로 행한 경우에는 백성 중에서 끊으라는 것입니다.

안식일 준수의 중요성

따라서 안식일에 나무를 한 사람은 두 가지 커다란 죄를 저지른 것이 됩니다. 하나는 안식일을 범한 것입니다. 안식일 준수는 하나님께서 매우 중요하게 여기시는 것입니다. 십계명 중에 제4계명에 제시된 바 있습니다. 또한 그날에는 불을 지펴도 안 될 만큼 모든 노동은 금지되어 있습니다. 그런데 이 사람이 범한 또 한 가지는 알면서도 지키지 않았다는 것입니다. 안식일 준수에 대한 십계명은 이미 공포된 지 오래 되었습니다. 그도 알고 있었을 것입니다. 또한 여러 사람이 그가 나무하는 것을 보고 끌어 왔다는 것은 그 여러 명이 모두 안식일에 일을 하면 안 된다는 것을 알고 있었다는 것을 뜻합니다. 그런데도 그것을 어겼다는 것은 하나님을 시험한 꼴입니다. 그래서인지 본문에 보면 그를 두고 어떻게 할지 몰라 할 때 하나님께서 직접 모세에게 그를 죽이라고 말씀하십니다. 참으로 무서운 일입니다.

주일 성수

오늘날 그리스도인들은 안식일 개념을 포함하여 주일을 성수합니다. 이 날은 주님의 부활을 기념하여 처음 교회 때부터 지켜 왔습니다. 우리는 이날을 통하여 하나님의 창조하심과 예수님의 구원하심을 함께 찬양합니다. 이날은 생명과 시간을 주신 하나님께 감사하는 날입니다. 따라서 주일은 의무의 날이 아니라 은총과 특권의 날입니다. 이것은 지킬 수도 있고 안 지킬 수도 있는 선택의 문제가 아닙니다. 일주일에 하루를 주님께 돌려드리는 날입니다. 규정에 앞서서 주님의 은총을 찬양하며 예배하는 주일 성수가 되어야 하겠습니다.

새벽우물에서 퍼 올린 말씀묵상

| 민수기 |
NUMBERS
16장

너희에게
작은 일이겠느냐

 이스라엘의 하나님이 이스라엘 회중에서 너희를 구별
하여 자기에게 가까이 하게 하사 여호와의 성막에서 봉
사하게 하시며 회중 앞에 서서 그들을 대신하여 섬기게
하심이 너희에게 작은 일이겠느냐.(9)

지위를 탐하여 도전한 일당

오랜 기간 광야생활을 하다 보니 별일이 다 생깁니다. 전에는 같은 피붙
이 아론과 미리암이 모세의 지도권에 도전하더니 이번에는 고라, 다단, 아
비람, 온(이후에 이 이름은 언급되지 않지만) 등의 일당들이 모세와 아론의
지도권에 도전합니다. 회중 가운데서 이름 있는 지휘관 250명이 함께 일
어났습니다. 그들은 성막에서 봉사하는 것으로 만족하지 않고 제사장의
직무, 곧 모세와 아론의 지위(자리)를 탐하여 반역을 일으켰습니다.

그들은 모세와 아론에게 "누구나 다 거룩한데 왜 당신들만 높은 것처럼
하느냐?"면서 지도권에 도전합니다. 이에 대하여 모세는 그들을 향해 "당
신들이야말로 분수에 지나치다"(7)면서 "하나님께서 당신들을 구별하여

성막에서 일하게 하셨는데 그것이 어찌 작은 일이냐? 왜 제사장직까지 탐하려 하느냐?"(9~10)라고 하였습니다. 그러면서 아론에 대하여 원망하는 것은 하나님 여호와를 거스르는 것과 마찬가지라 하였습니다.(11)

하나님께 판단을 맡긴 모세

모세는 하나님께서 맡기신 일은 제사장이나 제사장의 일을 수종하는 이들이나 하나님 앞에서 똑같이 중요하다는 것을 일깨워 줍니다. 그러면서도 달리 대응할 방법이 없어 그들에게도 제사장만이 할 수 있는 분향할 기회를 주고자 합니다. 이것은 하나님께 이 사건을 맡기고자 함입니다. 만일 하나님께서 인정하시면 그 분향을 받으실 것이고, 그렇지 않으면 하나님께서 처리하실 것이기 때문입니다.

그래서 사람을 보내어 다단과 아비람에게도 분향하는 데 오도록 하였습니다. 이들은 가지 않겠다 하면서 아론이 아니라 모세를 비난합니다. 그들은 모세가 광야에서 백성을 죽이려 하였으며 가나안 땅으로 인도할 수도 없을 것이라 합니다. 이에 모세는 분노하여 이들의 제사를 받아 주지 마시기를 기도합니다. 이것은 마치 하나님께서 가인의 제사를 받아들이지 않은 것과 같은 것입니다(창 4:5). 그러니 이것은 하나님과의 관계 단절입니다. 우리의 예배를 하나님께서 받지 않으신다면 이보다 큰 비극이 어디 있겠습니까?

지도권에 도전한 자에 대한 하나님의 처분

하나님은 어떻게 하셨을까요? 하나님은 불평과 원망, 비난과 반역, 고의적인 범죄에서 늘 보여 주셨듯이 이번에도 그들을 징벌하셨습니다. 모세와 아론은 전에도 그러했듯이 그들을 용서해 달라고 기도하였지만(22), 하나님은 진노하셨습니다.

하나님은 땅이 갈라지게 하여 고라와 반역자들을 추종하던 사람들과 주동자들의 가족, 그리고 그들의 재산까지 모두 삼켜 버렸습니다(31~32). 또한 분향을 하는 반역자들에게는 하나님께로부터 불이 나와 250명을 불살라 버렸습니다(35). 이것으로 끝나지 않았습니다. 이 일을 두고 사람들이 모세와 아론을 치면서 항의한 사람 14,700명을 염병으로 죽게 하셨습니다.(41, 49)

직분 받은 이의 태도

하나님의 일에는 작은 것이 없습니다. 성막과 제사에 관한 일이든 직접 제사를 주관하는 일이든, 두 일 모두 하나님 앞에 가치 있는 일입니다. 쓸데없이 지위나 탐하게 되면 당을 짓고(1), 대열을 이탈하여(12~14) 공동체를 분열시킵니다. 이런 일을 하나님은 기뻐하지 않으십니다. 직분을 받은 이들이 할 일은 대항하고 파당을 짓는 것이 아닙니다. 감사와 충성이 할 일입니다. 그렇게 할 때 공동체도 살고 더 큰일도 하게 됩니다.

| 민수기 |

NUMBERS

17장

지팡이에
꽃이 피어서

 이튿날 모세가 증거의 장막에 들어가 본즉 레위 집을
위하여 낸 아론의 지팡이에 움이 돋고 순이 나고 꽃이
피어서 살구 열매가 열렸더라.(8)

아론의 지팡이

아론의 지팡이에 관한 내용은 고라 일당의 반역과 관련이 있는 내용입니다. 고라 일당의 반역은 왜 아론과 모세만이 이스라엘의 종교와 정치의 지도자인가, 우리도 그들과 동등한 자격이 있으므로 능히 지도자로 나설 수 있다는 생각에서 비롯된 것입니다. 하나님은 교만에 사로잡혀 반역한 고라 일당을 쓸어 버리셨습니다. 그러나 아직도 이스라엘 내에 잠재해 있는 반역과 불순종의 낌새가 잔존해 있었습니다. 하나님은 이것조차도 없애기 위하여 한 방법을 제시하셨습니다.

이스라엘에게 보여 주신 확실한 표징

그것은 각 지파별로 지팡이를 하나씩 가져다가 회막 안 증거궤 곁에 두게 하는 것이었습니다. 그 지팡이에는 각각 자기 지파의 지도자의 이름을 새겨 두게 하였습니다. 이들 가운데 하나님께서 택한 사람의 지팡이에서는 싹이 날 것이라는 것입니다. 이것으로 하나님이 누구를 인정하시는지 알게 될 것이고, 더 이상 원망하는 일도 없어질 것입니다.(5)

그 다음날이 되었습니다. 모세가 증거막으로 들어가 보았습니다. 그랬더니 레위 지파를 위하여 낸 아론의 지팡이에 움이 돋고 순이 나고 꽃이 피어서 살구 열매가 열린 것이었습니다(8). 모세는 증거궤 앞에 둔 열두 지팡이를 모두 가지고 나와 회중에게 보여 주었습니다. 그리고 그 지팡이를 각 지파의 이름대로 다시 돌려주었습니다. 지팡이를 다시 받아 든 각 지파의 지도자들은 자기들의 것과 아론의 지팡이가 어떻게 달라졌는지를 알 수 있었습니다.

그들은 이 일을 통하여 하나님께서 누구를 제사장으로 삼으시는지를 분명히 알게 되었습니다. 모세는 싹이 나 꽃 피고 열매를 맺은 아론의 지팡이만 다시 회수하여 하나님의 언약궤에 가져다 놓았습니다. 그렇게 하여 이 일을 반역한 백성에게 영영토록 표징이 될 수 있게 하였습니다. 그러고는 자신들은 성막과 하나님과 거룩에 도전하였으니 죽게 되는 것이 아니냐고 모세에게 하소연을 합니다.(12~13)

제사장의 권위

이스라엘 백성은 이제야 비로소 하나님께서 아론을 자신들과 다르게 인정하고 계심을 깨달았습니다. 아론의 제사장직을 새롭게 인정하게 되었습니다. 제사장의 권위를 하나님의 권위로 여기게 된 것입니다.

신약의 관점에서 보면, 이 제사장은 '땅과 하늘에 있는 모든 권세'(마 28:18)를 부여 받은 예수 그리스도이십니다. 그분 안에 하나님의 권위와 하나님의 뜻은 완전하게 계시되었습니다. 그 예수님은 만백성을 제자 삼도록 선교하며, 만백성이 하나님과의 관계를 회복하고 예배하게 하는 제사장의 직무로서의 권위를 교회와 성도들에게 위임하였습니다. 그러니 이제는 이 땅의 교회가 그 직무를 감당해야 합니다.

또한 아론의 싹 난 지팡이는 하나님께서 당신의 일꾼들을 홀로 버려두지 아니하시고, 그들의 생명과 영광과 권위를 지켜 주신다는 것을 보여줍니다. 이러한 보살핌은 인간의 명예와 권세에도 도움이 되겠지만, 궁극적으로는 하나님의 뜻과 계획과 일을 성취하기 위함입니다. 따라서 하나님의 일을 맡은 이들은 더욱 더 하나님의 뜻을 이루고자 충성을 해야 합니다.

그러나 보다 중요한 것은 우리가 죽은 나무토막처럼 무기력에 빠져 있을 때 우리 주님께서 함께하셔서 내 삶에 새로운 꽃이 피어나게 하는 것입니다. 죽은 나무에 꽃이 피듯, 우리의 영혼에도 움이 돋고 꽃이 피고 열매를 맺는 역사가 일어나기를 바랍니다.

| 민수기 |
NUMBERS
18장

직분을
선물로 주었은즉

 너와 네 아들들은 제단과 휘장 안의 모든 일에 대하여
제사장의 직분을 지켜 섬기라. 내가 제사장의 직분을
너희에게 선물로 주었은즉 거기 가까이 하는 외인은 죽
임을 당할지니라.(7)

제사장과 레위인의 직무

하나님은 아론의 지팡이에 싹이 나게 하여 아론의 직분을 존귀하게 하
시고, 감히 그 권위에 도전하지 못하게 하셨습니다. 그러면서 동시에 제사
장과 그 직을 조력하는 레위 지파의 직무가 얼마나 소중한 것인지를 알려
주셨습니다. 그 내용이 1~7절에 잘 나타나 있습니다. 그 내용을 요약하자
면, 제사장과 레위인은 하나님께서 거하시는 성소의 직무를 감당하기 때
문에 매우 특별한 책임을 가지고 있으며, 이 직무를 수행하다가 저지르는
잘못에 대해서는 자기들의 생명으로 책임을 져야 한다는 것입니다(특히 3
절). 그러나 이러한 책무는 아론 가문과 레위 지파에게 무거운 부담을 주
기 위한 것이라기보다는 하나님과 그의 백성을 섬기는 거룩한 일에 참여

하게 하기 위한 것으로 참 영예로운 것입니다.

하나님의 선물인 직분

하나님의 거룩한 일을 책임지고 있는 만큼 제사장들과 레위인들은 세속사회에서의 분깃, 즉 땅에 대한 기업을 받지 못합니다. 그러나 제사장들과 가족들은 하나님께 바쳐지는 짐승 제물과 곡식, 예물로 바쳐진 십일조 등을 규정에 따라 소득으로 받을 수 있게 하였습니다. 이 말은 하나님의 일을 하는 사람은 하나님께서 그의 삶을 책임져 주신다는 뜻이 됩니다.

교회 내에는 하나님으로부터 권위를 인정받은 여러 직분이 있습니다. 그런데 많은 성도들이 이 직분을 가볍게 여기며 과소평가하곤 합니다. 본문에서 직분은 하나님의 선물이라(7) 합니다. 사실상 금송아지 숭배 사건(출 32장)이나 모세 비방 사건(민 12장) 등으로 보아서는 아론은 거룩한 제사장으로서의 자격이 결여되어 보입니다. 그런데도 하나님께서 아론에게 제사장직을 주실 뿐 아니라 계속하여 그 권위를 인정해 주시는 것은 그의 행적에 대한 보상이라기보다는 하나님의 주권적인 은혜요 선물임을 알 수 있습니다.

우리도 마찬가지입니다. 우리 중에 그 누구도 자격이 있다고 장담할 만한 사람은 없습니다. 다만 우리의 부족함에도 불구하고 그 일들을 선물로 맡겨 주신 하나님께 감사할 뿐입니다. 따라서 맡은 직분에 대하여 교만과 우월감을 가질 수 없습니다. 직분 자체를 영광스럽게 여기고 성실히 봉사하는 것이 우리가 취할 바른 도리입니다.

직분에 따른 책임과 협조

하나님은 직무를 선물로 주셨지만 그 일을 소홀히 하는 것에 대하여 책임도 물으십니다. 본문에 나오는 "죄를 담당한다"든지 "죽을까 하노라" 하신 말씀들은 하나님의 일을 함부로 해서는 안 된다는 것을 잘 보여 줍니다.

또한 원만하게 수행하기 위하여 서로 협조관계가 잘 이루어져야 함도 말씀합니다. 제사장과 레위인이 합동해야 하고(4), 백성은 그들이 생계를 염려하지 않고 그 일을 마음껏 할 수 있게 십일조를 드려야 하며(21), 레위인은 바쳐진 십일조의 십일조를 또 다시 하나님께 드려야 하는 것(26)은 서로 얼마나 유기적인 관계이어야 하는지를 잘 보여 줍니다.

우리는 다시 한 번 깨닫습니다. 직분, 그것은 참으로 소중한 것임을…. 우리는 어떠한 직분을 맡았습니까? 그 직분을 이름으로만 가지고 있지는 않습니까? 이제는 직분자이기보다 그 책무에 대한 사명자가 되도록 합시다. 그리고 굳게 믿읍시다. 충성스럽게 감당하는 사람에게는 하나님께서 그의 생애도 또한 보장해 주실 것이라는 것을 말입니다.

| 민수기 |
NUMBERS

19장

부정을 씻는 물

 이에 정결한 자가 암송아지의 재를 거두어 진영 밖 정한 곳에 둘지니 이것은 이스라엘 자손 회중을 위하여 간직하였다가 부정을 씻는 물을 위해 간직할지니 그것은 속죄제니라.(9)

규례 제시의 이유

19장에서는 사람의 시체로 인하여 부정해진 사람은 잿물로 깨끗하게 씻어서 정결해져야 한다는 규례를 제시합니다. 이 규정은 아마도 가데스바네아에서 있었던 정탐꾼 보고 사건(14장)과 반역 사건(16장)으로 인하여 그 후에 죽는 사람이 급증한 것과 관련이 있는 것 같습니다. 많은 사람이 죽게 되자 어쩔 수 없이 그 시신을 만져야 했기 때문입니다. 그리고 또 하나는 이 규례를 제시한 이후에 미리암과 아론이 수한이 다 되어 죽는데(20장), 그것에 대비하는 것과도 연관이 있어 보입니다.

새벽우물에서 퍼 올린 말씀묵상

부정을 씻는 잿물

부정을 씻는 잿물을 만들려면 온전하여 흠이 없고 아직 멍에를 메지 아니한 붉은 암송아지를 하나님께 드려야 했습니다. 송아지를 잡아 그 피를 일곱 번 회막 앞에 뿌리고, 백향목, 우슬초, 홍색실과 함께 그 송아지를 불사릅니다. 그렇게 해서 만들어진 재를 진 밖에 보관하여 필요할 때마다 부정을 씻는 잿물로 사용하게 하였습니다. 물론 이 재를 만든 사람도 송아지의 도살에 참여하였기 때문에 정결례로 옷을 빨고 목욕을 해야 했습니다.(7)

시체를 만진 사람은 이레 동안 부정해지는데, 정결해지기 위하여 셋째 날과 일곱째 날, 두 차례에 걸쳐 정결하게 해야 합니다. 그 방식은 송아지를 불사른 재를 담은 그릇에 흐르는 물(깨끗한 물)을 붓고, 우슬초로 그 잿물을 찍어 그가 살고 있는 천막, 가구, 그 사람에게 뿌리고 일곱째 날에는 옷을 빨고 목욕을 하는 것입니다.(17~19)

정결 잿물의 특성

일반 속죄물로 쓰인 송아지와 정결 잿물로 쓰인 송아지는 다른 점이 있습니다. 일반 속죄물의 경우에는 항상 수송아지가 사용되었지만, 부정을 정결케 하는 잿물 제조에는 암송아지가 쓰였습니다. 또한 일반 속죄제사 때에는 그 제물의 머리 위에 안수하고 여호와 앞 회막 앞에서 잡았지만, 잿물에 쓰이는 송아지는 진 밖에서 제사장이 지켜보는 가운데 도살되었습니다. 그리고 피를 뿌리는 것도 속죄제물의 피는 회막에서 뿌렸지만 잿물에 바쳐진 송아지의 피는 회막이 있는 곳을 향하여 뿌렸습니다.

예수의 보혈

하나님은 당신의 백성이 늘 정결하기를 원하십니다. 정결은 하나님께 나아갈 수 있는 필수요건입니다. 우리가 몸이 더러워지면 깨끗하게 씻듯이 우리의 영혼도 더러워지면 깨끗하게 씻어야 합니다. 우리의 영혼을 더럽히는 것은 죄입니다. 이 죄는 영적으로만 사람을 더럽히는 것이 아니라 육적으로도 더럽힙니다. 사람으로서 하지 말아야 할 짓을 계속하면 몸도 망가집니다. 또한 죄는 우리의 내면, 즉 영혼과 양심과 정신과 생각을 피폐하게 만듭니다. 그러니 죄는 반드시 씻어내야 합니다.

이 죄를 씻을 잿물, 그것은 바로 예수 그리스도의 보혈입니다. 히브리서 13장 11~13절 말씀입니다. "이는 죄를 위한 짐승의 피는 대제사장이 가지고 성소에 들어가고 그 육체는 영문 밖에서 불사름이라. 그러므로 예수도 자기 피로써 백성을 거룩하게 하려고 성문 밖에서 고난을 받으셨느니라. 그런즉 우리도 그의 치욕을 짊어지고 영문 밖으로 그에게 나아가자." 그래서 주님은 예루살렘 밖 골고다에서 십자가에 못 박혀 피 흘려 돌아가신 것입니다. 이제 우리는 주님의 보혈에 우리의 부정한 것을 씻고 정결한 인생으로 살아가야 하겠습니다.

| 민수기 |
NUMBERS
20장

거룩함을 나타내지
아니한 고로

여호와께서 모세와 아론에게 이르시되 너희가 나를 믿지 아니하고 이스라엘 자손의 목전에서 내 거룩함을 나타내지 아니한 고로 너희는 이 회중을 내가 그들에게 준 땅으로 인도하여 들이지 못하리라 하시니라.(12)

광야에서의 40년

1절에 '첫째 달'이라는 말이 나오는데, 그 첫째 달이 어느 해를 두고 한 말인지는 모르나 분명히 그들은 출애굽 하여 광야생활을 한 지 거의 40년이 되어 갔습니다. 그런데도 그들은 계속 방황하며 광야에서 40년을 채워야 했습니다. 그것은 가데스바네아에서 있었던 부정적인 보고와 반역 사건으로 인한 징벌 때문입니다(14:33~34). 지금 그들이 도착한 곳은 신 광야 가데스입니다. 이곳은 이미 전에 들어갔던 곳인데(13:26), 이곳에 또 다시 온 것입니다. 성경지도에서도 그들이 바란 광야와 신 광야에서 빙빙 돌고 있는 것을 볼 수 있습니다. 이것을 보면 이들이 얼마나 광야를 유리방황하고 있는지 알 수 있습니다.

계속된 원망과 불평

그들이 신 광야에 당도하였을 때 또 하나의 괴로움이 생겼습니다. 마실 물이 없었던 것입니다. 백성은 처음 출애굽 했을 때 그들의 앞선 어른들이 그랬듯이 그들도 똑같은 전철(前轍)을 밟아 원망과 불평을 합니다. "너희가 어찌하여 우리를 애굽에서 나오게 하여 이 나쁜 곳으로 인도하였느냐. 이곳에는 파종할 곳이 없고 무화과도 없고 포도도 없고 석류도 없고 마실 물도 없도다."(5) 그들은 지난 40년 동안 친히 인도하신 하나님의 능력을 잊어버리고 또 다시 불신앙적인 행동을 하고 있는 것입니다.

므리바의 물

이러한 상황에서 참으로 힘든 사람은 모세입니다. 모세는 이 어려운 사정을 하나님께 고했습니다. 하나님께서는 모세와 아론에게 백성을 한 반석 주위에 모으고 그들이 보는 앞에서 반석에게 명하여 물을 내라 하셨습니다. 그러나 모세는 감정이 매우 격해 있었습니다. 모세와 아론은 백성을 모으고 모세가 "반역한 너희여 들으라. 우리가 너희를 위하여 이 반석에서 물을 내랴."(10) 하면서 지팡이로 두 번이나 반석을 쳤습니다. 그 결과 반석에서 많은 물이 나와 그들이 물을 마실 수 있게 되었지만, 모세와 아론은 하나님의 진노를 사게 되었습니다. 하나님은 모세와 아론에게 가나안에 들어가지 못할 것이라 하셨습니다. 하나님의 영광과 능력보다는 자기감정을 앞세우며 마치 자신이 반석에서 물을 내듯 하였기 때문입니다. 이를 가리켜 '므리바의 물'이라 하였습니다.

자기감정을 앞세운 결과

모세가 가나안 땅에 들어가지 못하고 광야에서 생을 마감하게 되는 연유가 이것 때문이라고 밝혀 둡니다. 1절에 보면, 이곳에서 이미 미리암이 죽어 장례를 지냈습니다. 그런데 이 일로 아론도 가데스를 떠나 호르 산에서 죽습니다. 이것은 아론도, 미리암도 가나안에 들어가지 못했다는 것을 보여 줍니다. 광야 일세대는 이렇게 하여 후진들에게 길을 터주고 한 명씩 사라져 갑니다.

모세가 출애굽 주인공인데 가나안 땅에 들어가지 못하고 광야에서 생을 마감한 것은 못내 아쉽고 참으로 안타까운 일입니다. 모세는 온유한 사람(12:3)이지만 백성의 반복되는 원망과 불평과 반역을 감당하지 못하고 그만 화를 내고 말았습니다. 그것이 하나님의 말씀에 거역한 것이 되었고, 하나님의 거룩함을 나타내지 않은 것이 되었습니다. 살다보면 어찌 화날 일이 없겠습니까? 그러나 그것은 그리 바람직한 해결 방법이 아님을 본문은 잘 가르쳐 줍니다. 모세의 안타까운 모습을 보면서 우리 자신을 돌아보았으면 합니다.

| 민수기 |

NUMBERS

21장

놋뱀을 쳐다본즉 모두 살더라

 모세가 놋뱀을 만들어 장대 위에 다니 뱀에게 물린 자가 놋뱀을 쳐다본즉 모두 살더라.(9)

호르마 점령

이스라엘 백성이 호르 산을 출발하고자 할 때, 한 차례 전쟁을 치릅니다. 가나안 남부 지역에 있는 아랏 왕이 이스라엘을 공격하여 몇 사람을 사로잡아 갔습니다. 이스라엘 백성은 하나님께 기도하고 나아가 그들과 전투하였습니다. 하나님은 이스라엘 백성을 도와주셨고, 이스라엘은 아랏의 성읍들을 완전히 소탕하였습니다. 그러고는 그곳 이름을 완전히 멸하였다는 뜻으로 '호르마'라고 불렀습니다.

놋뱀을 쳐다보라

호르 산을 출발한 이스라엘 백성은 에돔 땅을 통과하려 하였으나 그들

154

새벽우물에서 퍼 올린 말씀묵상

이 허락하지 않자 우회하는 길로 갈 수밖에 없게 되었습니다. 어쩔 수 없이 빙 돌아 더 먼 길을 가게 되자 그들은 마음이 상하였습니다. 그런데다가 먹을 것도 없고 마실 물도 없자 또 불평을 합니다. 하나님께서 진노하셔서 사막에 불뱀(독사)을 보내어 불평하는 그들을 물게 하였습니다. 백성은 모세에게 달려와 "우리가 여호와와 당신을 향하여 원망함으로 범죄하였사오니 여호와께 기도하여 이 뱀들을 우리에게서 떠나게 하소서."(7)라고 요청합니다. 모세는 그 말대로 백성을 위하여 기도하였습니다. 이 기도를 들으신 하나님은 모세에게 놋뱀을 만들어 장대 꼭대기에 달라고 하셨습니다. 그리고 뱀에 물린 사람은 그 놋뱀을 쳐다보면 살 것이라 말씀하셨습니다. 이 말대로 뱀에 물린 사람 가운데 놋뱀을 쳐다 본 사람은 모두 살게 되었습니다.

야전(野戰)병원의 표시를 보면 구불구불한 뱀이 그려져 있는데, 그 상징이 바로 이 본문에 근거한 것입니다(또 하나의 설이 있습니다. 요한계시록에 나오는 버가모는 아스클레피오스 신전이 있는데, 이 신은 치료의 신으로 뱀의 형상을 하고 있습니다. 이것이 의학의 상징으로 되었다는 것입니다). 이 일 후에 이스라엘 백성은 다시 단합하여 요단강 동편으로 나아갔습니다. 그리고 멀리 광야까지 내려다보이는 비스가 산까지 나아갔습니다(20). 그들은 가는 곳마다 진을 쳤고, 진행을 방해하는 성읍들을 차례대로 진격해 나갔습니다.(21~35)

불평의 속성

불평은 독사에 물리는 것 같이 사실은 우리 자신을 해칩니다. 불평은 습관이 될 수도 있습니다. 실제로 우리 주위에 늘 불평을 입에 달고 사는 사람을 볼 수 있습니다. 불평이란 그 속성상 환경이나 여건, 처지, 다른 사람을 탓하는 것을 말합니다. 즉 자신에게 문제가 있다고 보는 것이 아니라 모든 문제의 원인을 다른 사람에게 떠넘깁니다. 이스라엘 백성은 그들이 처한 어려움을 모세 때문이라고 생각했습니다. 그러나 그것은 결국 하나님의 탓이 되어 버리는 불신앙적인 태도가 되는 것입니다. 그래서 하나님께서 벌하시는 것입니다.

예수 그리스도를 바라보라

한 번도 불평하지 않고 사는 사람은 없을 것입니다. 우리가 불평하지 않을 수 없다 할지 모르지만 하나님은 그것을 싫어하십니다. 주신 은혜를 헤아려 보며 감사할 수 있는 신앙의 태도를 가져야 합니다. 그런데도 원망과 불평이라는 불뱀에 물려 헤어 나오지 못하겠으면 장대 끝에 높이 매달려 있는 놋뱀을 쳐다보기 바랍니다. 그 놋뱀은 십자가에 높이 달리신 예수 그리스도이십니다. 주님은 말씀하셨습니다. "모세가 광야에서 뱀을 든 것 같이 인자도 들려야 하리니 이는 그를 믿는 자마다 영생을 얻게 하려 하심이니라."(요 3:14~15) 우리는 예수 그리스도를 바라봄으로 영육 간에 치료를 받을 수 있습니다.

| 민수기 |
NUMBERS

22장

그를 막으려고
길에 서니라

 그가 감으로 말미암아 하나님이 진노하시므로 여호와의 사자가 그를 막으려 길에 서니라 발람은 자기 나귀를 탔고 그의 두 종은 그와 함께 있더니(22)

모압 왕이 발락을 초청

비록 이스라엘 백성 사이에 분열도 있었고, 툭하면 일어나는 원망과 불평 때문에 갖가지 징벌과 시련이 있었지만, 그들은 하나님의 도움으로 가나안 땅을 향하여 거칠 것 없이 전진해 나갑니다. 그들이 요단 동편 모압 땅에 이를 즈음에 모압 왕 발락은 이미 이스라엘이 계속하여 승전한다는 소식을 듣고 심한 위기의식을 느끼고 있었습니다. 발락은 이스라엘을 격퇴하기 위하여 주술적인 방법을 택합니다. 그래서 발람이라는 선지자(복술가)를 불러 이스라엘을 저주하고자 합니다. 발락은 사신들을 보내어 발람을 불러오도록 하였습니다. 이때 사신들을 접견한 발람은 하나님께서 이스라엘을 사랑하여 복을 주시며, 그들을 따라가지 말라는 신탁을 들었

157

민수기

다면서 그들의 요청을 거부합니다.(7~14)

그러나 발락은 계속하여 발람을 초청합니다. 이번에는 전보다 더 지위가 높은 사신들을 보내었습니다. 아마 예물도 처음(7)보다 더 많이 준비했을 것입니다. 발람은 두 번째 초청을 받자 물질이 탐났는지 끝내 하나님의 신탁을 받아내고 모압으로 갔습니다(15~20). 그러나 그 다음에 나오는 모든 기사로 보아서는 하나님께서 그 길을 허락하신 것이 아니었음을 알 수 있습니다.

하나님이 막으시는 길

그 다음날 아침, 발람은 모압의 고관 대신들과 모압으로 길을 떠납니다. 그러나 그 행로에 하나님은 사자를 보내어 길을 막아서십니다(22). 발람이 그 길을 가지 못하게 하기 위해서입니다. 그러나 그 하나님의 사자는 사람에게는 보이지 않았습니다. 그러나 발람을 태우고 가는 나귀가 보았습니다. 나귀는 칼을 뽑아든 여호와의 사자를 보고 가던 길을 멈춥니다. 그리고 길을 벗어나 밭으로 갑니다. 발람이 채찍으로 나귀를 때렸습니다. 이번에는 두 포도원 사이의 좁은 담벼락 사이로 들어가 발람의 다리에 상처가 났습니다. 발람은 또 나귀를 때렸습니다. 나귀는 그 좁은 길에서 더 이상 갈 수 없게 되자 땅에 엎드렸습니다. 발람은 이번에도 나귀를 때렸습니다(23~27). 그러기를 세 번이나 반복한 것입니다.

그때 나귀가 입을 열어 말합니다. 왜 반복하여 때리느냐(28)는 것입니다. 전에 이러한 적이 없지 않았느냐 하는 것입니다. 그만큼 지금 이 순간이 전과는 뭔가 다르다는 것을 알아야 하지 않겠느냐고 일깨워 준 것입니다. 그러자 발람의 눈도 뜨여 하나님의 사자가 손에 칼을 빼들고 있는 것을 보게 되었습니다. 발람은 비로소 자신의 잘못을 깨닫게 됩니다. 그러나 발람은 발락에게 가서 하나님께서 허락하시는 말씀만 말하겠다면서 결국 발락에게로 갔습니다. 그곳에서 발람은 발락에게 극진한 대우를 받

새벽우물에서 퍼 올린 말씀묵상

았습니다.(36~40)

우리의 걸음을 기도하라

발람의 길은 가지 말아야 할 길입니다. 그러나 발람은 물질의 유혹을 뿌리치지 못하고 가지 말아야 할 길을 갔습니다. 물질을 뿌리치기 어려웠기 때문입니다. 가다가도 하나님이 막으시면 그때라도 돌아서야 했습니다.

오늘날 우리도 마찬가지입니다. 우리 앞에도 가서는 안 될 불의한 길이 있습니다. 욕망과 쾌락에 빠지게 하는 미혹의 길이 있습니다. 악한 영은 우리를 그러한 길로 끌어가고자 합니다. 그 악한 영은 친구를 통해서나 동료를 통해 달콤하게 나타납니다. 또한 아니 갈 수 없게 만들기도 합니다. 더구나 우리 자신은 유혹에 약하여 나 자신도 모르게 잘못된 길에 빠질 수 있습니다.

그러니 우리는 기도해야 합니다. "주여, 오늘 내가 가는 길이 갈 길이 아니면 막아 주시옵소서."

오히려
축복하였도다

발락이 발람에게 이르되 그대가 어찌 내게 이같이 행하
느냐. 나의 원수를 저주하라고 그대를 데려왔거늘 그대
가 오히려 축복하였도다. 발람이 대답하여 이르되 여호
와께서 내 입에 주신 말씀을 내가 어찌 말하지 아니할
수 있으리이까.(11~12)

발람 이야기 전개

발람의 이야기는 22장부터 24장에 걸쳐 길게 나옵니다. 22장은 모압 왕 발락이 발람을 초청하는 내용입니다. 23장은 발람이 발락을 찾아가는 내용입니다. 24장은 발람이 신탁을 받아 예언을 하는 내용입니다. 모두 네 차례에 걸쳐 하나님의 신탁을 전하는데, 이 23장에서 두 차례, 세 번째 예언은 23장과 24장에 걸쳐서, 24장에서 네 번째 예언이 나옵니다. 과연 발람의 예언은 자기들이 의도한 대로 저주의 예언이었을까요?

발람의 첫 번째 예언

모압 왕 발락에게 간 발람은 후한 접대를 받고, 그 다음날 발락을 따라 바알 신당으로 갔습니다. 거기서 그는 멀리 이스라엘 백성의 진 끝까지 볼 수 있었습니다(22:41). 발람과 발락은 그곳에 일곱 제단을 쌓고 희생제사를 드립니다. 그리고 발람은 따로 다른 곳에 가서 하나님께로부터 예언의 말씀을 받습니다. 그러고 나서 이스라엘을 저주하도록 불려온 발람이 느닷없이 이스라엘을 저주하지 아니하고 축복을 합니다. 하나님께서 저주하지 않으신 백성(이스라엘)을 내가 어찌 저주할까 하면서, 하나님은 이스라엘을 홀로 성별하시고, 능히 셀 수 없을 만큼 큰 민족을 이루리라고 축복을 선포하였습니다(7~10). 발락은 화가 나서 발람에게 "저주하라고 데려왔거늘 도리어 축복하느냐?"고 묻습니다. 발람은 "여호와께서 내 입에 주신 말씀을 내가 어찌 말하지 아니할 수 있으리이까?"라고 대답을 합니다 (11~12). 이것이 첫 번째 발람의 예언입니다.

축복 선포

발락은 쉽게 포기하지 않았습니다. 이번에는 발람을 비스가 산꼭대기로 데리고 갑니다. 여기에서도 일곱 제단을 쌓고 제사를 드렸습니다. 전처럼 발람은 하나님의 말씀을 듣기 위하여 외딴 곳으로 갔습니다. 한 번 더 하나님은 발람에게 메시지를 주십니다. 역시 이스라엘을 저주하지 말고 축복하라는 것입니다. 여기에서는 하나님은 약속을 지키시는 분으로서 자기 백성을 보호하시어서 이스라엘을 해칠 수 있는 그 무엇(특히 점술)도 없으며, 움킨 것을 먹는 사자같이 힘을 주신다는 내용으로 축복을 선언합니다(18~24). 발락은 그만 화가 나서 저주도 하지 말고 축복도 하지 말라 합니다. 차라리 가만히 있는 것이 더 낫겠다는 뜻입니다. 그렇다고 발락이 저주 주술을 그만둘까요? 그렇지 않습니다. 발락은 발람을 데리고 세 번째 예언을 준비하고 있습니다. 그 내용은 다음 장(24장)에 이어집니다.

161

민수기

복의 근원 하나님

발람은 자신의 의도나 발락의 의도와는 상관없이 하나님의 영과 말씀에 사로잡혀 본래 자신들이 추구하던 것과는 다른 메시지를 전달합니다. 그들은 저주를 하고자 하였으나 하나님은 축복을 선포하게 하신 것입니다. 발람은 지금 철저하게 하나님의 도구로 쓰이고 있습니다. 그래서 앞장(22장)에서 하나님은 발람을 발락에게 보내지 않으시려 하다가 역으로 그를 통해 이스라엘을 축복하기 위하여 보내셨구나 하고 느껴집니다. 그렇습니다. 하나님은 우리에게 저주스러운 일을 막아 주시고 그것을 복으로 바꾸어 주시는 분입니다.

우리는 일생 동안 얼마나 많은 말을 하고 사는지 모릅니다. 그러나 과연 축복을 하는 말은 얼마나 될까요? 하나님은 저주보다는 축복하고 살기를 원하십니다. 오늘도 많은 사람을 만날 것입니다. 그들에게 복을 빌어 줍시다. 그중에 최고의 복은 '복음'입니다.

축복하는 자마다
복을 받을 것이요

 너를 축복하는 자마다 복을 받을 것이요 너를 저주하는
자마다 저주를 받을지로다.(9b)

하나님의 뜻을 헤아림

발람은 발락의 저주 요청에도 불구하고 반복하여 이스라엘을 축복하는 예언을 하였습니다. 그러고는 하나님께서 축복 선포를 좋게 여기신다는 사실을 깨달았습니다. 그는 더 이상 사술(邪術)에 매이지 않고, 하나님께 받은 말씀으로 미래를 제시하는 진정한 예언을 하게 되었습니다. 그는 "하나님의 말씀을 듣는 자, 전능자의 환상을 보는 자, 눈을 뜬 자"(4)가 되었습니다.

신앙생활을 하면서 하나님의 뜻을 헤아리지 못해서는 안 될 것입니다. '본다'라는 의미의 영어 단어 "see"는 '안다'는 의미도 있습니다. 우리도 하나님의 '말씀을 듣고, 환상을 보고, 눈으로 보고 알아야' 할 것입니다.

하나님께서 함께하시는 복

발람은 이번에도 이스라엘을 축복하는 예언을 합니다. 세 번째 축복 예언입니다. 이번의 축복 예언은 이스라엘이 "아름답고 훌륭하여 아각보다 위대하고, 그 나라가 왕성하고, 그 힘이 들소나 사자같이 강하다."(5~8)는 것입니다. 아각은 아말렉 왕 이름인데, 이스라엘이 아말렉보다 강하다는 말입니다.

이스라엘 백성은 400년이 넘도록 노예생활을 하였고, 지금은 40년간 광야생활을 해왔기 때문에 몹시 지쳐 있고 훈련도 되어 있지 않아서 결코 강할 수 없습니다. 그런데도 이스라엘이 강할 수 있다는 것은 하나님이 함께해 주신다는 뜻입니다. 이 예언에서 발람은 다음 말을 덧붙입니다. "너를 축복하는 자마다 복을 받을 것이요 너를 저주하는 자마다 저주를 받을지로다."(9) 이것은 하나님께서 아브라함에게 하셨던(창 12:3) 약속과 똑같습니다. 지금 아브라함의 자손들도 같은 말씀을 듣고 있는 것입니다.

발람의 마지막 예언

이러한 예언에 몹시 불쾌해진 발락은 발람에게 화를 내면서 손바닥을 칩니다. 그러고는 집으로 돌아가라 합니다. 물론 더 이상 예물도 주지 않겠다고 합니다. 이때 발람은 멋진 대답을 합니다. "은금을 내게 줄지라도 나는 여호와의 말씀을 어기고 선악간에 내 마음대로 행하지 못하고 여호와께서 말씀하신 대로 말하리라."(13) 그러고서는 마지막(네 번째) 예언을 합니다. 이때에도 자신을 가리켜 "말씀을 듣는 자, 전능자의 환상을 보는 자, 눈을 뜬 자"(9)라고 소개를 하고서는 이스라엘의 먼 미래를 보니 야곱에게서 한 별이 나오고, 이스라엘에 한 왕이 나와서 세상을 정복하고 승리하리라는 축복을 예언합니다. 그리고 발락과 발람은 각기 제 길로 갔습니다.

발람의 예언이 우리에게 주는 의미

우리는 이 내용에서 중요한 몇 가지 메시지를 얻을 수 있습니다. 우선 하나는 이스라엘에게 내린 축복의 신탁 중에 이스라엘이 강해질 것이라는 말을 반복하고 있습니다. 그들은 실제로는 약하지만 하나님께서 강하시니 이스라엘도 강해질 수 있다는 것입니다. 우리도 마찬가지입니다. 우리 자신은 보잘것없고 연약하지만, 하나님께서 함께하실 때 강하고 담대하여 승리의 삶을 살 수 있습니다.

또 하나는 하나님이 사랑하는 사람에게 복을 빌면 그것이야 서로 좋은 일이지만, 저주했다가는 저주가 임하기는커녕 오히려 저주한 사람에게 되돌아간다는 것입니다. 하나님의 은혜 가운데 사는 것이 이토록 대단한 것입니다. 다른 사람에게 축복하거나 저주하는 것은 고무공이나 부메랑이나 메아리와 같습니다. 상대방에게 빌어 주는 대로 다시 돌아오기 때문입니다. 그러니 우리가 다른 사람에게 해야 할 말은 오직 하나, 축복하는 말 뿐입니다.

바알브올에게
가담한지라

 이스라엘이 바알브올에게 가담한지라. 여호와께서 이스
라엘에게 진노하시니라.(3)

이스라엘 백성의 우상 숭배와 음란 사건

이스라엘 백성이 모압 평지 싯딤에 머물러 있는 동안 백성 중에 몇몇이 모압 여인들의 유혹과 꼬임에 넘어가 그 여자들과 음행하며 그들의 신에게 절하는 우상 숭배에 참여하였습니다. 이 일에 하나님께서는 진노하셔서 음란의식에 참여한 백성의 수령(지도자)들을 대낮에 공개 처형하게 하셨습니다. 이 일로 성막 입구는 울음바다가 되었습니다. 이러한 때에도 어떤 이스라엘 사람은 여전히 미디안 여인을 천막으로 데리고 들어가 음란한 짓을 하고자 했습니다. 그것을 보다 못하여 아론의 손자, 엘르아살의 아들 비느하스가 뒤쫓아 들어가 그 남자와 여자를 창으로 찔러 죽였습니다. 이러한 우상 숭배와 음란 사건에 대한 징벌로 하나님은 전염병을 내리

셨습니다. 그 전염병으로 24,000명이나 생명을 잃었습니다.(9)

질투하시는 하나님

이런 어처구니없는 일을 저지른 사람은 시므온 가문의 시므리와 미디안 여자인 고스비입니다(14, 15). 성경에 수많은 이름이 나오지만 이렇게 명예롭지 못한 사람의 이름도 나옵니다. 우리는 늘 명예로운 곳에 이름이 나오도록 해야 하겠습니다. 하나님은 더 진노하셨을 텐데도 비느하스가 이 두 사람을 처형한 것을 하나님의 질투(분노)를 대신한 것으로 여기고 진노를 거두셨습니다.(11)

하나님은 질투하는 분이십니다(출 20:5). 질투는 사랑에 대한 용어입니다. 우리의 사랑이 빗나가서 우상이나 다른 것을 사랑할 때에 하나님은 질투하십니다. 질투는 징벌로 나타납니다. 하나님은 우리를 사랑하십니다. 우리도 하나님을 사랑하여야만 합니다. 그것이 올바른 관계입니다.

하나님께서 가장 싫어하시는 일

출애굽기 후반에서부터 레위기에 이르기까지 하나님께서 가장 강력하게 요구하신 것은 "거룩하라", "정결하라"입니다. 그들은 하나님께서 가장 바라시는 것이 무엇인지, 그렇기 때문에 가장 싫어하시는 것이 무엇인지 알 만도 한데, 바로 그것을 어겼으니 하나님께서 얼마나 진노하시겠습니까? 이들이 저지른 일은 한꺼번에 두 가지입니다. 바로 음행과 우상 숭배입니다. 음행은 육적인 타락이요, 우상 숭배는 영적인 타락입니다. 이 두 가지는 거룩과 정결에 반(反)하는 것이요, 그렇기 때문에 하나님께서 가장 싫어하시는 것입니다. 후대에 가서 예언자들은 하나님을 떠나 우상을 섬기는 유대인들(이스라엘 백성)을 음행하는 것으로 간주하고 무섭게 예언하며 "여호와께로 돌아오라." 하였습니다. 즉 여호와 하나님을 떠나 우상을 섬기는 것 자체가 바로 하나님께만 사랑을 주어야 할 백성이 다른 신에게 사랑을 준 음행과 같은 것으로 본 것입니다.

미혹되지 않게 성령의 도우심을 구하라

머지않아 가나안에 들어갈 막바지까지도 악한 세력은 이스라엘 백성을 그냥 두지 않습니다. 하나님은 그곳에 들어가면 그곳의 풍속을 따르지 말라고 이미 수차례 반복하여 당부하셨는데, 들어가기도 전에 어기고 말았습니다. 그런데 이 꼬임은 원인 제공자가 있습니다. 그것은 그 이후에 알게 되었는데, 그 사람은 놀랍게도 발람이었습니다(31:16). 발람이 예언에서는 하나님의 말씀을 따랐는데, 결국 그도 다른 무언가에 넘어가서(넘어져서) 이런 짓을 저질렀고, 이스라엘 백성도 넘어가고 말았습니다. 그러니 유혹이라는 것이 얼마나 무섭습니까? 너무 자신만만해 하지 말고 우리도 유혹에 넘어가지 않도록 성령의 도우심을 구해야 하겠습니다. 이 유혹이야말로 우리가 싸워 이겨야 할 원수입니다.

| 민수기 |
NUMBERS

26장

명수대로
땅을 나눠 주어

이 명수대로 땅을 나눠 주어 기업을 삼게 하라. 수가 많은 자에게는 기업을 많이 줄 것이요 수가 적은 자에게는 기업을 적게 줄 것이니 그들이 계수된 수대로 각기 기업을 주되(53~54)

두 번째 인구조사의 목적

이스라엘 백성은 시내 광야를 떠날 때에 한 차례 인구조사를 하였습니다. 지금은 모압 평지를 떠나면서 또 한 번 인구조사를 합니다. 두 번째 인구조사는 가나안에 들어가기 위해 실시하는 것입니다. 그야말로 가나안 땅에서 군사로 싸울 20세 이상 장정이 얼마나 되는지를 파악하기 위한 것입니다.(2)

크게 줄어든 시므온 지파

첫 번째 인구조사 한 것과 비교해 보면 전체적인 수효는 대략 60만 명으로 비슷합니다. 대체적으로 모든 지파의 숫자가 늘어났습니다. 혹시 줄

었다 하여도 약간의 감소가 있을 뿐입니다. 그러나 두드러지게 감소한 지파는 시므온 지파입니다. 시므온 지파는 첫 번 조사에서 59,300명이었습니다(1:23). 그런데 2차 조사에서는 22,200명입니다(14). 그러니까 무려 37,100명으로 크게 줄어든 것입니다. 그 이유는 무엇일까요? 시므온 지파의 지도자인 시므리가 주도했던 바알브올을 따른 사건 때문으로 여겨집니다. 그때 받은 징벌로 24,000명이 죽임을 당하였는데, 그 대부분이 시므온 자손들이었던 것으로 보입니다(25:9, 14 참고). 그래서 모든 지파가 거의 다 4만 명을 넘는 반면에 시므온 지파는 그 절반에 해당하는 2만 명을 겨우 넘어서는 정도입니다. 만일 하나님의 징벌을 받지 않았더라면 서너 번째 큰 지파가 되었을 것입니다.

"예" 하는 신앙

하나님의 섭리에 따라 한 세대는 가고 한 세대는 옵니다. 40여 년이 지나자 광야 1세대는 가고, 가나안 땅에는 새 세대가 들어갑니다. 이번 인구조사의 대상은 새 세대입니다. 첫 번 인구조사 때 여호수아와 갈렙 외에는 가나안 땅에 들어갈 사람이 없다 하였는데(14:30), 이 말대로 첫 번 조사에서 계수한 사람들은 모두 죽고 이번 계수에는 들지 않았습니다(63~65). 그러나 여호수아와 갈렙은 예외였습니다. 이들은 좋은 의미에서 예외였고, 훌륭한 의미에서 예외였습니다. 그들은 하나님께서 하시는 일에 언제나 "예"라고 대답했습니다. 이 신앙이 우리에게도 필요합니다.

숫자가 교회에 주는 의미

숫자가 교회의 부흥과 성장, 교회의 복과 영적 건강의 지표(指標, barometer)는 아니지만, 그것을 어느 정도는 반영해 준다 할 수 있습니다. 반드시 성장이 축복이고, 감소가 나쁜 것이라고 볼 수는 없습니다. 거짓 종교가 급속도로 성장하고 건실한 성경적인 교회의 성장이 느린 경우도 있기 때문입니다. 그러나 교회가 결정적인 이유가 없는데도 지나치게 감소된다면 그것은 교회가 주님의 신실한 증언자의 사명을 다하지 않는 결과일 것입니다. 하나님의 창조 원리도 번성이었기 때문입니다.

이스라엘 백성이 가나안에 들어가면 지파의 '명수대로' 땅을 분배해 줄 것이고, 이때 제비 뽑는 방법도 병행할 것입니다(53~55). 즉 비례하여 땅을 할당하는 것입니다. 그러니 우리도 성장해야 합니다. "있는 자는 받아 풍족하게 되고"(마 25:29)라는 주님의 말씀이 여기에서도 적용됩니다. 교회는 그 본질상 생명이 있다면 자라나야 합니다. 겨자씨 비유가 적용되어야 합니다. 큰 교회라는 이미지보다는 구원받는 사람의 수가 늘어나는 교회가 되어야 합니다. 그것이 영적으로도 건강한 교회입니다.

그 안에
영이 머무는 자

여호와께서 모세에게 이르시되 눈의 아들 여호수아는
그 안에 영이 머무는 자니 너는 데려다가 그에게 안수
하고(18)

딸들의 상속

27장은 크게 두 부분으로 되어 있습니다. 하나는 딸들의 상속에 대한
것입니다(1~11). 여기에 나오는 딸들은 슬로브핫의 딸들을 말합니다. 슬로
브핫은 요셉의 아들 므낫세의 후손으로서 아들이 없이 딸만 다섯(말라, 노
아, 호글라, 밀가, 디르사)입니다(26:33, 27:1). 벌써 딸들 이름 모두가 명기된
것으로 보아 여권(女權)을 확실하게 보장하고 있음을 알 수 있습니다. 가
나안 땅에 들어가면 땅을 기업으로 분배할 텐데, 이들은 딸들이라 당시의
제도대로라면 땅을 차지할 수 없게 됩니다. 슬로브핫은 이미 광야에서 세
상을 떠났습니다. 딸들은 그냥 가만히 있을 수 없었습니다.

그들은 모세를 찾아가 아들이 없다 하여 우리 아버지로 대가 끊어질 수

없다고 하면서 자기들에게도 땅을 기업으로 달라고 요청하였습니다. 모세는 하나님의 응답을 받고 그들의 요구를 들어주었습니다. 이것이 판례가 되어 아들이 없는 경우 딸에게, 자녀가 없으면 형제에게, 형제도 없으면 가까운 친족에게 주도록 하였습니다. 그 먼 옛날에 얼마나 현대적인 판단을 하였는지를 알 수 있는 대목입니다.

모세의 후계자

또 하나는 모세의 후계자 임명에 대한 것입니다(12~23). 모세는 위대한 지도자였습니다. 이스라엘 백성을 애굽의 노예생활에서 건져 내어 하나님께서 약속하신 곳에 이르도록 인도하였습니다. 거친 광야를 지나가면서도 하나님의 백성으로 살아가도록 율법을 전달하였습니다. 성막을 지어 하나님을 예배하게 하였습니다. 이러한 모세이니 자기 자신도 가나안 땅에 들어가고 싶었을 것입니다. 그러나 하나님은 허락하지 않으셨습니다. 신 광야의 가데스에서 하나님의 영광을 드러내지 않고 물을 내었기 때문입니다(20장). 그래서 비스가 산꼭대기에 올라가서 내려다보는 것으로 만족해야 했습니다(신 34:1). 참으로 안타까운 일입니다.

영이 머무는 자

모세는 자신이 가나안 땅에 들어갈 수 없게 되자 새 지도자를 세웁니다. 가장 중요한 일입니다. 지도자가 없으면 백성은 "목자 없는 양"(17) 같이 될 것입니다. 그때에 가나안 땅에 들어갈 1세대는 여호수아와 갈렙뿐입니다(26:65). 갈렙은 나이가 이미 80이 넘었습니다(수 14:10). 모세는 하나님께 기도하였고, 하나님은 차세대 지도자로 여호수아를 지목하셨습니다. 모세는 그에게 안수하여 후계자로 삼았습니다. 그때 하나님은 여호수아를 가리켜 "그 안에 영이 머무는 자"라 하셨습니다. 하나님의 지도자에게 필요한 것은 자기 철학, 자기 뜻, 자기 정신이 아니라 하나님의 영(혼, 뜻,

정신)을 실현하는 것이기 때문입니다.

준비된 일꾼

모세는 자신을 계승하여 자신을 높여 줄 지도자를 선택하려 하지 않고 하나님의 뜻을 백성에게 이루어 갈 지도자를 세우고자 하였습니다. 하나님은 그런 지도자로서 가장 적임자인 여호수아를 훈련시키고 준비해 두셨습니다.

여호수아는 아말렉과의 전투에서 야전군 사령관으로 최전방에서 싸운 경험도 있습니다. 또 가나안 땅을 정탐하여 그곳 지리도 잘 알고 있을 뿐만 아니라 돌아와 긍정적인 보고와 함께 실의에 빠져 있는 백성에게 용기를 북돋아 준 바 있습니다. 그리고 그 땅을 정복할 수 있다는 확신도 가지고 있었습니다. 요즈음 말로 검증된 지도자인 것입니다. 하나님께서는 이처럼 쓰실 인물을 미리 준비시키시고 훈련시키십니다. 우리도 하나님께서 쓰시고자 할 때 쓰임 받도록 준비된 일꾼이 됩시다.

| 민수기 |

NUMBERS

28장

내게 바칠지니라

 이스라엘 자손에게 명령하여 그들에게 이르라. 내 헌물, 내 음식인 화제물 내 향기로운 것은 너희가 그 정한 시기에 삼가 내게 바칠지니라.(2)

제사와 제물

하나님은 이스라엘 백성에게 다시 한 번 예배(제사)에 대하여 말씀하십니다. 28장과 29장은 연중 드리는 정규 제사를 한눈에 알아볼 수 있게 모아 놓았습니다. 28장에서는 매일 드리는 상번제(常燔祭)와 제물(1~8), 안식일 제사와 제물(9~10), 초하루에 드리는 월삭(月朔) 제사와 제물(11~15), 유월절(무교절) 제사와 제물(16~25), 칠칠절(오순절)에 드리는 제사와 제물(26~31)에 관하여 상세하게 기록하고 있습니다.

이 본문에서는 제물에 대하여 매우 자세하게 기록합니다. 그러나 우리는 대제사장 되시는 예수님이 친히 십자가에 달려 제물이 되신 이후에 더 이상 짐승을 바치는 제사를 드릴 필요가 없게 되었습니다. 따라서 지금 우리는 제물에 대한 관심보다는 이 본문에서 전해 주고자 하는 예배(제사)에 대한 메시지를 찾아보고자 합니다. 특히 2절 한 절은 예배에 관하여 세 가지 내용을 우리에게 알려 주고 있습니다.

예배의 대상

우선 하나님은 "내게 바칠지니라."라고 말씀하십니다. "내게"라는 말씀은 예배의 대상을 확실히 해줍니다. 여호와 하나님 외에 다른 신을 예배해서는 안 됩니다. 인간이 만들거나 정해 놓은 신을 경배하거나 숭배하지 말아야 합니다. 사람이 나무나 돌로 우상을 만들어 놓고 그것을 신으로 여기고 예배하여서는 안 됩니다. 예배는 오직 여호와 하나님 한 분에게만 드려야 합니다.

예배의 시기

또한 예배는 하나님께서 정한 시기에 드려야 합니다. 우리에게 적합한 시기나 때가 아닙니다. "그 정한 시기에"라고 말씀하십니다. 즉 하나님께서 원하시는 때이어야 합니다. 그래서 안식일, 초하루, 유월절, 칠칠절, 속죄일, 장막절 등을 소개합니다. 예수 그리스도는 단번의 희생제사로 자신을 제물로 바침으로 이 모든 제사를 완성하셨습니다. 그 이후에는 교회의 공식예배를 위하여 성별된 날에 하나님께 예배합니다. 그날은 그리스도교의 안식일로 제정된 예수님이 부활하신 주일입니다. 이날은 하나님께 예배하고 한 주간을 시작하는 첫날이기도 합니다. 이것은 예배로 한 주간을 시작한다는 뜻도 담고 있습니다.

예배의 제물

그 다음에는 하나님은 어떠한 것을 받으시는지 말씀하셨습니다. 그것은 "내 헌물, 내 음식인 화제물 내 향기로운 것"이라 합니다. 우리는 내 것

새벽우물에서 퍼 올린 말씀묵상

을 하나님께 드리는 것으로 생각하기 쉽지만, 사실은 '하나님의 것'을 하나님께 바치는 것입니다. 내 것을 바치면 내 마음대로 예배하는 것이 되지만, 성경 어디에도 그런 암시는 없습니다. 하나님께서 원하시는 하나님의 제물을 바쳐야 합니다. 예를 들자면 짐승은 흠이 없어야 합니다. 곡식은 첫 것이어야 하고, 고운 것이어야 하며, 기름도 곁들여야 합니다. 이 모두는 예배는 하나님께 가장 가치 있는 것으로 드려야 함을 보여 줍니다. 그래서 영어로 예배를 "worship"이라 합니다.

　예배에서는 산 짐승을 바쳤습니다. 생명을 바친다는 뜻입니다. 우리는 가끔 별도의 헌신예배를 드리지만, 실상 예배 자체는 언제나 헌신입니다. 우리는 자신의 모든 것을 바칩니다. 찬송과 영광을 바칩니다. 일도 쉬며 시간과 물질을 바칩니다. 로마서 12장 1절은 이것을 잘 표현합니다. "너희 몸을 하나님이 기뻐하시는 거룩한 산 제물로 드리라. 이는 너희가 드릴 영적 예배니라." 이러한 예배로 하나님을 감동시켜 드립시다.

| 민수기 |

NUMBERS

29장

나팔을 불
날이니라

일곱째 달에 이르러는 그 달 초하루에 성회로 모이고
아무 노동도 하지 말라. 이는 너희가 나팔을 불 날이니
라.(1)

새벽우물에서 퍼 올린 말씀묵상

새해 첫 달에 지키는 절기

29장에서는 28장에 나오는 연중 절기에 이어 7월에 지키는 절기만 세 가지를 기록해 놓고 있습니다. 이에 대한 내용은 레위기 23장에서도 다룹니다. 고대 이스라엘에서 7월은 새해 첫 달이요, 첫날은 설날이며(레 23:24), 나팔절입니다. 10일에 지키는 속죄일, 15일부터 한 주간 동안 지키는 초막절이 있습니다. 이처럼 중요한 절기가 제 7월에 집중되어 있는 것은 아마도 한 해를 하나님과 함께 힘차게 출발하기 위한 것으로 보입니다.

정월 초하루 제사(1~6)와 속죄일 제사(7~11)의 제물은 다를 바 없습니다(2~6절과 8~11절을 비교). 그러나 이들 두 절기에는 특징적인 다른 점이 있습니다. 정월 초하루에는 나팔을 분다는 것이요, 속죄일에는 "너희의

심령을 괴롭게" 한다는 것입니다. 나팔을 부는 것은 기쁨의 신호라는 의미라면, 심령을 괴롭게 한다는 것은 죄를 통회한다는 고통의 느낌입니다. 이런 점에서 이 둘은 절기의 특징을 잘 나타낸다 할 수 있겠습니다.

초막절

초막절 제사에서는 많은 희생제물을 드렸습니다. 매일 숫양 두 마리, 1년 된 숫양 14마리를 고정적으로 바쳤고, 수송아지는 7일간 모두 70마리를 카운트다운(count down) 방식으로 바쳤습니다. 첫째 날 13마리에서 매일 한 마리씩 적어지고, 그렇게 하여 일곱째 날에는 7마리를 바쳤습니다. 그리고 마지막 여덟째 날에는 '장엄한 대회'(36)로 모여 정해진 제물에 따라 절기를 마치는 제사를 드렸습니다. 여기에서 제물의 수효를 보면, 70마리, 14마리(7×2), 7일째 7마리 등, "7"이라는 수가 많이 사용됨을 볼 수 있습니다. 이것은 완전한 제물, 완전한 제사를 원하시는 하나님의 모습도 엿보게 합니다.

나팔절

새해 첫 날, 나팔절은 누구에게나 희망차고 즐거운 날입니다. 이날 나팔을 분 것은 노동을 금하고, 하나님을 향하여 성회로 모이라는 신호입니다. 이날 백성은 나팔소리와 함께 오직 하나님을 향하여 서야만 했습니다. 그들은 하나님 앞에서 다시 한 번 자신들을 구원하여 주신 하나님의 은혜에 감사하고 그분과 맺은 언약관계를 재다짐합니다.

오늘날에도 새해 첫 날에는 주일과 관계없이 교회에 모여 신년예배와 함께 성찬식을 하는 교회들이 많이 있습니다. 그 예배를 통하여 우리는 잠들어버린 영혼과 무디어진 양심을 깨우는 영적 나팔소리를 강단을 통하여 듣게 됩니다. 바로 그때 우리는 하나님을 향하여 서서 그분과 맺은 언약을 새롭게 해야 할 것입니다.

속죄일

또한 나팔소리는 심판과도 관계가 있습니다. 실제로 나팔소리가 울려 퍼진 설날 이후 열흘이 되면 속죄일입니다. 이 나팔소리는 그날을 예보하는 기능도 있었을 것입니다. 백성은 이 나팔소리와 더불어 지난 1년간의 모든 죄악을 기억하고 회개할 준비를 갖추었던 것입니다. 성경에는 회개를 촉구하는 예언자들의 외침을 종종 나팔소리에 비유하곤 했습니다(사 58:1). 더욱이 심판주로 재림하실 그리스도께서도 나팔소리와 더불어 오신다고 했습니다(마 24:31 외). 우리도 강단에서 울려 퍼지는 말씀을 통하여 영적 나팔소리가 들려오면 지체하지 말고 뉘우칠 것은 뉘우치면서 회개해야 할 것입니다.

그러나 무엇보다 역시 나팔소리는 희망찬 축하의 소리입니다. 하나님의 말씀으로 전해오는 그분의 나팔소리에 늘 새 힘을 얻고 용기 있게 살아가기를 희망합니다.

서약하였으면

 사람이 여호와께 서원하였거나 결심하고 서약하였으면 깨뜨리지 말고 그가 입으로 말한 대로 다 이행할 것이 니라.(2)

서약과 서원

30장은 하나님께 서원(誓願)하거나 서약(誓約)을 했을 경우에 대하여 기록합니다. 하나님께 서약하거나 서원하는 것은 크게 두 가지로 이해할 수 있습니다. 하나는 무엇인가 특별한 일을 하고자 하는 것입니다. 또 다른 하나는 무엇인가를 결단하고 삼가기로 하는 것입니다(13절 참고). 즉 하나는 하는 것이고 하나는 금하는 것입니다. 이것에 대하여 중대 결단을 내려야 할 때 자신의 능력으로만 아니 됨을 알고 하나님께 서약하고, 이 결행을 위하여 하나님께 제물 등 무엇인가를 바치기로 서원하는 것입니다.

여인들의 서약

하나님께 서원한 것이나 서약한 것은 반드시 지켜야 합니다. 그럼에도 불구하고 그 서원이나 서약을 무효로 할 수 있는 경우도 있습니다. 이것은 모두 여인들의 서약에 해당하고 그에 상응하는 아버지나 남편 등, 남자의 동의 여부와 관련이 있습니다. 이것을 크게 나누면 처녀의 서원, 결혼하는 여자의 서원, 과부나 이혼 당한 여인의 서원, 남편이 있는 아내의 서원입니다. 처녀의 서원은 아버지가 그 서원에 대하여 듣고도 가만있으면 그대로 유효하고, 그 아버지가 그 서원을 허락하지 않으면 무효가 됩니다 (3~5). 마찬가지로 결혼하는 여자나 이미 결혼하여 남편이 있는 아내나 모두 그 남편이 허락하느냐 아니냐에 따라 유효하기도 하고 무효가 되기도 합니다(6~8, 10~12). 그러나 남편이 없는 과부나 이혼 당한 여인은 자신의 서원을 그대로 지켜야 합니다.(9)

서약에 따른 책임

이렇게 남자의 의사에 따라 여자의 서원이 유효 또는 무효하기 때문에 의당 그 책임은 남자에게 있습니다. 여자가 서원할 때 아무 말도 하지 않고 가만히 있다가 그것을 무효하게 하면 남자가 그 죄를 담당해야 합니다. 이것은 그만큼 남자의 권위가 존중되려면 책임도 중하다는 것을 보여주는 것입니다. 그래서 남자의 권위 아래에 있지 않은 과부나 이혼 당한 여인은 스스로 책임을 지게 한 것입니다.

무슨 일이든지 권한이 많으면 그만큼 책임도 많은 것입니다. 오늘날 이것을 잘 표현해 주는 말로 "노블레스 오블리주(noblesse oblige)"라는 말을 씁니다. 고귀한 신분에는 그만한 의무가 따른다는 말입니다. 이 말만 지켜져도 우리가 사는 사회는 책임적인 사회, 그리고 의무를 다하는 밝은 사회가 될 것입니다. 이런 의미에서 우리 그리스도인들은 하나님께 향하여서만 아니라 사회 속에서도 우리가 하는 말, 즉 서원이나 서약에 대하여 신중해야 할뿐 아니라 말하였으면 그것을 잘 지켜나가도록 해야 할 것입니다.

예외 조항을 두신 이유

하나님께서 여인들의 서약에 대하여 예외 조항을 허락하신 것은 가정의 질서를 지키고자 하는 뜻이 있는 것으로 보입니다. 하나님은 가정의 불화를 조성하면서까지 제물이나 헌신을 강요하시는 분이 아닙니다. 오히려 식구 중에 누군가 독단적으로, 또는 순간적인 감정으로 서원하여 가정에 어려움을 초래하지 않도록 하는 하나님의 배려입니다. 여기에는 매사에 부부와 가족이 상의해서 하라는 교훈이 담겨 있습니다. 특히 아버지와 남편은 자녀들과 아내에 대하여 성실해야 합니다. 특히 그들과의 약속들을 신실하게 지키도록 해야 합니다. 이것은 구약시대뿐 아니라 신약시대에도, 그리고 오늘날에도 마찬가지입니다. 그렇지만 식구 중에 누군가 편중되게 무거운 짐을 지고 허덕이지 않도록 하는 것도 중요할 것입니다.

| 민수기 |
NUMBERS
31장

원수를 갚으라

이스라엘 자손의 원수를 미디안에게 갚으라. 그 후에 네가 네 조상에게로 돌아가리라.(2)

새벽우물에서 퍼 올린 말씀묵상

미디안 진멸

이스라엘 백성은 곧 가나안으로 들어가기 전에 먼저 처리할 문제가 있었습니다. 그것은 미디안을 진멸하는 것입니다. 미디안 족속은 이스라엘에 대하여 위기의식을 가지고 있었습니다. 그래서 발람의 술책으로 이스라엘 백성을 유혹하여 바알브올의 음탕한 제의(祭儀)에 참석하게 하였습니다. 그로 인해 이스라엘은 우상 숭배와 음란한 행위라는 두 가지 죄를 함께 저질렀습니다. 하나는 영적인 죄이요, 또 하나는 육적인 죄입니다. 말하자면 영육간의 범죄로 이스라엘을 파멸로 이끌어 간 것입니다. 이때 하나님의 진노로 이스라엘 백성이 24,000명이나 목숨을 잃었습니다(25:9). 하나님은 미디안을 향해서도 진노하셔서 이스라엘 백성에게 미디안을 치라(25:17) 하셨습니다. 그 명령을 이제야 실행에 옮기는 것입니다.

각 지파별로 1,000명씩, 모두 12,000명이 군사로 모집되었습니다. 이들은 무장을 하고 전투에 참여하였습니다(4~5). 이때 제사장 엘르아살의 아들 비느하스도 성소의 기구와 나팔을 가지고 참전(지휘관인지 아닌지는 불확실)하였습니다(6). 이들은 미디안을 쳐들어가 그들을 대파하고 남자들을 모두 죽였습니다. 또한 그곳의 다섯 왕과 함께 발람도 처형하였습니다. 그리고 많은 전리품을 가지고 돌아왔습니다.(8~12)

죄의 근원에 대한 태도

이렇게 대승을 거두고 돌아오는데도 모세는 그들을 격려하지 않고, 오히려 지휘관들에게 노하였습니다. 이유는 여자들을 그냥 살려 두었다는 것입니다. 이해하기 어려운 부분이지만, 이 여인들의 유혹으로 이스라엘이 큰 죄에 빠졌기 때문입니다(16). 이것이 주는 메시지는 죄의 근원은 뿌리째 뽑아야 한다는 것입니다. 죄는 송두리째 없애야지 그냥 둬서는 안 된다는 것입니다. 암 덩어리는 깨끗이 제거해야 한다는 것과 같은 원리입니다.

이들은 그대로 실행하고 돌아와 전리품을 나누어 가지고, 또한 그 전리품으로 하나님께 감사제물을 드렸습니다. 전리품을 나눌 때 군사들에게는 그 절반을 주었습니다. 군사의 수가 전체 인구의 약 오십분의 일이라 할 때(26:51 참고), 그들에게 얼마나 많은 몫을 주었는지 알 수 있습니다. 이것은 목숨을 건 만큼 대우도 제대로 한다는 것을 보여 줍니다.

죄를 범하게 한 이에 대한 처벌

흔히 죄를 범한 사람만 처벌하는 경우가 많은데, 죄를 범하게 한 사람에 대해서는 어떻게 해야 합니까? 본문은 이러한 문제에 대하여 답을 줍니다. 하나님은 유혹에 넘어간 것도 문제이지만, 유혹을 한 쪽에 대하여서도 그 죄를 묻고 있습니다. 그래서 미디안을 징벌하도록 한 것입니다. 그래야만 하나님의 공의에 맞습니다. 오히려 하나님은 유혹을 당하는 쪽보다 유혹하여 범죄에 이르게 한 쪽에 대하여 더 큰 벌을 내리고 있습니다. 이스라엘은 전쟁에서 아무런 손실을 입지 않았는데 미디안은 전멸당하는 벌을 받아야 했습니다.

원수들과 싸워 이기라

하나님은 사랑이십니다. 이 명제대로 하나님은 원수까지 사랑하라고 하십니다. 그러나 본문에서는 "원수를 갚으라."고 하십니다. 여기서의 원수는 보다 근원적인 의미로 보아야 합니다. 근본적인 악, 죄, 유혹의 실체, 즉 유혹의 상징인 뱀, 사탄, 악의 구렁텅이로 몰아넣고 인생을 파멸하는 마귀의 세력 등을 말합니다. 신약시대에서는 적그리스도도 여기에 해당합니다. 이러한 원수들과는 반드시 싸워서 이기라는 것입니다. 오늘 하루도 우리는 어떠한 시험과 유혹을 받을지 모릅니다. 그러나 믿음으로 반드시 그 궤계를 물리치고 승리합시다.

| 민수기 |
NUMBERS
32장

광야에 방황하게
하셨으므로

 여호와께서 이스라엘에게 진노하사 그들에게 사십 년 동
안 광야에 방황하게 하셨으므로 여호와의 목전에 악을
행한 그 세대가 마침내는 다 끊어졌느니라.(13)

요단 동편을 나눔

이스라엘은 가나안에 들어가기 전에 요단 동편도 하나하나 점령하였습
니다(21:30~35; 31장). 요단 동편은 요단 서편 땅보다 비옥하고 목초지가 많
았습니다. 이것을 르우벤 지파와 갓 지파가 눈여겨보았습니다. 왜냐하면
그들은 많은 가축 떼를 가지고 있었기 때문입니다. 그래서 그들은 모세에
게 이곳 땅을 자기들의 기업으로 달라고 요청하였습니다.(5)

그러자 큰 문제가 생겼습니다. 앞으로 요단 동편을 정복하려면 더 많은
군사가 필요한데, 땅을 주면 군사가 모자라기 때문입니다. 그래서 모세와
백성은 정복에 차질이 생기므로 반대하였습니다. 르우벤과 갓 지파는 의
견을 내었습니다. 가나안 전투에 자기들도 참여하여 전투를 승리로 이끌

민
수
기

고, 그 전투가 끝나면 이곳으로 돌아오겠다는 것입니다(27). 이 말에 온 백성은 안도하면서 그것을 받아들여 땅을 주기로 하였습니다. 후에 므낫세 절반 지파에게도 이 땅을 주기로 하였습니다(33). 이렇게 하여 그들은 다시 화합할 수 있었습니다.

광야의 의미

여기에서 우리는 광야에 대해 잠시 생각해 보도록 합시다. '민수기'라는 책 이름은 헬라어로 번역된 성경에서 비롯된 것이고, 본래 히브리 성경에서는 '광야에서'입니다. 어쩌면 '민수기'보다는 '광야에서'라는 책 이름이 더 가슴에 와 닿습니다. 본문 13절은 이스라엘 백성이 40년 동안 광야에서 살게 된 이유를 하나님께서 진노하여 악을 행한 세대를 끊어버리기 위한 것이라 합니다. 이것은 광야가 하나님의 심판의 장소라는 뜻입니다.

그러나 갈렙과 여호수아는 끊어지지 아니하고 약속의 땅까지 들어갔습니다. 이것은 광야가 심판만이 아니라 가나안으로 들어갈 수 있는지 아닌지를 시험하고 훈련하는 장소였음을 암시합니다. 그렇다면 이스라엘 백성도 좀 더 철저하게 훈련에 임하고 시험에 합격했더라면 젖과 꿀이 흐르는 땅에 들어갈 수 있었을 텐데 하는 아쉬움이 남습니다.

광야, 하나님 없이 살 수 없는 곳

광야라는 단어는 성경에 셀 수 없이 많이 나옵니다. 그만큼 광야가 많고, 광야와 밀접한 삶을 살았음을 보여 줍니다. 광야는 그들에게 어떤 곳입니까? 광야는 하나님을 만나고, 신앙을 연단하고, 믿음의 사람으로 다시 태어나는 장소입니다. 사도행전 7장 38절에서는 모세를 가리켜 "우리 조상들과 함께 광야 교회에 있었고"라고 하였습니다. 이것은 이스라엘 백성이 광야생활을 할 때 그 중심이 성막이었고, 그들의 모든 생활은 예배에 맞추어져 있었음을 보여 줍니다. 그만큼 광야에서는 하나님 없이는 살

수 없었던 것입니다. 사막에는 먹을거리도, 마실 물도 없습니다. 대낮에는 뜨거운 태양빛을 가리어 줄 그늘도 없습니다. 밤에는 추위를 막아 줄 것도 없습니다. 그러고 보면 모두 없는 것뿐입니다. 이들은 이곳에서 오로지한 분, 하나님만을 바라보고 살아야 했습니다. 하나님은 이스라엘 백성에게 하나님을 믿고 따르는 길 외에는 다른 길이 없다는 것을 가르치고 싶었던 것입니다.

오직 하나님만

예수님도 광야에서 시험을 받으셨습니다. 그 시험도 "하나님이냐, 세상그 무엇이냐."를 선택하라는 것이었습니다. 예수님은 그 시험을 이겨 내셨습니다. 우리도 광야 같은 세상에서 삽니다. 이 광야 같은 세상에서 물이없는 모래땅만 보지 말고, 그런 곳에서조차도 물을 주시는 하나님을 바라보아야 합니다. 그리고 '하나님만 의지(依支)하며 살겠다'는 우리의 의지(意志)를 하나님께 보여 드려야 합니다. 우리는 오로지 하나님의 은혜로만 살수 있기 때문입니다.

거기 거주하라

 그 땅을 점령하여 거기 거주하라. 내가 그 땅을 너희 소유
로 너희에게 주었음이라.(53)

이제 곧 요단강을 건너 가나안 땅으로 들어가야 하는 이스라엘 백성은
이즈음에서 과거를 회상해 보고, 현재의 하나님의 부르심을 확인하고, 미
래를 전망해 봅니다.

언제나 함께하시는 하나님

과거입니다. 이스라엘 백성은 그들이 지나오며 진을 쳤던 곳을 지명별
로 되돌아보며 하나님의 손길을 기억하고 감사합니다. 그들이 거쳐 온 지
역들은 무려 30여 곳에 이릅니다(5~49). 그들이 출애굽 하여 지금까지 지
내온 족적들을 살펴보면 볼수록 그것은 바로 하나님의 은혜이었습니다.
숱한 기적으로 백성을 보살피시고 인도하시고 지켜 주셨습니다. 그러나

기적이 없을 때에도 하나님의 손길이 끊임없이 함께하셨습니다.

어느 시인이 지나온 발자취를 되돌아보니 언제나 발자국이 두 개인데, 정작 본인이 가장 힘든 때를 보낼 때에는 발자국이 하나뿐이어서 주님께 그때에는 왜 혼자 두셨느냐고 물었다지요? 그랬더니 그때에는 주님께서 그를 업고 갔기 때문에 발자국이 하나였다고 대답하셨다는 것입니다. 우리도 가끔은 우리 인생길을 뒤돌아보며 우리의 발자취마다 함께하신 하나님께 감사하는 시간을 가질 수 있었으면 좋겠습니다.

하나님을 모시고 세상을 이기는 삶

현재입니다. 지난날 함께하신 주님께서 이제 이스라엘 백성에게 말씀하십니다. 가나안으로 들어가라는 것입니다. 가거든 우상과 산당을 훼파하고 그 땅을 점령하여 거기에서 하나님만을 섬기며 살라는 것입니다.(50~53)

이것이 현재 우리 앞에 놓여 있는 과제입니다. 오늘 우리는 전진하는 자세로 우리의 삶의 현장에 용기 있게 나아가야 합니다. 주저하지 마십시오. 그리고 오늘날의 우상 – 즉 돈이라는 맘몬(mammon), 절대시 하는 이념과 사상, 쾌락과 명예 – 들과 싸워야 합니다. 하나님을 향한 신앙으로 이들과 싸워 이기고 이런 것을 물리쳐야 합니다. 그리고 그 자리에 우리 하나님을 모시고, 우리는 그러한 우상을 주의 이름으로 다스리면서 세상 속에서 주인공으로 살아야 합니다.

하나님께서 준비해 놓으신 승리의 미래

미래입니다. 이스라엘 백성의 미래는 그 땅을 기업으로 받아 복을 누리며 살게 하시겠다는 하나님의 약속입니다(54). 그 미래는 하나님께서 모든 것을 주시는 미래입니다. 땅을 분배해 주시고, 성읍을 주시고, 도피성을 주시고, 유산을 주십니다. 승리의 미래입니다.

인간은 많은 것을 알 수 있지만, 철저하게 숨겨져서 알 수 없는 영역이 있습니다. 그것은 미래입니다. 미래는 신의 영역입니다. 그러므로 지나치게 알고자 해서는 안 됩니다. 점쟁이를 찾아가 그것을 알아내려 할 필요가 없습니다. 그러면 어떻게 해야 합니까? 하나님께 맡기면 됩니다. 성경의 가르침에 따라 살면 미래는 열립니다. 기도로 준비하면 미래는 우리의 것이 됩니다. 하나님은 우리의 미래를 멋지게 준비해 놓으셨습니다. 아무쪼록 하나님께서 준비해 놓으신 미래가 우리에게도, 그리고 우리 자녀들에게도 열리기를 바랍니다.

성도들의 여정

이스라엘 백성의 여정은 존 번연(John Bunyan)이 쓴 「천로역정」 같이 하나님 나라를 향하여 나아가는 우리 성도들의 여정이기도 합니다. 고통과 원망도 있지만, 하나님의 기적을 경험하기도 합니다. 하나님의 인도하심이 우리 앞에 닥치는 세찬 모래 바람을 이겨 내게 하며, 마침내 우리는 하나님 나라에 이르러 거기에 거주하게 될 것입니다.

새벽우물에서 퍼 올린 말씀묵상

34장

너희의
기업이 되리니

너는 이스라엘 자손에게 명령하여 그들에게 이르라. 너
희가 가나안 땅에 들어가는 때에 그 땅은 너희의 기업
이 되리니 곧 가나안 사방 지경이라.(2)

토지 분배를 말씀하시다

하나님은 이스라엘 백성이 차지할 가나안 땅의 동서남북 사방 경계를
미리 말씀해 주셨습니다(남쪽 3~4절, 서쪽 6절, 북쪽 7~9절, 동쪽 10~12절, 요
단 동편 14~15절). 또한 그 땅을 분배할 때 감독해야 할 각 지파의 지도자
들도 임명해 주셨습니다(16~29). 이 말씀을 하시기에는 이른 감이 있습니
다. 아직 이스라엘 백성은 요단강을 건너지도 않았습니다. 뿐만 아니라 그
곳에 들어간다 할지라도 가나안 원주민을 몰아내야 하는 어려운 전쟁을
앞두고 있습니다. 이렇게 그 땅을 정복하기도 전에 마치 "김칫국부터 마시
듯", 정복 후에나 있을 수 있는 토지 분배를 미리 말씀해 주시는 이유는
무엇일까요? 여기에서 몇 가지 메시지를 발견해 봅시다.

비전을 가지라

우선 이스라엘 백성에게 그 땅을 차지한 것을 전제하고 말함으로 확신을 주어 그들로 강한 용기를 가지고 가나안에 입성하도록 하기 위함입니다. 이것은 히브리서 11장 1절에 나오는 "믿음은 바라는 것들의 실상이요 보이지 않는 것들의 증거니"라는 말씀처럼 '아직'(not yet) 이루어지지 않았으나 '이미'(already) 이루어진 것처럼 믿고 사는 모습을 말합니다. 흔히 말하듯 "이겨 놓고 싸운다"는 말과 마찬가지입니다. 그렇습니다. 하나님의 사람들은 눈에 보이지 않는 영원한 축복을 마치 눈으로 보듯이 믿고 살아가는 사람들입니다. 그러니 우리 그리스도인들도 항상 비전(vision)을 가지고 살아야 합니다.

만물의 주인이신 하나님을 알라

또한 이렇게 하나님께서 그 땅을 주신다는 것을 통해 땅의 주인이 하나님이심을 보여 줍니다. 다시 말하자면 이스라엘 백성이 그 땅을 정복하고 그 땅에서 살 때 그들은 끊임없이 이 땅은 하나님께서 주신 것이라는 인식을 하며 살게 될 것입니다.

그렇습니다. 우리 성도들이 누리고 사는 모든 것의 실제 주인은 하나님이십니다. 우리가 딛고 사는 터전, 땅의 주인은 하나님이십니다. 물론 집을 비롯한 온갖 소유도 하나님의 것입니다. 우리는 단지 다시 하나님 나라에 갈 때까지 그것을 맡아 누릴 은혜를 입는 것뿐입니다.

하나님은 이스라엘 백성에게 전체 경계는 알려 주셨으나 각 지파별로 어디를 차지해야 할지에 대해서는 알려 주시지 않았습니다. 다만 르우벤 지파와 갓 지파와 므낫세 지파의 절반 지파는 이미 요단 동쪽을 주기로 약속한 바(32장 참고) 있어 그들은 예외입니다. 그 외에 아홉 지파와 므낫세 반쪽 지파는 자기들끼리 제비뽑아 나누어 가지게 하셨습니다.(13)

이것은 자신들이 원하는 대로 땅을 차지하는 것이 아니라 제비를 뽑음으로 각 지파의 땅도 하나님께서 주셨다는 것을 알게 하고자 함입니다. 또한 제비뽑기는 서로 이기적인 욕심을 드러내지 못하게 하고, 서로 다투지 못하게 하기도 합니다. 또한 땅 분배의 문제로 괜한 불화가 생길 수 있는 일을 제비뽑기로 미리 차단한 것입니다.

하나님께서 이스라엘 백성에게 가나안을 주신 것처럼, 오늘날 우리 인생이 살아가는 삶의 자리는 하나님께서 주신 선물입니다. 그러므로 하나님을 주인으로 모시고 살아야 합니다. 또한 제비뽑기가 내 마음대로 되는 것이 아니듯 하나님의 섭리를 따르며 살아야 합니다. 아울러 주어진 상황과 주신 은혜에 자족하며 살아야 할 것입니다.

그리로
피하게 하라

 너희를 위하여 성읍을 도피성으로 정하여 부지중에 살
인한 자가 그리로 피하게 하라.(11)

레위 지파의 기업

레위 지파는 땅을 기업으로 받지 못합니다. 그들에게는 토지 분배가 없
습니다. 그 대신 그들은 각 지파의 영토에 있는 각 성읍에서 살아야 합니
다. 레위 지파들이 살아야 할 성읍은 도피성 6곳을 포함하여 모두 48곳입
니다(6~7). 이처럼 그들은 자기 지파끼리 모여 살지 못하고 전국에 흩어져
살아야 합니다. 그들은 곳곳에 분산되어 그곳에서 하나님의 사역을 감당
하며 온 민족이 하나님과 올바른 관계를 맺으며 살도록 했습니다.

도피성을 세운 뜻과 원칙

레위 지파의 기업을 이야기하면서 하나님은 도피성에 대하여 자세하게

말씀하셨습니다(9~34). 하나님은 모세에게 레위인들이 거주하는 성읍 중에서 요단 동편에 세 성읍, 요단 서편 가나안 땅에 세 성읍, 모두 여섯 성읍에 도피성을 세우게 하셨습니다(14). 이렇게 도피성을 세우게 하신 뜻과 원칙이 있습니다.

우선 어떠한 사람이 살인할 의도가 없이 실수나 사고로 사람을 죽였을 경우에 그곳으로 피하게 하기 위한 것입니다. 도피성으로 피신한 사람은 정당한 심판을 통해 그 여부가 가려질 것입니다. 재판 때까지 감정적인 보복으로 인하여 또 하나의 살인을 부르는 일이 생기지 않게 한 것입니다.(11~12)

그 다음에는 이 도피성은 민족의 구별 없이 유대인이나 이방인이나 모두 도피하여 보호를 받을 수 있게 하기 위한 것입니다(15). 이것을 보면 민족의식이 강한 유대인이지만, 민족 차별은 하지 않고 있음을 알 수 있습니다. 구약성경 곳곳에 "고아와 과부와 나그네"라는 말이 나오는데, 나그네는 이방민족도 포함한 말입니다. 즉 성경에는 구제나 보호 대상에 이방민족도 포함하여 언급하고 있어 그만큼 타민족도 배려하는 것입니다.

그러나 고의로 살인을 저지른 사람은 도피성으로 피해도 아무런 보호를 받을 수 없습니다(16~21). 그렇기 때문에 실수인지 고의인지를 판결해야 하는 대제사장은 잘 판단(심판)해 주어야 합니다. 이 일은 생명을 다루는 일이라 증인 한 명의 말만 듣고 결정할 것이 아니라 여러 명의 증언을 듣도록 했습니다(30). 그만큼 신중하게 한다는 뜻입니다.

도피성 제도가 우리에게 주는 의미

도피성 제도는 오늘날 우리에게도 암시해 주는 교훈이 있습니다. 하나님은 인간의 연약함을 아시고 언제나 구원의 길을 열어놓으셨다는 사실입니다. 도피성으로 피한 사람이 대제사장의 보호를 받아 안심하고 지낼 수 있듯이 우리는 예수님에게 피하여 참 평안을 누릴 수 있습니다. 심지어는 죄를 용서까지 하시면서 우리를 살려 주십니다. 성경은 말합니다. "그러므로 이제 그리스도 예수 안에 있는 자에게는 결코 정죄함이 없나니."(롬 8:1)

거듭되는 원수 갚기나 보복행위는 계속하여 피를 부릅니다. 그러므로 언젠가 그리고 누군가는 이 일을 그만두어야 합니다. 그래서 주님은 "원수를 사랑하라"고 하십니다. 그러나 더 원천적인 것이 있습니다. 이러한 살인 행위가 발생하지 않게 하는 것입니다. "형제를 미워하는 자마다 살인하는 자니"(요일 3:15)라고 했습니다. 미움, 증오와 분노가 살인의 동기가 된다는 것입니다. 주님은 행위가 발생하기 전에 그 행위가 일어날 마음의 상태를 미리 차단하기를 원하십니다. 우리의 마음을 누가 다스립니까? 성령께서 우리의 마음을 선하게 이끌어 주시기를 원합니다. 사랑과 평강과 감사의 마음이 자리하기를 원합니다.

자기 기업을 지키리라

 그 기업이 이 지파에서 저 지파로 옮기게 하지 아니하고
이스라엘 자손 지파가 각각 자기 기업을 지키리라.(9)

결혼한 여자의 유산

이스라엘의 모든 지파는 가나안에 들어가면 땅을 기업으로 받게 될 것입니다. 그 먼 옛날에 있었던 일들이지만 현대의 우리가 보기에도 참 잘하였다는 생각이 드는 것은 땅을 분배할 때 아들 딸 구분이 없었다는 점입니다. 아들이 없는 경우에는 딸도 기업으로 받을 수 있도록 이미 27장에서 규정한 바 있습니다. 그런데 아버지의 기업을 받은 딸이 다른 지파의 남자와 결혼을 할 경우에는 어떻게 합니까? 본문은 그 기업의 소유권이 어디로 가는가 하는 문제에 대하여 말씀합니다. 만일 다른 지파에게로 시집을 가면 그 기업이 다른 지파로 넘어가지 않겠느냐는 것입니다. 그 답으로 만일 아버지에게서 유업으로 받은 땅을 계속 유지하려면 반드

시 아버지가 속한 지파 안에서 결혼해야 한다고 제시합니다(6~7). 이렇게 함으로 지파 간에 일어날 수 있는 토지 분쟁과 갈등의 소지를 없게 한 것입니다.

상속받은 기업의 보존

여기에 해당하는 사람들이 27장에 나왔던 슬로브핫의 딸들입니다. 슬로브핫의 딸들이 결혼하자 요셉 자손, 특히 므낫세 자손들이 모세에게 나아와 만일 그 딸들이 다른 지파와 결혼하게 되면 자기 지파가 제비뽑아 배당받은 땅이 사라지게 될 것이니 - 희년이 되면 본래 지파에게로 돌아가기는 하지만 - 조치를 취해 달라 요청하였습니다(3~4). 모세는 이 말을 옳게 여겨 같은 지파에게 시집을 가게 하였습니다(6). 이들은 이 규례에 순종하여 그녀들이 상속받은 기업이 므낫세 지파이므로 같은 지파의 남자와 결혼합니다. 그렇게 하여 아버지에게서 상속받은 기업을 보존합니다(12). 물론 다른 지파로 시집을 가게 된다면 기업으로 받은 땅을 포기해야 할 것입니다. 이 딸들은 혼인에 대한 충고를 잘 받아들였습니다. 결혼 적령기에 있는 자녀를 둔 부모는 자녀들의 혼사가 큰 기도제목입니다. 본문은 보다 나은 행복한 결혼을 위해서는 의논이 필요함을 느끼게 해주는 대목입니다.

유산을 소중히 여김

딸들에게도 아버지의 유업을 상속해 주도록 한 것은 당시로 보아서는 상당히 앞서가는 법(규례)이라 하겠습니다. 사람들은 누구나 자신의 소유를 잘 지키고자 하며 빼앗기지 않으려 합니다. 슬로브핫의 딸들은 아들 형제가 없이 아버지가 돌아가시게 되자 자칫하면 아버지의 기업을 잃을 수도 있을 때에 그 문제를 제기하여 남자들과 동등하게 땅을 분배받았습니다(27:1~11). 또한 그 분배받은 땅을 결혼문제로 다른 지파에 넘겨 줄 수 없어 같은 지파 안에서 결혼하여 그 기업을 유지하게 하였습니다. 그만큼 유산을 소중하게 여긴 것입니다.

우리에게도 알게 모르게 이미 받은바 복과 은혜와 유업들이 있습니다. 에서는 맏아들로서 장자의 복을 누릴 수 있는 권한을 부여받고 태어났습니다. 그러나 그는 그것을 가볍게 여겨 동생 야곱에게 팥죽 한 그릇에 넘겨주고 말았습니다.

우리는 모두 하나님께서 주신 달란트(talent, 재능, 은사)가 있습니다. 그것을 잘 활용하는 사람은 충성된 종이라 하셨습니다(마 25장). 사람들은 자신에게 주어진 복에 대해서는 그 가치를 모르고 남의 것만 부러워하는 경향이 있습니다. 우리 모두 받은바 하나님의 은혜와 복을 소중하게 여기고 그 가치를 잘 인식하여 더욱 윤택한 삶을 살아가야 하겠습니다.

이렇게 하여 민수기는 가나안에 들어가기 직전 모압 평지에서 하나님께서 명령하신 계명과 규례로 끝을 맺습니다.

Deuteronomy

PART

③

신명기

선포한
말씀이니라

이는 모세가 요단 저쪽 숩 맞은편의 아라바 광야 곧 바란과 도벨과 라반과 하세롯과 디사합 사이에서 이스라엘 무리에게 선포한 말씀이니라.(1)

이스라엘 백성은 출애굽한 지 40년 만에 약속의 땅 바로 앞에까지 와 있었습니다. 그들은 광야의 방랑생활을 통하여 영적으로나 육적으로 훈련을 잘 받아 왔습니다. 그러나 그들 곧 하나님을 불신하고 원망하던 제1세대들은 모두 사막에서 죽어 장사되었습니다. 가나안 땅에 들어갈 사람들은 그들이 아니라 제2세대들입니다. 앞으로 이 신세대가 가나안 땅의 주역이 될 것입니다. 그런데 이들은 구세대가 겪었던 광야생활의 경험을 잘 모릅니다. 또한 광야생활 동안에 받았던 여러 가지 하나님의 율법과 규례에 대해서도 잘 모릅니다. 이것이 이들의 약점입니다. 모세는 이것을 안타까워하며 말씀으로 일깨워 줍니다.

모세가 그들과 함께 가나안 땅에 들어갈 수 있다면 얼마나 좋겠습니까?

그렇다면 그들을 인도하며 광야생활과 하나님의 말씀을 틈틈이 알려 주어 전통을 이어가게 할 수 있을 것입니다. 그러나 모세는 그들만 가나안으로 보내야 합니다. 그래서 모세는 그들과 함께하는 마지막 기회에 그들에게 진심으로 그리고 간절하게 이 모든 것을 내용으로 담아 설교를 합니다. 이것이 바로 '신명기'입니다. 이 신명기는 앞으로 이스라엘 역사를 평가하는 잣대가 될 만한 책이 될 것입니다. 그 잣대는 하나님의 백성이 과연 하나님을 섬기며 그 말씀에 순종하여 사는가 하는 것입니다.

모세가 다음 세대에게 주는 메시지

이 설교는 모세가 40년째 되는 해 11월, 가나안을 바로 앞에 둔 요단 동쪽 모압 땅에서 한 것이라고(4~5) 밝힙니다. 그러니 고별설교나 마찬가지입니다. 모세는 지난 역사를 회고하며 백성을 권면합니다. 이 내용은 4장 43절까지 나옵니다. 모세는 거친 모래벌판을 헤매며 40년 동안 겪었던 일 중에 주요한 두 가지를 상기시킵니다.

하나는 모세가 광야에서 혼자 모든 일을 처리할 때 그의 장인 이드로가 일을 분담하도록 한 것입니다(12~17). 그때 모세는 이스라엘의 행정체계를 마치 군사조직처럼 천부장, 백부장, 오십부장, 십부장, 조장으로 체계를 갖추었습니다(15). 이것은 출애굽기 18장 13~27절을 회상시키는 것으로, 앞으로 가나안 땅을 정복하고자 할 때에 이러한 조직적인 체계로 모든 일을 능률적이고 효과적으로 하라는 뜻입니다. 또한 힘을 분산하지 말고 조직적으로 힘을 모아 가나안 정복에 대처하라는 것입니다.

또 하나 모세가 중요하게 상기시키는 것은 가데스 바네아의 반역 사건입니다(19~46). 이 사건은 민수기 13장과 14장에 걸쳐 나오는 엄청난 사건입니다. 가나안 땅을 정탐한 이들이 돌아와서 불신앙적인 보고를 합니다. 이런 부정적인 보고 때문에 백성은 울부짖으며 하나님을 원망하고 가나안에 들어가는 것을 포기하려 합니다. 하나님께서 크게 진노하셨습니다.

이것 때문에 선조들은 사막에서 40년이라는 긴 세월을 보내야 했고(민 14:33~34), 백성은 물론 모세조차도 가나안에 들어가지 못하게 되었습니다 (37). 모세는 이 내용을 통하여 신세대들에게 전하고 싶은 메시지가 있었습니다. 그것은 앞으로 가나안에 들어갈 때에도 부정적인 생각으로 미리 기죽지 말고, 긍정적이고 사기충천하여 싸우라는 것입니다.

조직적이고, 긍정적으로

우리도 인생을 살아갈 때 두 가지가 필요합니다. 첫째는 혼자 모든 것을 한다는 생각보다는 함께 힘을 모으는 것입니다. 교회나 공동체의 조직은 자리를 위한 것이 아니라 동역하여 일을 해내기 위한 것임을 기억해야 합니다. 둘째는 매사에 신앙적이고 긍정적인 태도를 갖는 것입니다. 불신앙적이고 부정적인 태도는 우리 인생길을 전진하지 못하게 합니다. 그러므로 부정적인 사고방식은 버리고 하나님의 약속을 믿고 힘차게 나아가야 합니다.

| 신명기 |

DEUTERONOMY

2장

그들과
다투지 말라

 그들과 다투지 말라. 그들의 땅은 한 발자국도 너희에게
주지 아니하리니 이는 내가 세일 산을 에서에게 기업으
로 주었음이라.(5)

하나님의 명령

이스라엘 백성은 홍해 길(1, 민 21:4 참고)로 광야에 들어가서 40년 동안
(7, 14) 방랑생활을 하였습니다. 이제는 그 생활을 끝내고, 광야에서 나와
북쪽으로 올라가 점차 가나안 땅으로 접근해 갑니다. 그 길을 가려면 필
연적으로 전쟁을 겪어야 합니다. 그런데 하나님은 어느 족속과는 전쟁을
치르지 말아야 하고, 어느 족속과는 전쟁을 치러야 한다고 구별하여 명령
하십니다.

전쟁하지 말아야 할 민족

먼저 전쟁하지 말아야 할 민족이 있습니다. 그들은 에돔 족속, 모압 족

속, 암몬 족속입니다. 에돔 족속은 야곱의 형, 에서의 자손입니다. 모압 족속과 암몬 족속은 아브라함의 조카, 롯의 자손입니다. 이들은 모두 이스라엘과 같은 피붙이요 형제입니다. 즉 같은 집안끼리 전쟁하지 말라는 것입니다. 하나님은 그들 민족들에 대하여 어떻게 해야 할지 두 가지 공통된 말씀을 하십니다(5, 9, 19). 하나는 그들과 다투지 말라, 괴롭게 하지 말라, 싸우지 말라는 것입니다. 심지어는 에서의 자손이 거주하는 세일 땅 지역을 통과할 때에는 침략자들처럼 무례하게 행동하지 말고 양식이나 물조차도 돈을 주고 사서 먹으라고 합니다(6). 또 하나는 그들이 사는 곳은 이미 하나님께서 그들에게 기업으로 준 곳이므로 이스라엘의 기업으로 줄 수 없다는 것입니다. 그러니 이스라엘 백성은 그 민족들의 기업을 인정하고 그 기업을 빼앗지 말라는 것입니다. 이 말씀대로 그들과 싸우지 않으려면 그 민족과 부딪치는 것을 피하여 다른 길로 돌아가야 하고 시일도 더 많이 걸리게 됩니다. 그러하여도 하나님의 명령이니 하는 수 없습니다.

전쟁을 치러야 할 민족

그리고 전쟁을 치르더라도 통과해야 할 수밖에 없는 민족도 있습니다. 바로 헤스본 지역 아모리 족속입니다. 하나님은 그들 아모리 족속과는 싸워서라도 그 땅을 차지하라 하셨습니다(24). 하지만 이스라엘 백성은 처음에는 그들과 싸우지 않고 그저 통과만 하겠다고 화친을 제안하였습니다(27, 민 21:22 참고). 이 제안을 받아들였으면 좋았을 것을 아모리의 왕 시혼은 이스라엘이 통과하는 것을 허락하지 않았습니다. 게다가 군대를 이끌고 나와 이스라엘을 대적하였습니다(32). 이스라엘로서는 부득이 싸울 수밖에 없었습니다. 이스라엘은 그들을 쳐서 진멸하고 모든 것을 빼앗고 말았습니다. 그리고 여세를 몰아 그 외의 모든 성읍도 모두 차지하였습니다(36). 이 싸움에서 승리한 것은 단순히 그들을 이겼다는 것보다는 그 승리의 소문이 가나안의 다른 민족에게 널리 퍼져 이스라엘이 그들에게 두려움의 대상이 되었다는 데 더 큰 의의(意義)가 있을 것입니다.(25)

구별이 필요함

하나님은 여기에서 싸워야 할 것과 싸우지 말아야 할 것을 구별하여 가르쳐 주십니다. 다소 편협한 느낌이 있습니다만 주는 메시지가 있습니다. 우리는 간혹 싸워야 할 것과는 싸우지 않고, 싸우지 말아야 할 것과는 싸우는 경우가 있습니다. 싸워서는 안 될 것과 싸우느라 에너지를 다 소모하고 나면, 정작 대적해야 할 것과는 싸울 힘이 없습니다. 어리석은 일입니다.

가족과 부부와 친구들과 성도들은 함께 힘을 모으고, 서로 화목하며, 행복하게 지내야 할 대상입니다. 그런데 이들과 다투고 분열하는 모습을 주위에서 종종 볼 수 있습니다. 그런가 하면 함께 짝하지 말아야 할 악한 세력과 벗하여 악을 도모하거나 악을 저지르는 모습도 볼 수 있습니다. 영적으로도 사탄과 짝지어 성령님을 근심하게 하는 일이 있습니다. 우리가 싸워야 할 것은 악한 세력이지 더불어 살아가야 할 사람들이 아닙니다. 공연한 일로 힘을 허비하지 말고 우리 모두 힘을 모아 악과 싸워 승리합시다.

| 신명기 |

DEUTERONOMY

3장

그만해도 족하니

 여호와께서 너희 때문에 내게 진노하사 내 말을 듣지 아니하시고 내게 이르시기를 그만해도 족하니 이 일로 다시 내게 말하지 말라.(26)

요단 동편의 땅 분배

이스라엘 민족은 앞 장(2장)에서 본 바와 같이 요단 동쪽 땅의 남부 지역 헤스본 등을 정복하며 이어 북부로 올라가 바산 지역도 정복합니다. 바산 왕 옥도 시혼 왕처럼 이스라엘에게 패배하여 이스라엘이 그 땅 성읍을 모두 차지합니다(1~11). 특히 11절에 나오는 바산 왕 옥의 침대는 그 족속이 얼마나 장대한가를 보여 줍니다.

여기에서 "르바임 족속의 남은 자는 옥뿐이었으며"라는 말이 그의 나라는 망하였지만 옥은 살아남았다는 것인지, 바산이 패망할 때에 거인 족(르바임 족) 가운데 마지막까지 남은 사람이 옥이었다는 것인지는 확실하지 않습니다. 그러나 모든 내용을 종합해 보면 후자로 해석하는 것이 옳을 것입니다. 이렇게 하여 요단 동편을 모두 정복한 이스라엘은 요단 동쪽 지역의 땅을 분배하여 르우벤 자손, 갓 자손, 므낫세 자손 절반에게 나누어 주었습니다.(12~17)

그만해도 족하다

이렇게 요단 동편에서 땅 분배를 마쳤으니 이제는 요단강을 건너면 약속의 땅 가나안입니다. 모세로서는 가나안 땅에 들어가지 못하게 된 것이 한입니다. 그래서 하나님께 "나를 건너가게 하사"(25)라며 간구합니다. 그러나 하나님은 냉정하십니다. "그만해도 족하니 이 일로 다시 내게 말하지 말라."(26) 하시면서 더 이상 그 일로 말도 못하게 하십니다. 이것이 모세는 못내 아쉽고 섭섭하여 가끔씩 반복하여 언급합니다(민 20:12, 신 1:37, 4:21, 32:52 등). 그동안 온갖 고난과 역경 속에서도 모세는 가나안 땅에 들어가는 것에 기대를 걸고 견디어 왔습니다. 오직 하나, 가나안 땅에 들어갈 수만 있다면 백성의 원망 소리와 반역도 모두 상쇄(相殺)할 수 있으리라 여겼습니다. 그러나 하나님은 모세에게 아무런 보상도 약속해 주시지 않았습니다.

이 일은 우리에게 당혹스러움을 안겨주기도 합니다. 왜냐하면 예수님도 충성하는 이에게 더 많은 것을 맡긴다 하셨고(마 25:23), 히브리서 기자도 하나님은 상 주시는 이라 하였기(히 11:6) 때문입니다. 그런데 어찌하여 모세에게는 그러한 상급이 따르지 않았을까요? 오히려 하나님은 그만하면 되었다면서 그 정도로 만족하게 여기라 하셨습니다. 모세는 이 말에 그저 순종합니다. 종으로서 그저 주인(주님)의 뜻을 따를 뿐입니다.

백성의 죄를 함께 짊어진 모세

하지만 모세는 자기가 가나안 땅에 들어가지 못한 것은 자신의 잘못만은 아니라는 것을 분명히 하고 넘어갑니다. 물론 모세로서는 므리바 반석을 쳐서 물을 낼 때 인내심이 흩어져 하나님의 영광을 드러내지 못한 잘 못이 있습니다. 그러나 이렇게 된 것은 이스라엘 백성에게도 원인이 있었 습니다. 이 점에 대하여 모세는 "여호와께서 너희 때문에 내게도 진노하 사 이르시되 너도 그리로 들어가지 못하리라."(1:36), "여호와께서 너희 때 문에 내게 진노하사"(3:26)라고 말합니다. 그리고 보면 모세가 가나안에 들어갈 수 없게 된 것은 자신 탓만도 아닙니다. 말하자면 그 잘난(?) 백성 때문이기도 한 것입니다.

그렇다면 모세가 가나안 땅에 들어가지 못한 것은 자기 백성과 운명을 같이 한 것이었습니다. 그들의 죄를 함께 짊어진 것입니다. 이것이 바로 모 세의 훌륭한 점이요, 후대인들로부터 '가장 위대한 지도자'라는 찬사를 듣 게 한 점입니다. 히브리서 기자는 모세에 대하여 "하나님의 백성과 함께 고난받기를"이라고 칭송하였습니다. 시간이 흐름에 따라 자기 민족과 운 명을 같이하고 하나님의 뜻을 잘 받들었던 이 위대한 지도자 모세에게 영 광이 돌아왔습니다. 이것은 마치 예수님을 "지극히 높여 모든 이름 위에 뛰어난 이름을 주신"(빌 2:9) 것과 같습니다. 오늘날 우리에게 필요한 지 도자 모습은 이러할 것입니다.

| 신명기 |
DEUTERONOMY

4장

여호와를 찾으면
만나리라

 그러나 네가 거기서 네 하나님 여호와를 찾게 되리니
만일 마음을 다하고 뜻을 다하여 그를 찾으면 만나리
라.(29)

하나님께서 주신 규례들

모세는 그가 격정의 세월 40년 동안 이끌어 왔던 이스라엘 민족들에게
지나온 역사를 조목조목 되짚어 가며 열정을 가지고 설교를 합니다. 이
설교에는 마치 자식을 사랑하는 부모처럼 이스라엘을 향한 애절한 정이
묻어납니다.

이스라엘은 곧 가나안 땅에 들어갈 터인데, 하나님은 그곳에서 지켜 행
할 법도를 이스라엘 백성에게 주셨습니다(1, 5). 이 규례와 법도를 주시는
분은 사람이 아니라 하나님 여호와이십니다. 이 세상 그 어떠한 규약도
하나님께 받은 율법을 능가할 수 없습니다. 이 율례야말로 이스라엘의 자
랑거리입니다.(6~8)

이스라엘 백성이 이 규례와 법도에 따라 순종하며 살면 그들의 삶은 보장될 것입니다(1). 그러나 만일 그 법도를 따르지 아니하면 과거에 우상 바알브올을 섬기다가 죽음을 맞이하게 된 것과 같이 멸망을 당할 것입니다(3). 그만큼 이 말씀대로 준행하느냐의 여부는 대단히 중대합니다. 말하자면 생존의 법칙입니다(4). 이런 점에서 이 하나님의 명령을 지킬 때에는 가감하지 말아야 합니다(2). 내 좋을 대로, 내 편할 대로 바꾸어 가며 하나님을 따르지 말라는 것입니다. 이것이 오늘날 소위 말하는 '내가복음(?)'을 우리가 경계해야 할 이유입니다.

하나님의 율법을 가르치는 모세

모세는 하나님께서 율법을 주신 호렙 산의 사건을 회상시킵니다(10~15). 그것은 하나님의 율법과 계명을 구체적으로 다시 한 번 기억시키고자 함입니다. 모세는 그때의 말씀 하나하나를 다시 반복하여 언급하면서 몇 가지 중요한 충고와 격려를 합니다.

크게 세 가지입니다. 하나는 하나님께서 주신 율법을 준수하고 자녀들에게도 가르쳐서 이어가도록 하라는 것입니다(9b). 둘째는 우상을 만들거나 섬기지 말라는 말씀입니다(15~24). 그렇게 하면 질투하시는 하나님께서 노를 발하시고 이스라엘은 망한다는 것입니다. 셋째는 마음과 뜻을 다하여 하나님을 찾고 하나님만 섬기라는 것입니다(29~40). 왜냐하면 천지에 참 신은 하나님 한 분뿐이기 때문입니다. 그러니 하나님만 섬기며 그 명령을 지켜 행하면 복을 받아 그 땅에서 오래오래 살게 된다는 것입니다.

모세의 핵심 메시지는 "너희가 광야에서 배운 교훈과 경험을 잊지 말라"는 것입니다. 이것들을 기억함으로 그들은 자신들이 선택된 민족(選民)임을 잊지 않게 될 것입니다. 그리고 이 교훈대로 살면 자자손손 하나님께서 약속하신 풍성한 복이 임할 것입니다. 또한 다른 나라들이 그들을 우러러보며 그들의 하나님을 알고자 할 것입니다. 모세는 하나님께서 자신과 자기 민족에게 베푸신 놀라운 은혜와 경험이 후손들에게 이어지기를 바랍니다. 여기에서 중단되지 않기를 간절히 원합니다.

하나님을 섬기는 자세

이 말씀은 오늘날 하나님을 섬기는 그리스도인들이 어떠한 자세로 하나님을 섬겨야 하는지 잘 가르쳐 줍니다. 하나님은 모세에게 "내 말을 들려주어 그들이 세상에 사는 날 동안 나를 경외함을 배우게 하며 그 자녀에게 가르치게 하리라."(10b) 하셨습니다. 모세는 그대로 했습니다.

우리도 하나님의 말씀을 후배들에게, 자녀들에게 들려주어야 합니다. 하나님을 경외하도록 가르쳐야 합니다. 이것이 교회 교육의 사명입니다. 신앙 교육의 본질입니다. 그런데 그 방식은 이러합니다. '마음을 다하고 뜻을 다하여 하나님을 찾으라(29). 그러면 복을 받으리라(40).' 그렇습니다. 하나님을 섬기고 하나님의 말씀을 따르는 데에는 힘(9)도 마음도 뜻도 쏟아야 합니다. 그저 설렁설렁 내 편할 대로가 아닙니다. 하나님의 마음에 드는 쪽으로 신앙생활을 해야 합니다.

| 신명기 |

DEUTERONOMY

5장

내 모든 명령을
지켜서

 다만 그들이 항상 이같은 마음을 품어 나를 경외하며
내 모든 명령을 지켜서 그들과 그 자손이 영원히 복 받
기를 원하노라.(29)

신명기의 구조

신명기는 크게 세 편으로 나눌 수 있습니다. 제1편은 1장 1절~4장 43절
로 하나님께서 행하신 일을 역사적인 관점에서 말씀합니다. 제2편은 4장
44절~26장 19절로 율법 선포의 관점에서 하나님의 백성이 어떻게 살아야
하는지 신앙과 생활규범을 말씀합니다. 제3편은 27장 1절~34장 12절로
예언자와 같은 관점에서 율법 준수에 따른 보응, 즉 복과 화, 생명과 죽음
에 대하여 말씀합니다. 신명기 5장은 본격적인 율법 선포의 시작 부분입
니다.

율법의 근간, 십계명

모세는 시내 산에 올라 불 가운데서 받은 십계명(출 20:1~17 참고)을 다시 한 번 강조합니다. 십계명은 다른 모든 율법의 근간이 됩니다. 따라서 모세는 다른 율법에 대하여 말하기 전에 먼저 십계명에 대하여 설명하며 반드시 그대로 따를 것을 요청하고 있습니다. 십계명의 조문(3~21)을 간략하게 다시 한 번 언급해 봅니다. "나 외에 다른 신들을 네게 두지 말라. 우상을 만들지 말고 섬기지 말라. 여호와의 이름을 망령되이 일컫지 말라. 안식일을 거룩하게 지키라. 네 부모를 공경하라. 살인하지 말라. 간음하지 말라. 도둑질하지 말라. 거짓증거하지 말라. 이웃의 것을 탐내지 말라." 다섯 번째 계명까지는 상세하게 설명이 붙어 조문 하나하나가 길게 되어 있고, 여섯 번째부터는 단순한 구조로 간략하게 되어 있다는 것이 특징이라 하겠습니다. 길게 해석이 붙은 부분은 하나님과 관계되는 계명인데 그만큼 더 중요하게 여김을 알 수 있습니다.

이 십계명은 얼핏 보기에는 조문 하나하나가 개체로 되어 있는 것처럼 보이지만 실상은 서로 밀접한 연관성이 있습니다. 이것은 신약 시대에 예수님이 하나님을 사랑하고 이웃을 사랑하는 것으로 십계명을 완성할 수 있다고 하신 데서 알 수 있습니다. 그만큼 하나님과 이웃을 진심으로 사랑하면 그 사랑으로 모든 계명을 지킬 수 있다는 연관성을 말하는 것입니다. 즉 하나님과 관계되는 계명은 하나님만을 경외하며 제대로 섬긴다면 그 규정 모두를 준수할 수 있다는 것입니다. 마찬가지로 이웃을 존중히 여기고 아낀다면 사람에 관계되는 모든 계명을 한꺼번에 준수할 수 있는 것입니다.

십계명에 담긴 하나님의 배려와 사랑

십계명이 "하라"와 "하지 말라"로 되어 있는 것은 그만큼 당연히 지켜야 할 규범이기 때문입니다. 이렇게 당연한 것을 굳이 계명으로 제시해 주시는 이유는 무엇입니까? 그것은 사람들이 기본도 못 하여 화를 불러들이는 일이 생기지 않게 하기 위해서입니다. 그러니 계명은 하나님의 배려와 은혜라 하겠습니다. 따라서 십계명을 통하여 하나님의 사랑을 깨닫고, 그 계명을 준수하여 우리도 하나님을 향한 사랑을 보여 주어야 할 것입니다.

하나님의 말씀을 듣고 지키는 삶

누구도 하나님을 뵙거나 그의 음성을 들을 수 없습니다. 그것은 곧 죽음입니다(25). 그런데 모세에게는 말씀하셨습니다. 백성은 그 모세를 통하여 하나님의 말씀을 들을 수 있었습니다. 이렇게 하여서라도 이스라엘 백성이 하나님의 말씀을 들을 수 있다는 것은 큰 복입니다. 그래서 백성은 모세에게 말합니다. "당신은 가까이 나아가서 우리 하나님 여호와께서 하시는 말씀을 다 듣고 우리 하나님 여호와께서 당신에게 이르시는 것을 다 우리에게 전하소서. 우리가 듣고 행하겠나이다."(27) 하나님은 이러한 백성의 태도를 기뻐하시며 그들에게 이렇게 말씀합니다. "그들이 항상 이같은 마음을 품어 나를 경외하며 내 모든 명령을 지켜서 그들과 그 자손이 영원히 복 받기를 원하노라."(29) 오늘날 우리도 하나님 말씀을 들을 수 있다는 것에 크게 감사하며, 그 말씀대로 살아야 하겠습니다.

| 신명기 |

DEUTERONOMY

6장

네 하나님 여호와를
사랑하라

이스라엘아 들으라. 우리 하나님 여호와는 오직 유일한 여호와이시니 너는 마음을 다하고 뜻을 다하고 힘을 다하여 네 하나님 여호와를 사랑하라.(4~5)

유일신

모세는 하나님을 우리가 어떻게 섬겨야 하며, 어떻게 후손들에게 믿음을 전승해 주어야 할지에 대해서도 진지하게 말씀하고 있습니다. 그것을 담아낸 내용이 소위 '쉐마'(shema)라 일컫는 4절부터 9절에 나오는 말씀입니다. 쉐마는 4절에 나오는 "이스라엘아 들으라"에서 '들으라'에 해당하는 히브리어입니다. 이 쉐마는 이스라엘의 전통이 되어 수천 년 동안 면면히 이어져 오늘날에 이르기까지 경건한 유대인들은 아침저녁으로 기도할 때에 이 고백을 낭송합니다. 그만큼 참으로 소중한 내용을 담고 있는 것입니다.

4절은 이스라엘의 기본 신앙이 들어 있는 구절입니다. 오직 한 분, 여호와, 그분이 이스라엘의 하나님(神)이십니다. 지금도 그러하지만, 당시 모든 주변 나라, 민족들은 잡다한 신들을 섬겼습니다(14). 다신론입니다. 그런데 이스라엘만은 오로지 한 분, 여호와만을 하나님으로 여겼습니다. 유일신입니다. 수천 년 전에 이렇게 뛰어난 신관을 가지고 있었다는 것은 참으로 놀라운 일입니다.

하나님을 사랑하라

모세는 이 하나님을 '사랑하라'고 합니다. 하나님을 사랑하되 전인적(全人的)으로 사랑하라 합니다. "마음을 다하고 뜻을 다하고 힘을 다하여" 하나님을 사랑하라는 것입니다(5). 우리가 꼭 마음에 새기고(6) 실천해야 할 구절입니다. 하나님을 사랑하는 것은 관념으로 하는 것이 아닙니다. 내 삶의 일부분으로 하는 것이 아닙니다. 나의 삶과 인격 모두로 사랑하며 섬겨야 합니다. 즉 하나님을 사랑하는 것이 삶 자체가 되어야 하는 것입니다.

하나님의 말씀을 가르치라

그 다음으로는 우리의 후손들에게 하나님의 말씀을 부지런히 가르치라(7) 합니다. "집에 앉았을 때에든지 길을 갈 때에든지 누워 있을 때에든지 일어날 때에든지" 가르치라는 것은 시간과 관계없이 언제나 가르치라는 것입니다. 또한 공간에 관계없이 어디에서든지 가르치라는 것입니다. 이것이 소위 전 세계적으로 유명한 '유대인의 교육'입니다. 그들은 자자손손 계속하여 이 말씀을 실천해 왔습니다. 지금도 하고 있습니다. 성경을 가르치고, 율법을 가르치고, 하나님을 사랑하며 그분만을 섬기기를 가르칩니다.

이것은 오늘날 전 세계에서 유대인들이 두각을 나타내게 된 비결이기도 합니다. 20세기를 주도하는 최고의 지성 삼분의 이가 유대인이요, 세계 최고 부자 절반이 유대인이며, 노벨 수상자 20% 이상이 유대인이라 합니다. 우리나라도 교육열은 높지만 우리가 생각해 보아도 뭔가 좀 빗나간 듯합니다. 우리에게는 지식교육은 있으나 전인교육(또는 인성교육)이나 참다운 신앙교육은 부족합니다. 기독교학교에서조차도 시행하기 어려운 처지에 있습니다. 크리스천 가정에서도 신앙교육을 잘하지 못하고 있습니다. 자녀들에게 하나님을 섬기며 사랑하도록 그 말씀을 가슴에 심어 주어 진정한 믿음의 엘리트를 길러내야 하겠습니다.

말씀에 따라 사는 삶

또한 우리의 삶 전체가 하나님의 말씀을 교육하는 현장이 되게 하라(8~9) 하십니다. 말씀을 손목에 매라는 것은 말씀을 모든 행동의 지침으로 삼으라는 것입니다. 미간에 붙이라는 것은 말씀을 모든 사고(思考)의 판단 기준으로 삼으라는 것입니다. 문설주에 기록하라는 것은 들어가며 나가는 모든 출입과 발걸음을 말씀이 지배하게 하라는 것입니다.

모세는 다시 한 번 강조합니다. 이렇게 하는 것이 참으로 복을 누리는(24) 길이라는 것입니다. 모세는 거의 매 장마다 이 말씀을 빠트리지 않고 언급합니다. 이것은 정말 하나님을 잘 섬기라는 간곡한 호소로 들립니다. 사람은 모든 것이 넉넉하고 풍요로워지면 여호와 하나님을 잊어버릴 수 있기(11~12, 8:12~14) 때문입니다.

| 신명기 |
DEUTERONOMY

7장

가증한 것을
네 집에 들이지 말라

 너는 가증한 것을 네 집에 들이지 말라. 너도 그것과 같이 진멸 당할까 하노라. 너는 그것을 멀리하며 심히 미워하라. 그것은 진멸 당할 것임이니라.(26)

이방 족속을 내어 쫓으라

이스라엘 백성이 들어갈 가나안 땅에는 이미 다른 주민들(혹은 원주민)이 살고 있습니다. 헷, 기르가스, 아모리, 가나안, 브리스, 히위, 여부스 족속들입니다. 그들은 이스라엘 백성보다 힘이 센 민족들입니다. 그러니 자칫하면 그들에게 당하거나 그들의 영향을 받게 됩니다. 모세는 이스라엘 자손들이 곧 가나안 땅에 들어갈 텐데, 그곳에 들어가면 반드시 해야 할 일이 있다면서 가장 먼저 할 일로 그곳 족속을 진멸하라고 합니다(1). 그 다음은 그곳 족속과 혼인하지 말라는 것입니다(3). 이것은 이방인들과 형제관계나 인척관계를 맺지 말라는 것입니다. 그들과 그리고 그곳의 모든 우상과 가증한 것은 남김없이 타파하라는 것입니다(5). 너무 가혹해 보입니다. 왜 그렇게까지 엄격하게 명령하십니까?

하나님께서 택하신 민족

이스라엘은 성민(聖民)입니다. 거룩한 백성입니다. 또한 이스라엘은 선민(選民)입니다. 선택받은 백성입니다. 하나님은 이스라엘 백성을 택하여 주시고 그 백성과 언약을 맺으셔서 하나님만 섬기는 거룩한 백성이 되게 하셨습니다(6). 실상 이스라엘 민족은 여러 민족 가운데 가장 작은 민족임에도 불구하고 하나님은 그들을 선택하여 주셨습니다. 그것은 그 백성이 잘나서가 아닌 하나님의 은총 때문입니다. 또한 하나님은 그 민족을 선택하셨을 뿐 아니라 애굽의 종살이에서 건져내 주셨습니다. 그것은 여호와 하나님은 영원토록 그들의 신이 되시고, 이스라엘 백성은 여호와 하나님만을 섬기는 백성이라는 뜻입니다. 그런데 만일 가나안 땅에 들어가서 그곳의 모든 것을 그냥 둔다면 서서히 그들의 영향을 받아 그들의 관습과 문화를 따르게 되고, 필경은 그들의 신을 섬기고 그들의 우상을 섬길 것이기 때문입니다. 하나님의 백성이 유혹받을 만한 것을 사전에 차단하게 하신 것입니다.

223

신명기

하나님만 섬기라

신명기 6장은 십계명에서 하나님만을 섬기라는 제1계명에 해당하는 말씀을 중점적으로 말씀해 주었습니다. 그런데 신명기 7장은 우상을 만들거나 섬기거나 하지 말라는 제2계명에 해당하는 말씀을 중점적으로 해주고 있습니다. 그러니 모세는 이 두 계명을 중요하게 여겨서 각각 한 장씩 설교하는 것입니다. 어떻습니까? 참으로 논리적이지 않습니까? 하나님에 관계되는 계명에서 이 두 가지만 잘 지켜진다면 그 외의 모든 명령은 자연스레 잘 지켜질 것입니다. 이 두 가지 계명을 지키지 않는다면 다른 계명도 지키지 못할 뿐 아니라, 우리는 하나님께서 가장 싫어하시는 우상 숭배자가 되어 버리고 맙니다. 결국 신앙생활은 엉망이 되고, 복은 저만치 달아나 버리고 말 것입니다.

관습과 우상을 버리고

여기에서도 어김없이 모세는 이 말씀대로 행하면 복이 임할 것이니 부디 하나님을 잘 섬기라고 강조합니다(9~15). 그러면서 모세는 만일 두려워하는 마음으로 앞에 제시한 내용들을 지키지 못하여 이방인을 내어 쫓지 못하고 그들과 혼인하거나 그들의 신을 섬긴다면 그것이 이스라엘의 올무가 될 것(16)이라고 경고합니다. 그러니 두려워하지 말고 이방 족속을 반드시 내어 쫓으라 합니다. 이스라엘을 이집트에서 건져내신 하나님께서 강한 손과 편 팔로 도와줄 것이니 반드시 그렇게 하라 합니다.(19)

우리나라는 다신 민족이었는데 복음이 들어왔습니다. 그래서 잡다한 우상과 전통들 속에 우리가 있습니다. 지금 우리 그리스도인들 중에서도 예수 믿기 이전의 관습과 우상, 기독교 이전의 풍속과 미신적인 삶이 그대로 있지 않습니까? 우리 집에 그런 것들이 있지는 않습니까? 그리스도인으로서 올바르게, 그리고 하나님께서 기뻐하시는 삶이 되도록, 그래서 우리의 삶이 복이 되도록 지금 당장이라도 그런 것은 과감하게 물리칩시다.

8장

네 소유가
풍부하게 될 때에

네가 먹어서 배부르고 아름다운 집을 짓고 거주하게 되며 또 네 소와 양이 번성하며 네 은금이 증식되며 네 소유가 다 풍부하게 될 때에 네 마음이 교만하여 네 하나님 여호와를 잊어버릴까 염려하노라.(12~14a)

복 있는 삶을 사는 법

모세는 이스라엘 백성에게 개인들과 민족 공동체가 행복과 번영으로 가는 길이 무엇인지 가르쳐 줍니다. 이러한 내용은 신명기 전체에 면면히 이어져 가고 있습니다. 그래서 신명기를 일명 '축복의 책'이라 말하기도 합니다. 그중에서도 특히 28장을 축복장이라 일컫습니다만, 이 8장도 그에 못지않게 축복에 대하여 잘 말씀해 줍니다. 인간이 인간다운 삶을 누려 행복하게 되며 물질적으로도 번영을 누리며 살아가는 데에 꼭 필요한 기본에 대하여 간곡하게 알려 주고 있기 때문입니다.

225

신명기

하나님의 계명을 지키는 것

모세는 8장의 시작(1)에서 이렇게 말합니다. "당신들은 오늘 내가 당신들에게 명하는 모든 명령을 잘 지키십시오. 그러면 당신들이 살아서 번성할 것이며, 주님께서 당신들 조상에게 약속하신 땅에 들어가서 그 땅을 차지할 것입니다."(새번역) 이 말씀은 하나님께서 일러주신 계명을 제대로 지키는 삶이 행복하게 살고 번영을 누리며 살아가는 첫 번째 조건임을 말해 줍니다.

그러나 하나님께서 주시는 복은 값싼 은혜이기만 한 것은 아닙니다. 먼저 거쳐야 할 과정이 있습니다. 모세는 5절에서 그것을 말합니다. "당신들은, 사람이 자기 자녀를 훈련시키듯이, 주 당신들의 하나님도 당신들을 훈련시키신다는 것을 마음속에 새겨 두십시오."(새번역) 즉 하나님께 복을 받으려면 고난의 훈련도 받아야 한다는 것입니다. 우리의 삶을 행복하게 살아가는 것이나 경제적인 번영을 누리는 것이나 그런 자리에 이르려면 먼저 치러야 할 관문이 있습니다. 그것은 곧 고생으로 성취할 수 있는 훈련의 문입니다. 그래야만 그 가치와 소중함을 몸으로 느낄 수 있을 것이기 때문입니다.

풍요로울 때에도 하나님을 잊지 말 것

광야시대에 하나님께서 이스라엘 백성을 교육(훈련)한 목적 중 하나는 이스라엘이 가나안 땅을 차지하고 거기서 번영을 누리게 될 때, 하나님을 잊어버리지 않게 하는 것입니다(11). 사람이 살아가면서 어려울 때에도 문제입니다만, 먹어서 배부르고 소유가 풍부할 때에도 문제입니다(12~13). 그래도 어려울 때에는 하나님밖에 의지할 데가 없어서 신앙으로 살고자 합니다만, 모든 것이 넉넉할 때에는 자기가 잘해서 그런 줄 알고(17) 하나님을 떠나 곧잘 세상길로 나갑니다. 하나님은 이 점을 알고 계셨습니다. 그래서 이렇게 말씀하십니다. "네 마음이 교만하여 네 하나님 여호와를 잊어버릴까 하노라."(14a) 그런데 이 우려대로 이스라엘 민족은 가나안 땅에 들어가 모든 것이 안정되자 하나님을 전적으로 의지하지 않았습니다. 오히려 우상에게로 갔습니다. 물질세계로 빠져들어 갔습니다.

늘 영의 양식을 구할 것

오늘날 성도들도 별반 다르지 않습니다. 우리나라가 어려울 때에는 교회가 꽉꽉 찼습니다. 열심히 모였고 열심히 기도하였습니다. 그러자 하나님께서 복을 주셔서 잘살게 되었습니다. 그렇게 되니 이제는 주일이면 교회보다는 놀러 가기 바빠졌습니다. 우스개로 서울 강남 사람들은 외국 갔다 하고, 그 외 사람들은 국내 어딘가로 갔다 합니다.

이런 우리가 하나님을 떠나지 않고 오직 주님만 의지하는 방법은 없을까요? 그것은 우리가 별 문제 없이 넉넉하게 산다 할지라도, 육신의 양식뿐만 아니라 영의 양식(말씀)도 먹고자 하면 됩니다. 하나님께서 주신 만나는 육의 양식만이 아니라 영의 양식도 되는 것입니다(3). 강단에서 흘러나오는 말씀의 양식을 놓치지 마시기 바랍니다. 예배에 꼭 참석하여 말씀을 사모해야 합니다. 그리고 성경을 읽고 암송하고 묵상하여 내 영혼의 양식을 삼아야 합니다.

큰 능력과
펴신 팔로

 그들은 주의 큰 능력과 펴신 팔로 인도하여 내신 주의
백성 곧 주의 기업이로소이다 하였노라.(29)

목이 곧은 백성

사람들은 가끔 남의 도움으로 어떠한 일을 해내고선 마치 자기 힘으로 그것을 이룬 양 자만에 빠질 때가 있습니다. 이스라엘도 그러하였습니다. 이스라엘이 가나안에 들어가고자 했을 때 그곳 원주민 중에는 거인 족속도 있었습니다. 아낙 자손 같은 사람들이 그러합니다. 이들에 대해서는 이미 정탐꾼들이 돌아와 보고할 때 그들 때문에 가나안 정복에 문제가 있다고 보고했을 정도입니다. 그러나 하나님은 그들 때문에 두려워하지 말라 하십니다.(2) 여호와께서 물리쳐 주실 것이기 때문입니다.(3)

그러나 이보다 더 심각한 문제가 있습니다. 그것은 그들이 이렇게 아낙 자손을 물리치고 난 다음의 문제입니다. 하나님의 권능을 힘입어 놓고서는 마치 자기들이 해낸 것처럼 뽐내어서는(교만해서는) 안 된다는 것입니다(4~5). 자신의 공의로 모든 것을 이룬 것처럼 생각하는 사람을 가리켜 '목이 곧은 백성'이라 합니다(6). 목이 곧은 백성은 하나님의 영광을 자기의 것으로 가로챕니다.

목이 곧은 백성의 모습이 어떠한지는 지난 역사에서도 이미 보인 바가 있습니다(13). 이스라엘 백성은 늘 하나님을 거역하기만 했습니다. 원망하고 불평하였습니다. 그러더니 호렙 산(시내 산) 아래, 시내 광야에서 산에 올라간 모세를 기다리지 못하고 금송아지를 만들어 자기들을 인도한 신이라면서 우상 숭배를 하였습니다. 바로 그때 모세는 산 위에서 "우상을 만들지도 말고 섬기지도 말라"는 계명을 받는 중이었습니다. 그런데 산 아래에서는 바로 그 계명에 반하는 우상을 만들어 섬기고 있었습니다(7~12). 그들은 하나님께서 가장 싫어하시는 일을 저지른 것입니다. 이것은 하나님을 격노하게 하였습니다. 하나님은 그들을 멸절하고자 하셨습니다. 도저히 그냥 넘어가실 수 없었던 것입니다.(14)

하나님의 용서

모세는 징벌당하게 된 백성을 위하여 40주야를 금식하며 중재기도를 합니다(18, 25). 그 기도 내용의 요점은 이러합니다. 우선 애굽인이나 다른 민족이 볼 때 하나님은 자기 백성을 인도할 능력도 없으면서 자기 백성을 미워하여 광야에서 죽이려고 애굽에서 이끌어 내었다 할 텐데 그래도 괜찮으시냐는 것입니다(28). 만일 그래도 이 백성을 죽이시겠다면 차라리 자신의 이름을 하나님의 기록 책에서 삭제해 달라고 기도하였습니다(출 32:32~33). 이 모세의 기도가 하나님의 진노를 이겼(?)습니다. 마침내 하나님은 징벌을 거두시고 이스라엘을 용서하셨습니다.

그리고 나서 모세는 홧김에 우상을 섬기던 백성에게 던져 버렸던 십계명 돌 판을 다시 받고자 또 산에 올라갑니다. 그리고 다시 십계명 돌 판을 받았습니다(10장). 만일 모세의 기도가 이루어지지 않고 그 민족이 멸절되었다면 더 이상 십계명과 율법은 필요가 없었을 테지요. 그러나 백성이 살게 되었으니 계명도 또 다시 필요하게 되었습니다.

전적인 하나님의 은혜

이러한 내용으로 보아 이스라엘 백성이 가나안에 들어갈 수 있게 된 것은 이스라엘 백성의 의로움 때문이 아니라(5) 하나님의 은혜임을 알 수 있습니다. 그들의 반복되는 원망과 반역에도 불구하고 하나님은 그들을 가나안으로 인도해 들이신 것입니다. 그러니 그들이 약속의 땅에 들어갈 수 있었던 것에 대하여 내세울 만한 공로는 아무것도 없습니다. 이 모두는 전적으로 큰 능력과 펴신 팔로 인도하신 하나님의 은혜입니다.(29)

이러한 사실을 잊지 말아야 하는데, 우리도 잘 될 때에는 마치 내가 잘 나서 그런 것처럼 우쭐해 합니다. 그러나 생각해 보면 우리는 늘 부족하고, 반역하고, 불평하며 살아갑니다. 이제는 우리도 그분의 큰 능력과 펴신 팔 가운데 은혜로 매일을 살아갑시다.

새벽우물에서 퍼 올린 말씀묵상

네 행복을 위하여

> 내가 오늘 네 행복을 위하여 네게 명하는 여호와의 명
> 령과 규례를 지킬 것이 아니냐.(13)

말씀으로 우리 가운데 계신 하나님

하나님은 없어질 뻔한 십계명 돌 판을 다시 만들어 모세에게 주시면서 하나님의 궤에 넣어 두게 하셨습니다(1~5). 그리고 이 궤를 레위 지파가 담당하게 하셨습니다(8). 이렇게 하여 하나님의 계명이 사람 가운데 있게 되었습니다. 하나님은 초월신입니다. 감히 인간이 가까이 할 수 없는 절대적인 분이십니다. 그러하기에 하나님의 말씀은 누구나 쉽게 들을 수 있는 것이 아닙니다. 사람들은 이렇게 절대 타자(他者) 같으신 하나님을 형상화하려다 그만 우상을 만들곤 합니다. 그것이 9장에 나오는 시내 산 아래의 비극이었습니다.

이제 하나님은 당신의 백성 가까이에 형상으로는 아니지만 말씀으로 가

까이 계시기를 원하십니다. 그것이 언약궤입니다. 이것은 깊은 의미에서는 요한복음 1장에 나오는 말씀이 인간이 되셔서 우리 가운데 오셨다는 성육신(incarnation)의 모형이기도 합니다. 그러므로 우리는 말씀(성경, 설교)을 단순히 읽는다는 의미보다는 그 말씀을 "듣고 보고 만지는"(요일 1:1) 성육신으로 여겨야 합니다. 이것이 기독교의 독특성이요, 형상이 있어야 안심하는 다른 종교와의 차이점입니다.

행복의 비결

사람들의 깊은 내면의 관심은 행복입니다. 그것은 현대인에게만 해당되는 것은 아닙니다. 수천 년 전 이집트의 노예생활에서 벗어나 가나안 땅에 들어가려 하는 이스라엘 백성도 행복에 관심이 높았습니다. 모세는 그 행복의 비결을 복잡한 데서 찾지 않았습니다. 모세가 제시한 행복의 비결은 어쩌면 극히 간단합니다. 하나님께서 요구하시는 것, 그것을 행하면 행복해진다는 것입니다. 모세는 반문하는 형식으로 이렇게 말합니다. "이스라엘아 네 하나님 여호와께서 네게 요구하시는 것이 무엇이냐 곧 네 하나님 여호와를 경외하여 그의 모든 도를 행하고 그를 사랑하며 마음을 다하고 뜻을 다하여 네 하나님 여호와를 섬기고 내가 오늘 네 행복을 위하여 네게 명하는 여호와의 명령과 규례를 지킬 것이 아니냐."(12~13) 이것이 행복의 비결이라는 것입니다. 우리도 모두 이렇게 하여 참 행복을 누리면 좋겠습니다.

은혜 입은 자의 삶

이 행복은 다른 사람에게도 퍼져 나가야 합니다. 구체적으로 고아와 과부와 나그네들입니다. 이들도 행복하게 살도록 관심을 가져 주어야 합니다. 하나님은 이들에게 특별한 관심을 기울이십니다. 이곳뿐 아니라 성경 곳곳에 이들에 대하여 기록해 놓고 있습니다. 본문에서도 하나님은 그들

새벽우물에서 퍼 올린 말씀묵상

에게 관심을 가지도록 이렇게 명령하십니다. "고아와 과부를 위하여 정의를 행하시며 나그네를 사랑하여 그에게 떡과 옷을 주시나니 너희는 나그네를 사랑하라. 전에 너희도 애굽 땅에서 나그네 되었음이니라."(18~19)

이 말씀의 실상은 이스라엘 백성도 나그네였는데 하나님께서 사랑을 베풀어 주셨으니 똑같은 심정으로 이번에는 다른 나그네 된 사람들과 고아와 과부를 이스라엘이 돌보아 주어야 한다는 것입니다. 하나님은 이스라엘에게 "네 눈으로 본 이같이 크고 두려운 일을 너를 위하여 행하셨느니라."(21) 할 만큼 큰 은혜를 베푸셨습니다. 은혜를 입은 자는 은혜를 갚을 줄 알아야 합니다. 그 은혜를 갚을 수 있는 방법은 우리도 도움이 필요한 사람(이웃)들을 구체적으로 돕는 것입니다. 배려하고 따뜻하게 베푸는 것입니다. 친절하게 대하는 것입니다. 이 땅에 오신 예수님의 관심은 무엇이었습니까? 예수님은 이 땅에 오셔서 병들고 가난하고 눌린 자들을 돌보아 주셨습니다. 우리 또한 그늘진 인생을 살아가는 이들에게 소망을 주어 그들도 우리와 함께 행복한 인생을 살게 해야 하겠습니다.

복과 저주

> 내가 오늘 복과 저주를 너희 앞에 두나니 너희가 만일
> 내가 오늘 너희에게 명하는 너희의 하나님 여호와의 명
> 령을 들으면 복이 될 것이요.(26~27)

내용 구성

11장은 크게 네 부분으로 되어 있습니다. 1~7절은 백성이 출애굽 과정에서 경험한 하나님의 놀라운 능력과 하나님께 불순종하였을 때 받은 징벌에 대하여 회고하는 내용입니다. 8~12절은 하나님께서 약속하신 가나안 땅은 노예생활을 하던 이집트보다 훨씬 복된 땅이라는 것을 강조합니다. 13~25절은 그러니 그 가나안 땅에 들어가서 하나님의 규례와 법도를 잘 지켜서 자자손손 그곳에서 복을 누리도록 하라는 것입니다. 그리고 26~32절까지는 이스라엘 앞에 놓여 있는 복과 저주 중에 어느 편을 선택할 것인지 결단하라는 내용입니다.

믿음의 혜안으로 판단

이 중에서 앞의 세 가지는 늘 반복되는 말씀이므로 특히 네 번째 내용으로 은혜를 나누며 이 시대에 우리의 삶 속에서 적용해 보고자 합니다. 우리네 인생길은 선택과 결단의 연속입니다. 사소한 일부터 인생을 좌우할 만한 큰일까지 매 순간 선택을 해야 합니다. 이러한 선택을 할 때 육신의 평안과 성공이라는 눈에 보이는 것에만 중점을 둘 것이 아니라, 보이지 않는 영적인 측면도 놓쳐서는 안 됩니다. 우리 그리스도인은 이러한 믿음의 혜안(慧眼)을 가지고 진정 어느 쪽이 복인지를 잘 판단하여 선택해야 합니다.

복과 저주의 갈림길

수많은 선택이 있겠으나 본문에서 말씀하시는 대로 보자면 선택은 크게 둘로 나눌 수 있는데, 그것은 곧 복과 저주입니다. 이 둘은 극명하게 대조되는 길입니다. 이 길은 갈림길이기 때문에 처음에는 비슷한 것 같으나 어느 쪽을 선택하느냐에 따라 그 끝은 엄청난 차이를 가져옵니다. 우리는 이 길을 매일 만날 수도 있습니다. 아니면 중요한 시점에서 만날 수도 있습니다. 옛적에 아브라함의 조카 롯도 선택을 요구받은 적이 있었습니다. 그는 눈에 좋아 보이는 쪽을 선택하였습니다만 성경은 그 선택이 실패였다고 증언합니다.

예수님도 우리에게 선택을 요청하신 적이 있습니다. 예수님은 우리 앞에 두 가지 문이 있다 하시면서 하나는 넓은 문이고 하나는 좁은 문이라 하셨습니다(마 7:13~14). 넓은 문은 말 그대로 넓기 때문에 들어가기 쉽고, 그래서 대부분의 사람들이 그리로 들어간다는 것입니다. 그러나 좁은 문은 아무래도 좁으니까 들어가기 힘들고 따라서 들어가려는 사람이 적다는 것입니다. 예수님은 넓은 문은 멸망으로 인도하는 문이라 하시고, 좁은 문이 구원의 문이요 생명의 문이라 하셨습니다. 그러니 좁은 문으로 들어가라 하셨습니다. 오늘 우리는 주님께서 말씀하신 좁은 문과 넓은 문 앞에 서 있습니다. 우리도 두 문 중에 하나를 선택해야 합니다. 당신은 어느 쪽을 선택하시겠습니까?

복을 선택하는 방법

이 선택의 문제를 본문에서는 축복을 선포하는 그리심 산과 저주를 선포하는 에발 산으로 말씀합니다. 우리는 어느 산으로 올라야 할까요? 이해하기 쉽게 접근해 봅시다. 이것은 주일에 교회로 갈까, 다른 곳으로 갈까를 선택하라는 것과 마찬가지입니다. 또한 지금 내가 있는 곳이 복을 선포하는 복된 자리인가, 잘못된 저주의 자리인가를 살펴보라는 것입니다. 히브리 시인은 노래합니다. "복 있는 사람은 악인들의 꾀를 따르지 아니하며 죄인들의 길에 서지 아니하며 오만한 자들의 자리에 앉지 아니하고."(시 1:1)

바른 선택을 하는 것이 결코 그렇게 까다로운 것만은 아닙니다. 결국 말씀에 대한 순종 여부에 달려 있습니다. 본문에서는 이 점을 분명히 해둡니다. "명령을 들으면 복이 될 것이요(27), 여호와의 명령을 듣지 아니하면 저주를 받으리라."(28) 아무쪼록 우리 모두 늘 복을 선택할 수 있기를 바랍니다. 그리심 산에 올라가 있기를 바랍니다.

| 신명기 |
DEUTERONOMY
12장

그 계실 곳으로
찾아 나아가

 너희의 하나님 여호와께서 자기의 이름을 두시려고 너
희 모든 지파 중에서 택하신 곳인 그 계실 곳으로 찾아
나아가서 … 즐거워할지니라.(5,7)

이교의 모든 것 타파

이스라엘 백성이 가나안 땅에 들어가면 해야 할 일이 두 가지 있습니다. 하나는 가나안 원주민들이 섬기던 이교의 모든 제물과 제단과 신전과 우상을 타파하는 것입니다. 2절부터 4절까지에서 이 문제에 대하여 강력하게 말씀합니다. 이교도들이 섬기는 신들의 제단은 어느 곳에 있든지 반드시 훼파해야 합니다. 또한 신상 모양으로 세워 놓은 주상이나 아세라 상도 모두 없어야 합니다. 주상은 큰 돌로 세운 것이라 깨뜨리라고 하였고, 아세라 상은 가나안의 여신상으로 나무로 만든 것이라 불사르라고 하였습니다. 조각한 신상들은 찍어버리라 하였습니다. 이렇게 흔적조차 없게 하여 이방 신상이 눈에 보이지 아니하여야 우상 숭배 유혹이 일어나지 않

기 때문입니다. 또 한 가지 이유가 있습니다. 그것은 아직 유일신 사상이 확고하지 아니한 이스라엘이 문화가 앞서 있는 이방 민족의 종교가 우월해 보여 그들을 따르다가 다신론을 받아들이게 될 것을 우려하였기 때문입니다.

예배처소 마련

그 다음에는 하나님을 섬길 예배처소를 마련하는 것입니다. 그곳은 하나님께서 이스라엘 백성과 함께 계실 곳으로 특별히 선택한 장소입니다. 그곳을 중앙 성소라 합니다. 이 성소는 광야 시절에는 성막이었습니다. 그때와 마찬가지로 가나안 땅에도 하나님의 성소를 두어야 합니다. 아직 건물로 지은 성전은 아니지만 하나님께서 거하시는 성소를 마련하고 그 성소에서 하나님을 섬기도록 한 것입니다.

예배에 대한 모세의 당부

모세는 이렇게 당부하였습니다. "당신들은, 주 당신들의 하나님이 자기의 이름을 두려고 거처로 삼으신, 당신들 모든 지파 가운데서 택하신 그곳으로 찾아가서 예배를 드려야 합니다. 당신들은, 번제물과 화목제물과 십일조와 높이 들어 바치는 곡식제물과 서원제물과 자원제물과 소나 양의 처음 난 것을, 그 곳으로 가져다가 바쳐야 합니다. 당신들은 주 당신들의 하나님이 계시는 그 앞에서 먹도록 하십시오. 그리고 주 당신들의 하나님이 당신들이 수고한 일에 복을 주신 것을 생각하면서, 가족과 함께 즐거워하십시오."(5~7절, 새번역)

우리는 이 말씀에서 세 가지를 발견할 수 있습니다. 하나는 정해진 장소로 찾아가라는 것입니다. 하나님은 어디에나 계십니다. 야곱이 홀로 황량한 벌판에서 돌베개를 베고 잠을 자다가 하나님을 만난 것처럼, 우리도 경우에 따라서는 있는 곳에서 예배해야 할 때도 있을 것입니다. 그러나 제대로 하나님을 섬기고자 한다면 교회로 찾아가 예배해야 합니다. 그 이유는 좀 불편하더라도 정해진 한 곳에 모여 함께 예배함으로 그것을 통하여 하나님과 그리고 백성이 함께 연합하게 하기 위한 것입니다. 이것이 진정한 공동체이기 때문입니다.

그 다음에는 제물(예물)을 바치라는 것입니다. 우리에게 가장 도전적으로 심각하게 시험하는 것은 바로 이 말씀입니다. 대부분 이 시험에서 합격(통과)하지 못하고 넘어집니다. 다른 것에는 너그러워 보이나 이것에는 금방 예민해집니다. 그러나 하나님은 아들을 인류구원의 제단에 바쳤고, 우리는 그 주님의 제단에 나의 모든 것을 바쳐야 합니다. 다시 말하면 나를 주님의 것으로 바치는 것입니다. 물질은 단지 그 표시일 뿐입니다.

마지막으로는 온 가족과 함께 참석하여 예배를 즐기라는 것입니다. 온 가족이라는 말에 공감이 갑니다. 주일에 온 가족이 손잡고 교회로 향하는 모습은 보기만 해도 아름답습니다. 또한 즐기라 하였습니다. 당시 우상 숭배자들은 그 숭배 대상을 두려워하여 제사하였습니다. 그러나 우리는 베풀어 주신 은혜를 감사하며 기뻐서 예배합니다. 우리가 참다운 예배를 드린다면 그 예배를 통하여 우리의 슬픔과 근심은 기쁨으로 바뀔 것입니다.

| 신명기 |
DEUTERONOMY
13장

그 선지자의 말을 청종하지 말라

너희 중에 선지자나 꿈 꾸는 자가 일어나서 이적과 기사를 네게 보이고 … 너희가 알지 못하던 다른 신들을 우리가 따라 섬기자고 말할지라도 너는 그 선지자나 꿈 꾸는 자의 말을 청종하지 말라.(1~3)

거짓 가르침의 경계

믿음이 좋다는 사람일수록, 그리고 성령의 은사를 많이 받았다는 사람일수록 자칫하면 신비주의로 흐르기 쉽습니다. 말하자면 신앙이 돈독할수록 받기 쉬운 유혹은 이적과 기사, 신비와 현몽 등이라는 점입니다. 바로 이러한 인간의 약점을 이용하여 가나안의 종교 선지자들이 비범한 능력과 초자연적인 것으로 하나님의 백성을 미혹할 것입니다.

본문에서는 이러한 것을 경계하고 있습니다(1~4). 모세는 이스라엘 백성이 가나안 땅에 들어가서 이교도의 잘못된 선지자들의 가르침에 넘어가 하나님을 배반할 것을 염려하며 그러한 꼬임에 넘어가지 말라고 당부합니다. 모세는 그러한 사람을 따르지 말아야 할 뿐 아니라 더 나아가 그러한

새벽우물에서 퍼 올린 말씀묵상

사람들은 죽이라고 명령합니다(5). 심지어는 하나님을 반역하는 성읍이 있다면 그 성읍 전체를 진멸하라고까지 엄히 명하고 있습니다.(12~16)

이것은 백성 전체의 신앙의 순결을 지키기 위해서 매우 단호한 조치를 내린 것입니다. 하나님의 진리에 역행하고 반하는 사람은 '따르지도 말고 듣지도 말고 긍휼히 여기지도 말고 애석히 여기지도 말고 덮어 숨기지도 말고 죽이라'(8~9)는 것입니다. 거짓 가르침을 주는 사람에 대한 심판결과는 곧 죽음(사형)입니다. 얼마나 엄격하고 무섭고 두려운 일인지 모릅니다. 여기에 해당하는 사람은 모두 세 부류의 사람입니다. 가장 먼저는 거짓 선지자나 꿈 꾸는 자입니다(1). 그 다음에는 가장 사랑하고 가장 가깝게 지내는 사이라 할지라도 우상 숭배를 하도록 이끄는 가족이나 친족이나 친구들입니다(6). 그리고 성읍 주민들을 유혹하여 다른 신과 우상을 숭배하도록 부추기는 주민(불량배)들입니다.(13)

신앙의 순수성 유지의 중요성

이렇게 엄격하게 해서라도 신앙의 순수성을 지키고 하나님을 떠나지 않도록 엄히 명합니다. 그만큼 여호와 신앙을 준수하는 것은 목숨과 바꿀 만큼 중요하고 또 중요하다는 것을 가르쳐 줍니다. 이런 점은 지나치게 편협해 보이고 타협이 없는 것으로 보입니다. 그러나 이것을 용인하면 여호와 신앙은 무너져 버리고 맙니다. 이 점은 처음 교회(초대 교회)에서도 마찬가지로 이단 종파와 적그리스도, 거짓 선지자를 경계하였습니다. 사도 바울은 그의 서신 여러 곳에서 적그리스도를 유의하라고 경계하였습니다. 교회를 무너뜨리고자 하는 것은 외부에서는 세상 권세이었지만, 내부에서는 그리스도의 가르침과는 다른 잘못된 가르침이었습니다. 따라서 당시의 교회 지도자들은 진리로 교회를 지키는 것을 생명같이 여겼던 것입니다.

거짓에 단호하기 위해 할 일

오늘날에도 사이비 이단 종파, 신흥종교, 적그리스도, 거짓 종파들이 성도들을 꾀고 있습니다. 어떻게 하면 좋을까요? 본문 말씀에서 그 실마리를 찾아봅니다. 가장 먼저 할 일은 잘못된 가르침이나 유혹에 넘어가지 않도록 하는 것입니다. 참으로 어려울 수도 있습니다. 그만큼 그럴듯해 보이고 달콤해 보이기 때문입니다. 따라서 평소에 늘 건전한 신앙생활과 가르침으로 분별력을 길러 놓아야 할 것입니다. 그 다음에는 본문 말씀처럼 잘못된 데로 이끄는 거짓 선지자 부류의 사람을 제거(?)하는 것입니다. 우리가 할 수 있는 것은 그들을 가까이 하지 않는 것입니다. "그런 사람들과는 상종(相從)하지 않는 게 상책"이라는 옛말처럼 그들을 가까이하지 않는 것입니다. 그런 사람과 친분을 두지 않는 것입니다. 신앙은 이렇게 해서라도 지켜야 합니다. 우리의 영혼을 좀 먹는 거짓을 단호하게 물리쳐 신앙을 지켜 나갑시다.

| 신명기 |
DEUTERONOMY

14장

십일조를
드릴 것이며

 너는 마땅히 매 년 토지 소산의 십일조를 드릴 것이며
(22)

성민이 따라야 할 것

14장은 크게 두 부분으로 되어 있습니다. 전반부(1~21)는 정하고 부정한 음식을 구분해 놓은 내용으로서 이미 레위기 11장에 자세히 언급된 내용과 일치합니다. 이것을 여기에서 다시 한 번 반복하여 강조합니다. 여기에서는 짤막하게 한 구절로만 이방 방식의 장례를 금하고 있습니다(1). 이방 민족은 상을 당하면 자기 몸에 해를 입히고 미간의 털을 깎는 관습이 있었습니다. 이런 것은 이방 종교와도 관련이 있었기 때문에 특별하게 선택된(選民) 하나님의 거룩한 백성(聖民)은 이러한 것을 따르지 말아야 했던 것입니다.(2)

십일조

14장의 후반부(22~29)는 십일조에 대한 내용입니다. 십일조는 소득의 십분의 일을 하나님께 바치는 것을 말합니다(22). 본문에서는 몇 가지 십일조에 관한 내용을 가르칩니다. 첫째, "여호와께서 자기의 이름을 두시려고 택하신 곳"(성소, 교회)에서 바치라는 것입니다. 아무 데나 자기 편리한 대로 바쳐서는 안 된다는 것입니다. 그곳이 너무 멀어 땅의 소산을 가져가기 힘들면 돈으로 바꾸어서라도 정해진 곳에 가서 바치라는 것입니다(25). 둘째, 십일조 예물을 함께 먹으며 "하나님 여호와 경외하기를 항상 배우라."는 것입니다(23). 예배가 바치는 것과 아울러 공동 식탁을 가지므로 축제가 되고 그것이 하나님의 백성으로서 함께 신앙생활을 하는 교육이 된다는 것입니다. 즉 십일조를 통하여 모든 것은 하나님의 것이요, 하나님의 은혜로 먹고 살고 있음을 깨닫게 되어 하나님과 우리의 관계가 바르게 형성된다는 것입니다. 셋째, 십일조는 객과 고아와 과부에게 구제가 되어 사회적인 궁핍을 막을 수 있다는 것이며, 이것이 전체적으로 복이 된다는 것입니다.(29)

십일조를 기뻐하신 하나님

아브라함은 아직 율법으로 십일조를 가르치기도 전에 십일조를 바쳤습니다(창 14:20). 이스라엘 백성은 이처럼 고대로부터 농산물은 물론 가축과 심지어는 전쟁에서 승리하여 얻은 전리품까지도 십분의 일을 하나님께 바쳤습니다. 야곱은 자신의 앞날을 인도해 주실 하나님의 언약을 믿고 십일조를 드리기로 작정하기도 했습니다(창 28:22). 이것은 자신의 모든 소유가 하나님의 복과 은혜임을 깨닫고 감사하는 행동입니다. 하나님은 이를 기뻐하셨으며, 율법에서는 이미 실천해 오던 일을 의무 조항으로 제정해 놓은 것입니다. 율법에서는 이를 중요하게 여겨 여러 차례 언급합니다. 그래서 레위기에서도(레 27:30~33), 민수기에서도(민 18:21~32) 가르치는데,

지금 이 본문에서도 또 다시 나옵니다.

십일조에 대한 하나님의 약속

예언자 말라기는 십일조를 드리지 않는 것은 하나님의 것을 도적질하는 것이며, 십일조를 드리는 것은 복의 조건이라면서 이렇게 말씀합니다. "만군의 여호와가 이르노라. 너희의 온전한 십일조를 창고에 들여 나의 집에 양식이 있게 하고 그것으로 나를 시험하여 내가 하늘 문을 열고 너희에게 복을 쌓을 곳이 없도록 붓지 아니하나 보라."(말 3:10)

예수님도 십일조 생활을 폐지하지 않으셨습니다. 십일조는 물론이요, 그 외의 율법도 준수하되 그 법정신을 더 중요하게 여기도록 가르치셨습니다. "화 있을진저 외식하는 서기관들과 바리새인들이여 너희가 박하와 회향과 근채의 십일조는 드리되 율법의 더 중한 바 정의와 긍휼과 믿음은 버렸도다. 그러나 이것도 행하고 저것도 버리지 말아야 할지니라."(마 23:23) 십일조뿐 아니라 사랑의 삶도 실천하라는 당부의 말씀입니다.

하나님은 십일조에 대하여 약속하셨습니다. "그리하면 네 하나님 여호와께서 네 손으로 하는 범사에 네게 복을 주시리라."(29) 우리 모두 부지런히 손을 움직여 소득을 얻고, 또한 십일조를 바쳐 계속하여 풍성한 복을 누립시다.

| 신명기 |
DEUTERONOMY
15장

네 손을 펼지니라

 땅에는 언제든지 가난한 자가 그치지 아니하겠으므로 내가 네게 명령하여 이르노니 너는 반드시 네 땅 안에 네 형제 중 곤란한 자와 궁핍한 자에게 네 손을 펼지니라.(11)

구제를 중시하신 하나님

면제년(免除年)은 출애굽기(출 23:1~11)나 레위기(레 25:1~7)에 따르면 안식년과 같은 것입니다. 이 면제년에는 두 가지를 해야 합니다. 하나는 빚에 대한 면제(1~11)이고, 또 하나는 종에 대한 면제(12~18)입니다. 이것은 면제년을 통하여 채무자나 종에게 자비와 구제를 베풀라는 것입니다. 우리가 이미 살펴본 바대로 14장에서 하나님은 바쳐진 십일조를 통해서라도 구제하는 데 사용하라 하셨습니다(14:28~29). 그만큼 하나님은 구제를 중요하게 여기신 것입니다. 하나님의 자비와 긍휼을 '헤세드'라 하는데, 이것은 예배(제사)와 같은 종교행위에 버금갈 만큼 거룩한(경건한) 삶에 있어 커다란 위치를 차지하는 덕목 중 하나입니다.

새벽우물에서 퍼 올린 말씀묵상

채무를 면제해 주라

헤세드의 실천을 위하여 7년마다 오는 안식년을 면제년으로 규정하여 이웃에게 꾸어준 돈을 면제해 주게 하였습니다(1~2). 이 해에는 이웃의 채무를 면제해 주어 돈을 꾸어 준 사람은 그 권한을 포기하라는 것입니다. 그 이유는 두 가지입니다. 하나는 그렇게 하면 가난한 사람이 없어지게 되리라는 것입니다(4~5). 또 하나는 이스라엘이 하나님께로부터 복을 받아 여러 나라에 꾸어 줄지라도 꾸지 않는 나라가 될 것이라는 약속입니다. 그러니 결국 이렇게 하는 것이 나라가 복을 받아 부강한 나라가 된다는 것입니다.(6)

그런데 문제는 면제년이 가까이 다가오면 사람들은 꾸어 주지 않으려 할 것이라는 점입니다. 그 무렵에 꾸어 주면 불과 1년 안팎이 지난 후 면제년이 되어 그 돈을 되받지 못하기 때문입니다. 그래서 차라리 꾸어 주지 않는 것이 낫겠다는 생각을 할 것이고, 꾸어 줘도 면제년이 지나서 꾸어 주려 할 것입니다. 이러한 계산적인 행위로 구제하지 않는 사람은 하나님의 복을 기대하지 말라 하십니다. 그 내용을 성경은 이렇게 말씀합니다. "가난한 형제에게 네 마음을 완악하게 하지 말며 네 손을 움켜쥐지 말고 반드시 네 손을 그에게 펴서 그에게 필요한 대로 쓸 것을 넉넉히 꾸어 주라. 삼가 너는 마음에 악한 생각을 품지 말라. 곧 이르기를 일곱째 해 면제년이 가까이 왔다 하고 네 궁핍한 형제를 악한 눈으로 바라보며 아무것도 주지 아니하면 그가 너를 여호와께 호소하리니 그것이 네게 죄가 되리라."(7b~9)

종에게 자유를 주라

또한 이 면제년에는 종살이 하는 사람들에게 자유를 주어야 합니다(12). 그리고 그 종들을 놓아 줄 때에는 빈손으로 보내지 말고 소득 중에서 얼마를 후하게 주어서 보내라는 것입니다(13~14). 만일 그 종이 주인의 집에 그냥 머물러 있기를 원하면 그는 그의 남은 생애를 그 주인집에서 종으로 살게 해도 좋다 하였습니다(16~17). 그것은 그만큼 주인 마음대로 하지 말고 종의 인격을 중요하게 여기라는 것입니다. 이렇게 나보다 어려운 처지에 있는 사람들에게 자비를 베푸는 사회야말로 복을 받는 사회입니다.(18)

적극적으로 구제하라

하나님께서는 이처럼 이웃에게 자비와 구제를 베풀기를 원하십니다. 그러면 하나님께서 갚아 주신다는 것입니다(10). 이 구제는 찾아가서라도 도우라는 적극적인 의미의 구제입니다. 이렇게까지 해야 하는 까닭은 이 땅에는 언제든지 가난한 사람들이 그치지 아니할 것이기(11) 때문이라는 것입니다. 예수님도 한 여자가 자신에게 옥합을 깨뜨려 부은 것으로 사람들이 시비를 할 때 이 말씀을 인용하여 "가난한 자들은 항상 너희와 함께 있으니 아무 때라도 원하는 대로 도울 수 있거니와"(막 14:7)라고 하셨습니다. 또 만일 어떤 사람이 잔치를 베풀게 되면 갚을 길이 없는 사람들을 초청하라(눅 14:12~14) 하셨습니다. 여기에서 우리가 알 수 있는 것은 우리 사회에 어려운 처지에 있는 사람이 있다면 그것은 결국 이미 하나님의 은총으로 잘 살고 있는 사람들의 몫이라는 점입니다.

16장

즐거워할지니라

절기를 지킬 때에는 너와 네 자녀와 노비와 네 성중에 거주하는 레위인과 객과 고아와 과부가 함께 즐거워하되(14)

이스라엘 삼대 절기

수차례 반복하여 언급한 이스라엘 삼대 절기(출 23:14~17, 34:18~24, 레 23장)가 여기에 다시 한 번 언급됩니다. 그것은 유월절(무교절)과 칠칠절(맥추절, 오순절)과 초막절(장막절, 수장절, 추수절)입니다. 유월절(1~8)은 이스라엘 백성에게 가장 중요한 절기입니다. 이들은 애굽에서 마지막 재앙이 있던 날 밤, 하나님의 재앙이 이스라엘 백성에게는 넘어갔다(유월, 逾越)는 사실 때문에 그들이 애굽의 속박에서 해방될 수 있었다는 것을 기념합니다(출 12:21~27). 그때에 그들은 누룩이 들지 않은 떡을 먹음으로 출애굽의 고난을 상징하여 본문에서는 그 떡을 '고난의 떡'(3)이라 하였습니다. 이 기념과 기억이 계속되는 한 이스라엘은 하나님의 구원을 잊지 않을 것입니다. 칠칠절(9~12)은 처음 익은 열매를 하나님께 드리는 절기입니다. 이 절기는 곡식에 낫을 대는 첫날부터 일곱 주를 지나(9) 지키기 때문에 후대에는 50일째 날이라 하여 오순절이라고도 합니다. 이 날 또한 이스라엘 온 백성은 누구나 자원하는 예물을 드리며 즐거워하며 기념해야 합니다. 초막절(13~15)은 광야생활에서 막(천막)을 치고 살던 때를 기억하며, 아울러 농사를 지은 다음 추수한 소출을 거두어 초막에 들여 놓을 수 있게 된 것을 감사하며 이 절기를 지킵니다.(13)

축제의 목적

이들 축제는 농경생활과도 관련이 있지만 실제로는 신앙적인 목적이 더 크다 하겠습니다. 유월절과 초막절은 둘 다 출애굽 사건에 그 연유를 둡니다. 유월절은 이스라엘 민족이 애굽에서 해방(구원)된 것을 기념하며, 초막절은 그들이 광야생활에서 천막생활을 하였던 것을 기념하는 축제입니다. 맥추절은 굶주리던 시절을 연상하며 첫 곡식을 주신 하나님께 감사하는 절기입니다. 이러한 축제는 기념과 감사를 그 목적으로 하고 있습니다만, 실제로는 이러한 축제일을 통하여 이스라엘 백성이 하나님의 은혜로 살고 있음을 잊지 않고, 신앙으로 하나가 되고, 민족적으로 화합하는 데 큰 의의가 있습니다.

그 예로 이러한 절기 축제들은 모두 "여호와께서 자기 이름을 두시려고 택하신 곳에서"(2, 11, 15) 시행되었다는 점에서 신앙적인 목적과 민족적인 목적임을 알 수 있습니다. 택하신 곳은 중앙 성소, 즉 예루살렘을 말합니다. 이스라엘의 모든 남성은 이 축제에 참석할 의무가 있을 뿐만 아니라 여러 곳에 흩어져 이 축제를 보내면 안 됩니다. 반드시 한 곳으로만 모여야 했습니다. 이렇게 모임으로 그들은 자기 민족만의 특수한 단합과 동질성을 만들어 간 것입니다. 아울러 자기 민족만의 야훼 신앙을 새롭게 확신하며, 그들의 신앙생활을 더욱 활기차게 만들어 주었던 것입니다.

새벽우물에서 퍼 올린 말씀묵상

오늘날 절기의 목적

오늘날 기독교도 마찬가지입니다. 우리 주님이 탄생하신 성탄절을 비롯하여 교회력으로 이어가는 절기를 통하여 우리는 예수님의 생애와 교훈과 행적, 속죄, 부활, 승천 등에 관한 신앙을 이어갑니다. 이것은 마치 유대인들이 해마다 세 번씩 예루살렘을 순례할 의무가 있듯이 기독교인들도 해마다 다가오는 성탄절, 부활절, 성령강림절을 몸으로 체득하고, 그러한 때에 성령을 받도록 권합니다. 이 모두는 하나님께 더 가까이 가는 길이 되며, 우리의 믿음을 더욱 크게 성장시켜 줍니다. 이러한 절기 목적을 잘 이루도록 하나님은 다음 사항을 강조하셨습니다. 그 하나는 하나님께서 복을 주신 대로 힘대로 드리면서 지키라는 것이요(17), 또 하나는 다른 이들과 함께 즐거워하라는 것입니다(15). 역시 절기를 잘 지키는 방법은 감사와 기쁨으로 예물을 드리면서 이웃과 더불어 지키는 것입니다.

왕을 세우겠거든

 우리 위에 왕을 세워야겠다는 생각이 나거든 반드시 네 하나님 여호와께서 택하신 자를 네 위에 왕으로 세울 것이며(14~15)

내용 구성

17장에서는 네 가지에 대하여 말씀합니다. 한 절밖에 안 되지만 흠 없는 제물에 대하여(1), 우상 숭배 근절에 대하여(2~7), 재판에 대하여(8~13), 왕정에 대하여(14~20) 기록합니다. 이 중에서 첫 번째 계율은 하나님께는 가장 좋은 것으로 드려야 한다는 것입니다. 이 규례는 레위기 22장 20~25절에서 이미 언급하였으며, 후대에 말라기 예언자도 이 점을 강조하였습니다(말 1:6~8). 우상 숭배 근절에 대해서는 신명기에서도 매우 강한 어조로 그 내용을 말씀한 바 있습니다(신 12장). 특히 여기에서 일월성신(日月星辰)은 일반적으로 거의 모든 이방 민족들이 섬기는 우상 숭배의 대상으로서 해와 달과 별은 하나님이 창조하신 피조물이지 경배의 대상이 아니므로 그런 것에 절하는 종교행위를 근절하라고 말씀합니다(3~5). 재판은 역시 공정해야만 억울하게 피해를 보는 사람이 생기지 않습니다(11). 그리고 그 판정에 사람들은 순복해야 합니다.(12)

왕의 자격요건

우리는 여기에서 네 번째 부분인 왕이라는 최고 지도자에 대하여 눈여겨보도록 합시다. 조그마한 단체에서부터 한 나라에 이르기까지 그 모든 것에는 이끌어 갈 지도자가 필요합니다. 지도자가 되고자 하는 사람은 많으나 모두 지도자가 될 수는 없습니다. 또한 지도자가 되었다 하여 모두 그 직무를 잘 수행할 수 있는 것도 아닙니다. 훌륭한 지도자도 많으나 실패한 지도자도 얼마든지 많습니다. 그렇다면 어떠한 사람이 지도자가 되어야 할까요? 하나님은 이스라엘 백성이 가나안 땅에 들어가 정주하여 살다가 안정되면 왕을 두고자 할 것을(14) 알고 계셨습니다. 그래서 그때 과연 어떠한 사람을 왕으로 세워야 할지에 대하여 가르쳐 주셨습니다. 왕은 반드시 여호와께서 택하신 사람이어야 하고, 같은 동족 중에서 세워야 한다는 것입니다.(15)

왕으로서 지켜야 할 것들

그러면 왕은 어떠하여야 하며 무엇에 유의하여야 합니까? 첫째로 왕은 병마(兵馬)를 많이 두지 말아야 합니다(16). 왕은 군사력을 확보하여 국방을 튼튼히 하고, 할 수만 있다면 국토를 확장해 나가야 합니다. 그런데 하나님은 그것을 제한하십니다. 병마는 군사력을 의미합니다. 군사력은 모든 국가가 필요로 하는 것입니다. 그러나 하나님은 국방을 군사력에 두기보다는 하나님께 두라고 말씀하시는 것입니다. 다윗은 골리앗과 싸울 때 여호와의 구원하심이 칼과 창에 있지 아니하고 전쟁은 여호와께 속한 것(삼상 17:47)이라 하였습니다.

그 다음에는 아내를 많이 두지 않아야 합니다(17). 당시로서는 아내를 많이 둔 왕일수록 더 부유하고 권세가 있어 보이기도 하였습니다. 그러나 그것은 에너지의 낭비이며 생각을 분산시키고 아내의 미혹을 받아 국정에 몰두하기 어렵게 합니다(17a). 솔로몬도 많은 여인을 아내로 맞아들였으나 그 끝은 별로 좋지 않았습니다. 심지어는 그 아내들이 들여온 이방 신까지도 나라에 퍼지게 되어 신앙적으로도 일치할 수 없게 되었습니다.

셋째로는 자기를 위하여 은금을 많이 쌓지 말아야 합니다(17b). 지도자들 가운데는 지나치게 돈에 욕심을 부려 그것이 족쇄가 되어 제대로 지도력을 발휘하지도 못하는 사람도 있습니다. 지위에 있을 때 부를 축적하는 바람에 그 자리를 물러난 후에 큰 곤욕을 치르기도 합니다. 돈에서 깨끗한 사람이 욕심 없이 나라만 사랑할 수 있습니다. 지도자의 위치가 돈 버는 자리이어서는 안 됩니다.

마지막으로 왕(지도자)은 늘 하나님의 말씀을 곁에 두고 그 말씀대로 행해야 합니다. 다윗도 솔로몬에게 이와 똑같은 유언을 한 바 있습니다(왕상 2:3). 어떠한 이념으로 통치하느냐가 중요하기 때문입니다. 잘못된 이념과 주의는 나라를 망치지만, 바른 신앙과 하나님의 말씀에 따른 통치는 나라를 바르게 하고 부강하게 합니다.

| 신명기 |
DEUTERONOMY

18장

내 말을
그 입에 두리니

 내가 그들의 형제 중에서 너와 같은 선지자 하나를 그들을 위하여 일으키고 내 말을 그 입에 두리니 내가 그에게 명령하는 것을 그가 무리에게 다 말하리라.(18)

내용 개관

17장에서는 이 세상에서 지도력을 발휘해야 하는 재판관과 왕을 세우는 것에 대하여 말씀하였다면, 18장에서는 종교 지도자인 제사장과 선지자를 세우는 것에 대하여 말씀합니다. 이들 모두는 물론 하나님께서 세우시지만 그중에서 왕과 제사장과 선지자는 공통점이 있습니다. 이들 모두 이스라엘의 전통에 따라 기름 부음을 받아 세움을 받았다는 것입니다.

여기에서 나온 기름 부음을 받는다는 의미를 지닌 말이 바로 메시아 (Messiah)입니다. 메시아는 헬라어로 '그리스도'입니다. 이러한 뜻에서 그리스도는 세 가지 직능 곧 왕, 제사장, 선지자(예언자)의 직능을 함께 지니고 계십니다.

성직을 담당하는 레위인

이 장에서는 먼저 레위 지파의 사람과 제사장에 관하여 말씀합니다. 레위인은 제사장의 지파입니다. 그렇다고 레위인이 모두 제사장이 되는 것은 아닙니다. 단지 몇 사람만 제사장이 될 뿐입니다. 그러나 레위 지파가 아닌 사람이 제사장이 될 수는 없습니다. 반드시 레위 사람 중에서만 제사장을 세웁니다. 모든 레위인이 제사장은 아니지만 그들은 제사와 관련 있는 모든 일, 성소와 관련 있는 모든 일 중에 무엇인가에 종사해야 합니다. 때로는 율법을 가르치는 일을 하기도 합니다. 그만큼 하나님과 관련 있고 이스라엘의 종교와 관련 있는 성직 부분은 이들의 담당입니다. 그래서 이스라엘이 가나안 땅을 분배 받을 때 레위인들은 땅을 조금도 받지 않았습니다. 그 대신 이들은 제사 제물 가운데서 한 몫을 받도록 하였습니다(1~4). 오늘날에도 성직을 담당하는 목회자들은 세상의 직을 가지고 있지 않습니다. 따라서 교회는 그들에게 양식이 끊어지지 않도록 공급해 주어야 할 것입니다.

미신 타파

그 다음에는 예언자에 관한 내용으로 넘어가기 전에 미신 타파에 대하여 언급하셨습니다. 자칫하면 미신 행위를 하는 점쟁이나 무당이나 박수 등을 점술과 복술과 길흉을 이야기한다고 하여 예언자로 혼동할 수 있기 때문입니다. 하나님은 이런 것을 우려하여 이들을 그 땅에서 완전히 없애 버리라고 하십니다(9~12, 14). 과학 문명이 발달한 현대에도 미신 행위가 여전히 성행하고 있습니다. 이들이 아무리 효험이 있는 것처럼 보여도 속지 말아야 합니다. 오히려 이러한 행위를 없애야 합니다. 사람들은 미래를 알고 싶어 합니다만 그것은 하나님의 영역입니다. 인간은 미래를 모르기 때문에 하나님만 의지하고 믿음으로 살아가야 합니다. 이상한 귀신 노름과 가증한 것을 따르지 말고, 우리는 맑은 이성과 깨끗한 심령으로 하나님만 섬겨야 합니다.

하나님의 말씀을 전하는 선지자

마지막으로 선지자(예언자)에 대한 말씀입니다(15~22). 하나님은 선지자에게 당신의 말씀을 그 입에 두시고, 하나님을 대신하여 말씀을 전하게 하셨습니다. 그렇기 때문에 백성에게 선지자의 말을 들으라 말씀하셨습니다(15). 심지어는 그 말을 듣지 않는 사람은 벌을 받으리라고도 하셨습니다(19). 선지자의 말을 듣지 않는 것은 곧 하나님의 말씀을 듣지 않는 것과 같기 때문입니다. 그러하기에 말씀을 전해야 하는 사명을 받은 사람은 제 말을 전해서는 안 됩니다. 반드시 하나님께서 주시는 말씀을 전해야 합니다. 제멋대로 전하는 사람도 듣지 아니한 사람과 마찬가지로 죽임을 당하는 벌을 받습니다(20). 하나님의 말씀에 얼마나 비중을 두고 있는지 알 만합니다. 그러니 말씀을 가볍게 여겨서는 안 됩니다.

바울은 데살로니가 교회의 성도들이 자신의 말을 사람의 말로 받지 아니하고 하나님의 말씀으로 받아들인 것에 대하여 감사한다고 하였습니다(살전 2:13). 우리도 설교를 들을 때, 늘 하나님의 말씀으로 받고 그대로 따르고자 해야 할 것입니다.

무죄한 피를
흘리지 말라

 네 하나님 여호와께서 네게 기업으로 주시는 땅에서 무
죄한 피를 흘리지 말라. 이같이 하면 그의 피가 네게로
돌아가지 아니하리라.(10)

도피성 제도

사람은 누구나 실수를 할 수 있습니다. 작은 실수야 그냥 넘어갈 수 있
지만 문제는 큰 실수입니다. 가장 큰 실수를 꼽으라면 실수로 사람을 죽
인 경우일 것입니다. 말하자면 과실치사(過失致死)입니다. 이스라엘 백성
은 이러한 사건 해결을 위해 지혜롭게 대처하였습니다. 그것이 바로 도피
성 제도입니다. 도피성 제도에 대해서는 이미 민수기에서 다룬(민 35장) 바
있습니다. 그런데 여기에서 다시 한 번 말씀합니다. 2~3절에 나오는 세 성
읍은 요단 서편을 말하는 것이고, 9절에 나오는 "이 셋 외에 세 성읍을 더
하여"라는 말은 요단 동편에 이미 설정해 놓은 도피성읍을 말합니다. 도
피성은 여호수아 20장에도 나오는데 거기에 따르면, 요단 동편에 세 곳(베

셀, 길르앗 라못, 바산 골란), 요단 서편에 세 곳(갈릴리 게데스, 세겜, 기럇 아르바 곧 헤브론)씩 두었습니다.

도피성을 둔 이유

부지중에 사람을 죽였을 경우에 그곳으로 도피하여 피 흘리는 보복 행위가 이어지지 않게 하기 위해 도피성을 두었습니다. 본문에서는 이해를 돕기 위해 구체적인 예를 듭니다(5). 어떤 사람이 이웃 사람과 함께 나무를 하러 가서 벌목하다가 도끼가 자루에서 빠져서 옆 사람이 맞아 죽게된 경우 같은 것입니다. 이럴 때 그 사람은 피해자의 가족의 분노가 사그라질 때까지 도피성으로 피하여 생명을 보존하게 하는 것입니다.

그러나 고의로 살인을 하고 도피성으로 피신하는 사람들이 있다면 어떻게 할 것입니까? 이 문제 대해서도 예를 들어 설명해 놓았습니다(11~13). 만일 어떤 사람이 누군가를 미워하여 상처를 입혀 죽게 하고 도피성으로 도망한 사람은 보복자에게 내어 주어 똑같은 벌을 받게 해야 한다는 것입니다.

모든 생명을 소중히 여김

남의 땅을 빼앗거나 땅 경계표를 옮기면 안 됩니다(14). 또한 재판에서 위증을 하여 한 사람이 어려움에 빠지거나 피해를 당하게 해서도 안 됩니다(15~17). 이들은 모두 거기에 상응하는 벌을 받아야 합니다. 이것은 모두 생명과 타인의 삶을 소중하게 여겨야 함을 일깨워 줍니다. 무고한 자의 피를 흘려도 안 되지만 피해자의 생명이 아까운 것처럼 혹시 가해자라 할지라도 고의가 아니라면, 살아 있는 또 다른 사람마저 생명을 잃게 해서는 안 된다는 것입니다.

어느 고등학교에서 있었던 일입니다. 친구들끼리 교실에서 다툼이 일어나 한 학생이 다른 학생을 한 대 쳤는데, 그만 주먹에 맞은 학생이 목숨을 잃었습니다. 그때 피해자의 아버지는 때려서 목숨을 잃게 한 학생을 용서해 주겠노라 하였습니다. 참으로 귀한 결단을 내린 아름다운 용서와 사랑의 이야기가 아닐 수 없습니다.

우리의 도피성이신 예수님

사회 정의와 질서를 바로 세우기 위해서 고의적인 살해는 아무런 보호를 해 줄 수 없습니다. 오히려 그러한 사람에게는 중벌을 내려 "생명에는 생명으로, 눈에는 눈으로, 이에는 이로, 손에는 손으로, 발에는 발로"(21) 보복을 하게 했습니다. 이것을 동해복수법(同害復讐法, the law of talion)이라 합니다. 그렇게 함으로 그와 유사한 범죄가 일어나지 않게 한 것입니다. 그러나 어쨌든 이것도 보복이긴 보복입니다.

우리 주님은 산상설교에서 이것조차 철폐하기를 원하셨습니다(마 5:38~39). 그것이 곧 원수까지도 사랑하라는 말씀입니다(마 5:44). 이 사랑이 모든 율법을 완성한다 하셨습니다(마 5:17). 이 사랑은 우리에게도 적용되어 아무리 몹쓸 죄를 범하였다 할지라도 주님께 피하여 그분에게 안기는 사람을 용서하여 주시고 그 생명을 죽음에서 구해 주십니다. 바로 이 시대 우리의 도피성은 예수 그리스도이십니다.

20장

너희를 위하여
싸우시고

 너희 하나님 여호와는 너희와 함께 행하시며 너희를 위하여 너희 적군과 싸우시고 구원하실 것이라.(4)

전쟁에 능한 여호와

이스라엘 백성은 "너는 네 하나님 여호와의 이름을 망령되게 부르지 말라."(출 20:7)는 제3계명에 따라, 하나님을 일컬을 때에 감히 이름을 부를 수 없었습니다. 그러나 하나님 앞에 붙이는 칭호는 다양하였습니다.

그 가운데 가장 두드러지게 많이 사용한 것은 '만군의 여호와' 혹은 '만군의 하나님'입니다. 이것은 하나님은 전쟁 신이시요, 전쟁에 승리를 가져다주시는 분이라는 뜻입니다. 히브리 시인은 하나님을 "영광의 왕이 누구시냐. 강하고 능한 여호와시요 전쟁에 능한 여호와시로다."(시 24:8)라고 노래하였습니다.

도우시는 하나님

이스라엘 백성은 전쟁을 많이 치렀습니다. 물론 패배할 때도 있었지만 승리할 때가 더 많았습니다. 특히 가나안을 정복할 때에는 대부분 이겼습니다. 패배는 그들이 하나님께 불순종하거나 악을 범하였을 때 있었습니다. 그런 경우가 아니면 승리하였는데, 그것은 그 민족의 군사력이 우수해서가 아니라 하나님께서 승리하도록 도우셨기 때문입니다.

이제 이스라엘 백성은 가나안 땅으로 진격해 들어가야 합니다. 그들은 용병이 아니라 민병대입니다. 백성을 징집하여 군대를 조직하였습니다. 그러나 아는 대로 그들은 제대로 훈련된 군사들이 아닙니다. 전쟁 경험이 많았던 것도 아닙니다. 그러니 두렵고 떨릴 수 있습니다. 그러한 그들에게 주님께서 말씀하십니다. "너희가 오늘 너희의 대적과 싸우려고 나아왔으니 마음에 겁내지 말며 두려워하지 말며 떨지 말며 그들로 말미암아 놀라지 말라. 너희 하나님 여호와는 너희와 함께 행하시며 너희를 위하여 너희 적군과 싸우시고 구원하실 것이라."(3~4) 이 약속의 말씀이 그들에게 큰 힘이 되었습니다. 이 약속의 말씀을 믿는다면 적군의 군사력 때문에 두려워할 필요가 없습니다.(1)

승리를 주시는 하나님

뿐만 아닙니다. 군사를 징집할 때에도 그 당사자가 입대하므로 그의 생업에 크게 지장을 초래할 수 있는 경우는 징집을 면제해 주었습니다. 세 가지 경우입니다. 새 집을 지었는데 아직 낙성식을 하지 못하였을 경우(5), 포도원 농사를 짓는데 그 과실을 거두어들이고 아직 먹지 못한 경우(6), 여자와 약혼하고 아직 결혼하지 못한 경우(7)입니다. 이 모두 얼마나 인간적인 이해에 바탕을 두었는지 모릅니다.

거기에다가 징집된 군사 중에서도 마음이 허약하여 두려움에 사로잡혀 있는 사람은 돌려보내도록 하였습니다(8). 두려움에 사로잡힌 사람이 군대 안에 있으면 군대 전체의 기강과 사기에 문제가 생기기 때문입니다. 그런데 이렇게 하고도 전쟁에 나아가 승리할 수 있겠는가 하는 것입니다. 그것은 역시 하나님께서 승리를 주신다는 것으로밖에 설명할 수 없습니다.

그러나 이스라엘은 전쟁 그 자체를 원하는 것은 아니었습니다. 먼저는 화평을 선언합니다(10). 그래도 받아들여지지 아니할 때는 가혹할 만큼 철저하게 진멸하였습니다. 남겨두면 우상 숭배의 유혹이라는 위험이 있기 때문입니다.(11~18)

승리하는 삶의 비결

우리는 영적 싸움을 싸우는 십자가 군병입니다. 이스라엘 군사들이 전투할 때에는 하나님께 여쭈어 보거나 하나님의 지시를 따랐습니다. 우리도 승리의 삶을 살기 위해서는 늘 하나님께 물어보고, 그 뜻에 순종하는 자세가 필요합니다. 또한 영적 싸움을 싸울 때에 지레 겁을 내어 질 것 같은 자세로 임해서는 안 됩니다. 하나님의 도우심을 믿어야 합니다. 승리를 믿어야 합니다. 강하고 담대하여 사기와 기세가 충천(衝天)하여야 합니다. 여호수아가 그러했고, 기드온의 삼백 용사가 그러했으며, 골리앗 앞에 선 다윗이 그러했습니다. 한마디로 "믿음이 이기네"라는 찬송가 가사와 같은 것입니다. 이 믿음으로 오늘도 승리합시다.

263

| 신명기 |

DEUTERONOMY

21장

그 송아지의 목을
꺾을 것이요

 그 성읍의 장로들이 물이 항상 흐르고 갈지도 않고 씨
를 뿌린 일도 없는 골짜기로 그 송아지를 끌고 가서 그
골짜기에서 그 송아지의 목을 꺾을 것이요.(4)

내용 개관

21장에는 범인을 모르는 살인사건이 생겼을 경우, 전쟁에서 사로잡은 여자와 혼인하는 경우, 장자에 대한 올바른 해석과 권리, 패역하고 방탕한 아들에 대한 사형, 나무 위에서 처형당한 사람에 대한 장례 등에 대하여 기록해 놓고 있습니다.

범인을 모르는 살인사건의 처리

이 중에서 우리는 범인을 모르는 살인사건이 생겼을 때 어떻게 해야 할지에 대하여 말씀을 새겨 보고자 합니다. 레위기에서 신명기에 이르기까지 대신 죽어야 하는 양, 염소, 송아지 등에 관한 내용이 왜 그리도 많이

새벽 우물에서 퍼 올린 말씀묵상

나오는지, 그리고 왜 그 짐승들이 희생되어야만 하는지 참으로 불쌍하게 느껴집니다. 여기 이 본문에도 그러한 내용이 나옵니다.

어느 곳에서 사람의 시체가 발견되었습니다. 살인 사건이 발생한 것입니다. 그런데 살인자를 찾을 수 없습니다. 사람들은 범인을 모릅니다. 자신들도 범인이 아닙니다. 그렇다면 자신들이 피를 흘리지도 않았고 그 사건을 보지도 않았다는 소위 알리바이(alibi, 현장부재증명)를 내세워야 합니다. 다시 말하자면 자신들이 무죄하다는 것을 보여 주어야 합니다.

이를 위하여 사건 현장에서 가장 가까운 성읍의 장로들이 아직 부리지 아니하고 멍에를 메지 아니한 암송아지 한 마리를 택하여 그 목을 꺾어 잡습니다. 그리고 그 송아지 위에 냇물로 손을 씻으며 자신들은 이 일에 아무런 관련이 없다(7~8)고 선포해야 합니다. 이것은 빌라도가 예수님을 재판할 때, 자기는 십자가 사건과 아무 관련이 없고, 무죄하다는 표시로 손을 씻은 것(마 27:24)을 연상하게 합니다.

대속 제물

본문에서 말하는 주요 의미는 그 송아지가 살인자를 대신하여 죽었다는 것입니다. 그러면 그때 송아지를 잡는 곳은 왜 "물이 항상 흐르고 갈지도 않고 씨를 뿌린 일도 없는 골짜기"이어야 합니까? 물이 항상 흐르기 때문에 송아지의 피는 흘러갈 것이요, 경작할 수 없는 험한 골짜기이기 때문에 땅 속에 스며든 피가 밭 가는 등의 일로 다시 드러나지 않을 것입니다. 그것은 곧 영원히 그 죄와 허물, 피 흘림을 제거해 버린다는 뜻입니다.

대신 죽는 송아지, 그 송아지는 피를 흘려 죽음으로 의심받을 뻔한 사람의 누명을 벗기고, 또는 어딘가에 분명히 있는 살인자를 대신하여 제물이 되었습니다. 우리 예수님이 대속 제물이 되신 것도 이와 마찬가지입니다. 예수님이 우리 대신 죽으심으로 하나님은 우리의 죄를 영원히 제거해 주셨습니다. 성경은 "동이 서에서 먼 것 같이 우리의 죄과를 우리에게서 멀리 옮기셨으며"(시 103:12), 또한 "우리를 불쌍히 여기셔서 우리의 죄악을 발로 밟으시고 우리의 모든 죄를 깊은 바다에 던지시리이다."(미 7:19)라고 말합니다.

하나님은 이제 더 이상 우리의 죄과를 기억도 하지 않으시고 묻지도 아니하십니다. 우리의 죄과는 흘러가는 물에 씻어 버리거나 더 이상 파헤치지 않는 땅 속에 묻혔습니다. 이렇게 하여 우리는 영생을 누리게 되었습니다.

우리 죄를 대속하신 예수님

그렇다면 우리는 우리를 대신하여 죽은 짐승을 보면서 무엇을 생각해야 합니까? 그만한 대가(代價)를 생각해야 합니다. 즉 우리는 무고한 생명을 앗아가고서야 살게 된 매우 값진 존재라는 사실입니다. 그만큼 우리의 생명은 귀중한 것입니다.

그리고 이제 우리는 대신 죽은 송아지를 보면서 십자가에 달리신 주님을 생각해야 합니다. 그분을 바라보면서, 우리는 그러한 방식으로 우리를 살려 주신 은혜로운 하나님 앞에 나아가야 합니다. 이 은혜를 받은 우리가 할 일은 무엇입니까? 이 은혜에 감격하면서 감사와 찬송으로 사는 것입니다. 이 세상을 그분의 뜻에 따라 살아가는 것입니다.

| 신명기 |
DEUTERONOMY

22장

못 본 체하지 말고

 네 형제의 소나 양이 길 잃은 것을 보거든 못 본 체하지 말고 너는 반드시 그것들을 끌어다가 네 형제에게 돌릴 것이요.(1)

이웃을 사랑하라

참다운 사랑은 기독교의 가장 기본적인 덕목입니다. 하나님의 자녀가 된 사람은 당연히 하나님을 사랑하고 이웃을 사랑하여야 합니다. 더러 믿음이 좋다는 성도들도 하나님을 섬기는 데는 정성을 다하지만 사람을 사랑하는 일에 소홀한 경우가 있습니다. 정말 믿음이 좋다면 형제 사랑도 좋아야 합니다.

예컨대 이웃집의 소나 양이 길을 잃고 헤매면 그것을 못 본 체하지 말고 주인에게 돌려주어야 합니다(1~2). 또한 이웃집의 소나 나귀가 길에 넘어져 그 주인이 일으키려 하면 도와서 함께 일으켜 주라(4)고 합니다. 무엇을 잃었을 때 주인을 찾아 돌려주는 것은 소나 나귀에만 해당하는 것이 아닙니다. 의복이라든가 그 외에도 잃어버린 물건 모든 것에 대하여 그러해야 합니다(3). 오늘날 이 말씀을 실천하는 국가들이 점차 많아지고 있습니다. 분실한 물건에 손대지 않고 그 주인에게 돌아가게 하는 나라야말로 문화 수준이 높은 나라입니다.

또한 모든 생명에게 똑같은 자비를 베풀어야 합니다. 만일 새를 사냥할 경우에 어미 새와 새끼 새, 또는 알을 취할 때에 모두 취하지 말고 어미 새는 놓아주라(6~7)고 합니다. 자연보호자들은 여전히 이 말씀을 실천하고 있습니다. 선진국에서는 물고기를 잡을 때 규정보다 작은 물고기는 반드시 놓아준다고 합니다.

그리고 내가 사소한 부주의나 책임을 게을리 하여 다른 사람에게 해를 입히는 일이 생기지 않도록 해야 합니다. 예컨대 집을 짓는 데 부주의하여 지붕 난간에서 무엇인가 떨어져서 아래를 지나가는 사람이 맞아 다치는 일이 생기지 않게 하라(8)는 것입니다.

관심을 가지고 도움을 베풀라

이러한 모든 규례는 형제와 이웃이 당할 수 있는 어려움을 무관심하게 지나치지 말고 따뜻한 사랑과 인정과 도움을 베풀어 믿음과 행함의 일치를 가르치는 것입니다. 성경은 이것에 대하여 일관되게 말씀합니다. "누구든지 하나님을 사랑하노라 하고 그 형제를 미워하면 이는 거짓말하는 자니 보는 바 그 형제를 사랑하지 아니하는 자는 보지 못하는 바 하나님을 사랑할 수 없느니라. 우리가 이 계명을 주께 받았나니 하나님을 사랑하는 자는 또한 그 형제를 사랑할지니라."(요일 4:20~21)

현대사회가 앓고 있는 병 중에 가장 심각한 것은 타인에 대한 무관심입니다. 우리 기독교인들은 이러한 시대적인 병을 치료하는 데 한 몫을 해야 합니다. 그것은 주님께서 가지셨던 이웃을 향한 관심을 우리도 가지고 그것을 실천에 옮기는 것입니다. 우리의 마음은 자비와 긍휼, 불쌍히 여기는 주님의 마음을 닮아야 합니다. 우리의 손과 발은 주님의 행하심을 닮아 자비를 베풀고 사랑을 행하신 주님의 손과 발을 닮아야 합니다.

약자 보호 규정들

이 외에도 22장에서는 아내를 미워하여 누명을 씌우는 남자나 처녀성을 상실하고서도 속여서 결혼한 여자들에 대하여 처리하는 규정(13~21), 그리고 간통사건에 대한 처리 규정(22~24), 강간당한 여인과 강간한 남자들의 행위에 대한 처리 규정(25~29)을 담고 있습니다. 이것도 알고 보면 약자를 보호하고, 사회의 성 윤리와 사회 정의를 실현하고자 하는 규정들입니다.

이러한 규정들은 알고 보면 십계명의 계율을 잘 지키면 해결될 문제들이기도 합니다. 제7계명, 8계명, 10계명은 이 내용들과 관련이 있습니다. 특히 열 번째 계명에 나오는 탐욕이 사랑의 규정을 어기게 만듭니다. 이제는 지나친 욕심, 남의 물건에 대한 욕심, 정욕 등을 내려놓고, 사랑과 자비와 배려를 실천하여 빛과 소금이 되도록 합시다. 이것이야말로 사회가 교회를 향한 가장 으뜸 되는 요구입니다.

총회에 들어올 수 있느니라

너는 에돔 사람을 미워하지 말라. 그는 네 형제임이니라. 애굽 사람을 미워하지 말라. 네가 그의 땅에서 객이 되었음이니라. 그들의 삼 대 후 자손은 여호와의 총회에 들어올 수 있느니라.(7~8)

성도의 특권

이스라엘 회중 틈에는 이방인들도 섞여 있었습니다. 그 가운데에는 이집트에서 같이 나온 사람들, 이스라엘의 행로를 따라 지나가다가 합류한 타국 상인들, 전쟁에서 포로로 잡혀온 사람들도 있었을 것입니다. 그러나 그들 모두가 하나님께 드리는 공식적인 제사(예배)의식에 참여할 수 있는 것은 아니었습니다. 그들은 할례를 받은 사람들이 아니요, 정결 규례들을 지키는 사람도 아니기 때문입니다. 그들은 비록 함께 살고 있지만 이스라엘의 총회에 들어올 수 없습니다. 우리는 이 말씀을 보면서 오늘날 우리도 기독교와 교회라는 한 울타리에 있습니다만 과연 나는 성도의 특권에 참여하고 있는지 짚어 보아야 합니다.

총회에 들어올 수 없는 자

누가 의인의 회중, 하나님의 총회에 들지 못합니까? 먼저 본문에서는 신체적인 결함이 있는 사람을 명기하고 있습니다(1). 이것은 정결하지 못하거나 온전하지 못한 사람은 하나님께 가까이 나아갈 수 없다는 것을 말합니다. 여기에서 말하는 초점은 하나님께 나아가는 제사장이나 하나님께 바치는 제물이 정결하고 온전해야 하듯, 제사 예배에 모이는 총회도 정결하고 온전해야 한다는 데 있습니다. 따라서 우리도 부정과 더러움, 범죄와 타락으로 성도의 기능을 상실하지 말고, 오직 자신을 흠 없고 거룩한 자로 드리기를 힘써야 할 것입니다.

그 다음에는 음란에 거하는 자입니다. 성경에서 음란은 우상 숭배와 같은 의미로 쓰이고 있습니다. 본문에서는 사생자라 하였습니다(2). 사생자란 정상적인 결혼생활에서 태어난 것이 아님을 보여 주는 말입니다. 사회가 물질적으로 부유해질수록 음란의 범죄는 늘어갑니다. 인간의 본능적인 욕구는 신앙의 절제가 없으면 음란을 탐닉할 위험이 있습니다. 이러한 이들을 하나님께서 복 주실 리 없습니다.

또한 하나님을 거역하는 사람은 총회에 들지 못합니다. 본문에서는 암몬 사람과 모압 사람이 그들이라 하였습니다(3). 그들은 하나님의 계획에 거역하였고, 복술가 발람을 좇아 이스라엘을 저주하려 하였으며, 모압 여인들과의 음행으로 이스라엘 백성이 염병에 걸려 이만 사천 명이나 목숨을 잃었습니다. 이렇게 거역하는 백성은 하나님께서 당신의 회중에 두지 않으십니다.

그들을 미워하지 말라

그러나 에돔 사람이나 애굽 사람은 미워하지 말라(7)고 하십니다. 그들은 언젠가는 한 회중이 될 것이기 때문입니다. 그러나 기간이 필요합니다. 그들은 삼대 후에는 여호와의 총회에 들어갈 수 있습니다(8). 그만큼 이스라엘과 오랜 기간 함께 지내며 이스라엘과 동화되기를 바라신 것입니다.

그러나 여기에서 하나 짚고 넘어갈 것은 주전 586년(혹은 587년이라 하기도 함)에 예루살렘이 함락될 때, 에돔은 이스라엘의 형제이면서도 유다의 멸망을 기뻐하여 후대 예언자 시대(특히 오바댜)에는 이 구절에 대한 평가가 달라진다는 것입니다.

차별 없이 구원하시는 예수님

구약의 율법은 이러하지만, 예수님은 하나님 나라의 백성을 삼는 데 차별을 두지 않으셨습니다. 신약성경의 교회는 아무런 차별 없이 모든 사람을 받아들였습니다(갈 3:28). 하나님 나라에 먼저 백성이 된 우리는 누구에게든지 그 문을 열어 놓아야 합니다. 미국 어느 백인 교회에 흑인이 들어가려다 쫓겨나 계단에 앉아 있었습니다. 그때 예수님이 그 흑인에게 왜 교회에 들어가지 않고 여기 앉아 있느냐 물었습니다. 흑인은 사실대로 대답하였습니다. 그 말에 예수님은 "이런 교회에는 나도 못 들어간단다." 하였답니다. 누구에게나 열려 있는 교회, 바로 우리 교회여야 합니다. "어느 누구나 오라 어느 누구나 주께 나오라 … 어느 누구나 오라"(새찬송가 520장)

새벽우물에서 퍼 올린 말씀묵상

객과 고아와
과부를 위하여

 네가 네 포도원의 포도를 딴 후에 그 남은 것을 다시 따
지 말고 객과 고아와 과부를 위하여 남겨두라.(21)

내용 개관

24장에서는 앞부분에 나오는 이혼과 재혼에 관한 규정(1~4)이나 나병에
관하여 철저하게 처신하라는 규정(8~9) 외에는 전체적으로 타인을 사랑하
고 배려하며 살라는 약한 사람과 가난한 사람을 보호하는 규정으로 되어
있습니다.

이혼과 재혼에 관한 규정

이 규정(1~4)은 흔히 있는 경우라기보다는 특별한 경우에 해당합니다.
예를 들면, 한 사람이 아내를 맞이하여 그 여자에게서 수치될 만한 것이
발견되면 이혼증서를 써 주고 그를 내보내게 하였습니다(1). 그 여자는 다

른 사람과 재혼할 수 있습니다. 그런데 그 둘째 남편도 그 여자를 미워하여 똑같은 방식으로 내보내거나 그 남편이 죽었을 경우에 이 여자는 첫 번째 남편에게로 돌아가 재혼할 수 없다는 규정입니다. 그 이유는 이미 몸을 더럽혔기 때문이라는 것입니다(4). 그러나 알고 보면 그 여인은 이미 첫 번째 남편에게서 부정해진 것입니다. 이에 대하여 예수님은 이렇게 말씀하셨습니다. "누구든지 음행한 이유 없이 아내를 버리면 이는 그로 간음하게 하는 것이요."(마 5:32) 이 말씀으로 보면, 1절에서 말한 "수치되는 일"이 이혼사유가 될 만한 것인지 의심스럽습니다. 왜냐하면 율법에서 음행은 이혼 이전에 이미 사형에 처해지기 때문입니다(22:22). 그러니 이 규정은 괜히 미워하여 이혼사유를 억지로 만들어 아내를 내치지 말라는 뜻으로 보입니다.

약한 자와 가난한 자 보호에 관한 규정들

그 다음으로는 약한 사람과 가난한 사람을 보호하려는 여러 규정입니다. 특히 하나님은 곡물을 추수할 때나 과일을 수확할 때 모조리 거둬들이지 말고 조금씩 남겨 두어 힘들게 살고 있는 사람들, 특히 나그네와 고아와 과부를 위하여 남겨 두라 하십니다(17~22). 하나님은 이 명령을 통하여 가난한 이웃에게 적극적이고 구체적인 관심을 가지게 하셨습니다. 이것은 그리스도인들이 지녀야 할 삶의 모습입니다. 더러는 이러한 주님의 말씀에 다른 시각으로 반응할지 모릅니다. '나도 넉넉하지 않은데 어떻게 다른 사람까지 염두에 둔다는 말입니까?' '내가 비록 넉넉하고 풍족하다 할지라도 내 것을 내 마음대로 나를 위하여 쌓아두거나 사용하는데 다른 사람이 무슨 상관이라는 말입니까?' 이러한 생각은 오직 자기 자신과 자기 가족의 행복만 추구하는 현대인들의 차가운 모습이기도 합니다. 그러나 이것은 하나님께서 무엇을 원하시는지 모르는 사람의 이야기입니다.

배려하는 삶

하나님은 그 옛날 이스라엘 백성에게 요구하셨던 것처럼 오늘날 우리에게도 어려운 처지에 있는 사람을 배려하라고 하십니다. 구체적으로 말하자면 궁핍한 사람들에게 무자비하여 그들이 당장 생계를 유지할 수 없게 해서는 안 된다는 것입니다. 내 것(내 돈)만 생각하지 말고 딱한 처지에 놓일 그들을 배려하라는 것입니다.

예를 들면, 옷을 전당잡혀 당장 입을 옷이 없게 한다든지(12~13), 그 날 품삯을 내일로 미뤄 당장 끼니가 어렵게 한다든지(14~15), 맷돌 위짝을 빼앗아가 음식을 만들 수 없어 굶게 한다든지(6) 하는 일이 생기지 않도록 배려하라는 것입니다.

이러한 배려는 결혼에서도 예외가 아닙니다. 하나님은 군에 갈 사람이라도 결혼을 하였으면 그는 일 년 동안 군 복무를 하지 말고 그 아내를 즐겁게 하라고 하십니다(5). 결혼한 사람에 대한 국가의 배려입니다. 이것은 또한 신부에 대한 신랑의 배려이기도 합니다.

이러한 배려가 나그네와 고아와 과부 같은 사람들, 하루 벌어 하루 먹고 사는 사람들에게 살 소망과 의욕이 생기게 합니다. 그들에게 힘과 평안과 기쁨을 줍니다. 우리 모두도 타인을 위해 적극적으로 배려하여 이 사회가 살 만한 밝은 세상이 되기를 바랍니다.

온전하고
공정한 저울추

 오직 온전하고 공정한 저울추를 두며 온전하고 공정한
되를 둘 것이라. 그리하면 네 하나님 여호와께서 네게
주시는 땅에서 네 날이 길리라.(15)

죄인의 인권을 보호하는 규정

25장에서는 앞장에 이어 추가적으로 여러 보호 규정을 말씀합니다. 먼저 재판에서 죄인의 인권을 보호하는 내용입니다. 사람이 살다보면 재판할 일이 생깁니다. 이때 한 사람은 재판에서 이기고, 한 사람은 정죄를 받습니다. 정죄를 받은 사람이 그 벌로 태형을 받을 경우에 과연 몇 대를 맞아야 합니까? 죄의 경중에 따라 다르겠지만 40대를 넘기지 못하게 하였습니다. 이것은 그 매를 견딜 수 있는 한계가 어디까지인지를 고려한 것이기도 하겠지만, 더 중요한 것은 비록 죄인이라도 인간의 존엄성을 생각해야 한다는 취지입니다. 그래서 40대를 넘기는 것은 "네 형제를 경히 여기는 것이 될까 하노라."(3) 하였습니다.

고린도후서 11장 24절에 보면 사도 바울은 이러한 매를 다섯 번이나 맞았다고 하였습니다. 이러한 믿음의 선조들 때문에 오늘날 우리가 행복하게 신앙생활을 하고 있음을 다시 느끼게 하는 구절이 아닐 수 없습니다.

기타 규정들

그 다음에는 곡식 떠는 소에게 망을 씌우지 말라 하였습니다(4). 소는 곡식더미 위로 원을 그리면서 타작 수레를 끌어서 곡식의 낱알을 떨어냈습니다. 이렇게 수고한 소를 짐승이라 하여 일만 시키고 먹이를 주지 않는다든지 하지 말라는 것입니다. 짐승에까지 보호 규정을 둔 것은 참으로 놀라운 일입니다. 후에 바울은 이 구절을 사람에게도 적용시킵니다(고전 9:9, 딤전 5:18). 지극히 당연한 말씀입니다.

또한 형제가 죽었을 때 살아 있는 다른 형제가 그 대를 이어가게 하였습니다(5~10). 말하자면 죽은 형제의 몫을 해 주는 것입니다. 이것을 하지 않을 경우에는 몹시 창피한 집안으로 별명이 붙을 것입니다.(9~10)

그리고 싸움으로 인하여 아무리 이성을 잃고 흥분하더라도 상대방의 음낭을 잡는 일을 금하였습니다. 이것은 아마도 종족 보존을 위한 규정인 듯합니다. 이런 일을 여자가 저질렀다 할지라도 손을 찍어버리라(11~12)고 하였습니다.

공정한 상거래

모든 상거래는 온전하고 공정하여야 합니다. 하나님은 이미 수천 년 전에 온전하고 공정한 상거래를 하라고 말씀하셨습니다(13~16). 도량형을 사용할 때 공평하게 하라는 것입니다. 저울추를 속이고 되를 속이는 것은 옳지 않습니다. 비윤리적이요, 범죄행위에 해당합니다. 부정한 상거래는 사랑과 신뢰로 뭉쳐져야 할 사회를 혼란과 불신에 빠뜨리고 맙니다.

두 저울추를 두었다는 것은 고객에 따라 각기 다른 추를 사용한다는 뜻입니다. 이것은 사람을 대하는 데에도 공정하지 못함을 보여 줍니다. 즉 속일 만한 사람은 속이고, 속이면 도리어 큰일 날 것 같은 사람에게는 정당하게 하겠다는 것입니다. 대인관계에서 이러한 모습을 얼마든지 볼 수 있습니다. 강한 사람에게는 약해지고, 약한 사람에게는 우쭐대며 강하게 대하는 것은 결코 잘하는 것이 아닙니다. 성경에서는 오히려 약한 이를 담당하여 도우라고 가르칩니다(롬 15:1 등). 누구에게나 친절하고 정직한 사람이 되어야 마땅합니다.

정직한 사회를 이루는 그리스도인

전 세계적으로 기독교 국가는 신용 사회, 정직한 사회를 이루고 있습니다. 그런 나라에서는 부정직한 사람은 발을 붙이고 살기 어려울 정도입니다. 기독교인은 믿음이 있는 사람입니다. 하나님과 함께 다른 모든 것을 믿는 사람이라 할 수 있습니다. 아울러 믿는 사람은 다른 사람에게 자신에 대한 믿음을 주어야 합니다. 믿음직한 언어와 행동이 따라야 합니다. 즉 정직한 삶을 살아야 합니다. 오늘날 우리나라도 기독교인들의 수가 퍽 많아졌습니다. 그만큼 정직한 사회가 되는 데 영향을 끼쳐야 합니다. 그리스도인들은 아모스의 예언 말씀처럼 이 세상에 "정의를 물 같이 공의를 마르지 않는 강 같이 흐르게"(암 5:24) 해야 합니다.

| 신명기 |

DEUTERONOMY

26장

네 집에 주신 복으로
즐거워하라

 네 하나님 여호와께서 너와 네 집에 주신 모든 복으로
말미암아 너는 레위인과 너희 가운데에 거류하는 객과
함께 즐거워할지니라.(11)

첫 소산물을 바침

이스라엘 백성은 '젖과 꿀이 흐르는 땅'에서 농사를 지어 추수를 하면
그 첫 소산물을 정성스럽게 구별하여 하나님께 바쳐야 합니다. 모든 만물
(첫 것)은 하나님의 것이기 때문입니다. 또한 이것을 바칠 때에는 감사를
말로 표현하여야 합니다(3). 그들은 제물을 제단에 바치면서 제사장 앞에
서 가나안 땅을 기업으로 허락하신 하나님의 은혜, 이스라엘의 비참했던
애굽의 노예생활, 바로 그 애굽을 꺾으시고 가나안 땅으로 인도하신 하나
님의 구원하심과 섭리에 대하여 감사의 고백을 아뢰며 하나님께 경배하여
야 합니다.(1~10)

추수감사

이 내용을 보면 미국으로 건너간 청교도들의 첫 번 추수감사가 생각납니다. 1620년 9월 16일 102명의 청교도들은 종교적 자유를 찾아 메이플라워호를 타고 세 달여의 긴 항해 끝에 12월 21일 신대륙에 도착하고 그 지역을 플리머스로 명명하였습니다. 그들은 그 해 첫 겨울을 지내는 동안 굶주림과 질병과 추위로 44명이 목숨을 잃는 뼈저린 아픔을 겪었습니다. 그리고 그 이듬해 인디언들에게서 배운 농사법으로 농사를 지었습니다. 그 해 가을 농산물을 추수하고 감격하여 하나님께 감사하는 예배를 드렸습니다. 신대륙에 도착한 후 3년이 지나서 매사추세츠주의 주지사 윌리엄 브래드퍼드는 감사절을 제정하여 공포하였습니다. 그리고 1789년에 미국 초대 대통령 조지 워싱턴은 11월 26일을 추수감사절로 선포하고 온 국민이 이날을 지키게 하였습니다. 그 이후 링컨 대통령은 추수감사절을 국경일로 제정하며 다음과 같이 선포하였습니다. "나는 우리의 경건한 조상, 청교도들이 미국 땅에 감사의 씨로 뿌린 신앙의 유산을 우리 후손들이 잘 계승하도록 이날을 국가 축제일로 선포합니다."(전광, 「평생감사」, 생명의 말씀사, p 98~101 참조)

삶을 인도하신 하나님께 감사

이스라엘 백성이 첫 소산물을 바친 것은 추수에 대해서만 감사한 것이라기보다는 하나님께서 그동안의 삶을 인도해 주신 모든 것에 대한 감사였습니다. 그래서 그것은 축제입니다. 하나님은 방랑하는 자기 백성을 곤궁과 억압에서 해방하여 젖과 꿀이 흐르는 땅으로 이끄셨습니다(5~9). 이때 이방 민족들은 다산신들이 곡식을 수확하게 하였다고 생각했지만 이스라엘은 이것을 여호와께서 주신 것(구원을 포함하여)으로 증언합니다(10). 모세는 첫 열매를 바치는 것을 축제로 여기도록 이렇게 당부합니다. "여호와께서 너와 네 집에 주신 모든 복으로 말미암아 너는 레위인과 너희 가운데 거류하는 객과 사람과 함께 즐거워하라."(11) 즉 모두 함께 즐거워하라는 것입니다. 우리의 일생이 이렇게 감사와 기쁨으로 이어졌으면 합니다. 감사를 놓는 순간 불평이 시작되기 때문입니다.

그 다음에는 십일조에 관하여 말씀하고 있습니다. 십일조는 당연히 하나님께 속한 것이므로 성물(聖物)입니다. 그러나 하나님은 이것을 사람들에게 도움이 되도록 사용하기를 원하십니다. 레위인, 객, 고아, 과부에게 주어 함께 배부르게 하라는 것입니다(12~13). 이 또한 하나님의 자비하심이 잘 나타나 있습니다.

하나님의 말씀에 순종

하나님은 이러한 규정을 토대로 하여 실천하기를 요구하시면서 이스라엘 백성과 언약을 맺으십니다. 이스라엘 백성은 여호와의 규례와 법도를 "마음을 다하고 뜻을 다하여" 지켜 행하고, 여호와를 하나님으로 인정하고, 그 도를 행하고 하나님의 말씀(소리)에 순종하겠노라 약속하여야 합니다(16~17). 이에 대하여 하나님은 이스라엘을 보배로운 백성이 되게 하시고, 그 백성에게 복을 내려 뛰어나도록 높여 주시겠다고 하십니다. 그래서 찬송과 명예와 영광을 삼아서 성민(聖民)으로 삼아 주시겠다고 확언하십니다(18~19). 이 얼마나 아름다운 언약입니까? 오늘날 우리도 늘 이러한 언약 가운데 있음을 잊지 말고, 하나님께서 내리시고자 하는 복을 누리기를 바랍니다.

| 신명기 |

DEUTERONOMY

27장

저주를
받을 것이라

 이 율법의 말씀을 실행하지 아니하는 자는 저주를 받
을 것이라 할 것이요 모든 백성은 아멘 할지니라.(26)

새벽우물에서 퍼 올린 말씀묵상

율법을 새기라

27장은 이스라엘 백성이 하나님께로부터 율법을 받았다는 것을 기념하
는 비를 세우게 하는 내용과 12가지 저주를 선포하는 내용으로 되어 있
습니다. 하나님은 에발 산 위에 돌들을 세우고 거기에 석회를 바르고, 그
돌에 율법의 말씀을 기록하라 하셨습니다(2~3, 8). 그리고 그곳에 쇠 연장
을 대지 아니한 다듬지 않은 돌로 제단을 쌓고 제사를 드리면서 즐거워하
라고 하셨습니다(5~7). 이렇게 하여 이스라엘은 영원토록 하나님의 율법
을 잊지 아니하고 간직해야 합니다. 그러나 돌비에 새기는 것보다 더 중요
한 것은 마음 판(심비, 心碑)에 새기는 것입니다. 잠언에서는 이렇게 말씀
합니다. "내 아들아 나의 법을 잊어버리지 말고 네 마음으로 나의 명령을

지키라. 인자와 진리가 네게서 떠나지 말게 하고 그것을 네 목에 매며 네 마음판에 새기라."(잠 3:1, 3)

저주 선포

그 다음에는 열두 가지 저주 선포가 나옵니다. 이스라엘 백성을 여섯 지파씩 나누어 시므온, 레위, 유다, 잇사갈, 요셉, 베냐민 지파는 그리심 산에 섭니다. 르우벤, 갓, 아셀, 스불론, 단, 납달리 지파는 에발 산에 섭니다. 그리고 나서 레위 사람이 열두 저주를 선포합니다(11~14). 그리심 산에서 축복을, 에발 산에서 저주를 선포한다는 것은 이미 11장 29절에서 언급한 바 있습니다. 그러나 여기에서는 그 저주의 선포 내용이 조목별로 상세하게 나옵니다.

팔복과 대조를 이루는 여덟 저주

이 저주의 내용 열두 가지 중 여섯, 일곱, 여덟, 아홉 번째 선포 내용은 같은 주제 '성 범죄'에 관한 것이어서 하나로 묶을 수 있습니다. 그렇게 되면 여덟 저주, 즉 '팔 저주'가 되어 신약 마태복음 5장에 나오는 산상설교의 '팔복'과 대조를 이룬다 하겠습니다.

이 내용을 팔복과 같은 형태(formation)로 나열하면 다음과 같습니다. ① 우상을 만드는 자는 저주를 받을 것이라 ② 부모를 경홀히 여기는 자는 저주를 받을 것이라 ③ 이웃의 경계표를 옮기는 자는 저주를 받을 것이라 ④ 맹인에게 길을 잃게 하는 자는 저주를 받을 것이라 ⑤ 송사를 억울하게 하는 자는 저주를 받을 것이라 ⑥ 성 범죄를 저지르는 자는 저주를 받을 것이라 ⑦ 이웃을 암살하는 자는 저주를 받을 것이라 ⑧ 무죄한 자를 죽이려고 뇌물을 받는 자는 저주를 받을 것이라.

참고로 팔복은 심령이 가난한 자, 애통하는 자, 온유한 자, 의에 주리고 목마른 자, 긍휼히 여기는 자, 마음이 청결한 자, 화평하게 하는 자, 의를 위하여 핍박을 받는 자입니다. 이것을 위의 저주와 비교하여 보면, 팔복에 제시된 내용을 지키는 사람은 저주받을 짓을 할 수 없으며, 그렇기 때문에 복된 인생을 살 수밖에 없음을 알 수 있습니다.

'아멘'으로 화답한 백성

그런데 이해가 가지 않는 것은 이렇게 저주를 선포할 때에도 백성은 그것을 '아멘'으로 받아들였다는 사실입니다. 이것은 그처럼 저주스러운 인생을 산다면 당연히 저주를 받아야 하지 않겠느냐 하는 것에 동의하는 것이라 볼 수 있습니다. "그럼, 그런 사람은 당연히 저주를 받아야지, 그렇고말고." 하는 의미로 보면 될 것입니다. 이 저주는 에발 산에서 선포되었습니다. 그러나 저주만 있는 것은 아닙니다. 그리심 산에서는 축복이 선포되었습니다. 축복 선포는 다음 장 전반부에 상세하게 나올 것입니다. 우리 모두 저주가 아니라 축복의 산에 오릅시다. 그리고 축복 선언에 '아멘' 합시다.

새벽우물에서 퍼 올린 말씀묵상

복을
받을 것이니라

 네가 들어와도 복을 받고 나가도 복을 받을 것이니라.(6)

복과 저주의 갈림길

28장은 흔히 '축복 장'이라고 일컫습니다. 그러나 전체 68절 중에서 복에 대한 내용은 14절까지이고, 나머지 15~68절은 모두 저주에 관한 내용입니다. 비록 분량의 차이는 있지만 그 내용은 서로 정반대입니다. 특히 3~6절에 나오는 복에 관한 구절은 16~19절에서 뚜렷이 대조를 이룹니다. 그러면 어떻게 하여야 복을 받고, 어떻게 하면 저주를 받습니까? 복과 저주 앞에는 조건이 붙어 있습니다. 복 앞에는 "그의 모든 명령을 지켜 행하면"(1)이고, 저주 앞에는 "지켜 행하지 아니하면"(15)이 있습니다. 결국 '순종하느냐, 아니하느냐'에 따라 복과 저주로 나누어진다는 것입니다. 그러니 우리는 순종하여 복을 받는 쪽에 있도록 합시다.

순종하여 받는 복

'복'이란 모든 인간이 바라는 바요, 모든 종교의 궁극적인 귀결점이기도 합니다. 흔히 기복신앙이라 하면서 복에 대하여 부정적으로 이야기하는 사람도 있습니다만, 넓은 의미에서 보면 기독교도 복을 추구하는 데에 예외가 아닙니다. 그러나 기독교는 물질적이고 현세적인 것보다는 영적이고 내세적인 복을 더 추구합니다. 다시 말해 영적인 하늘의 복을 누리는 사람은 육신적인 땅의 복도 누리게 한다는 것입니다. 그 복이 이곳에 기록되어 있습니다. 이 복에 대한 본문은 크게 셋으로 말할 수 있습니다.

① 평안의 복

주님은 네 대적들이 "한 길로 너를 치러 들어왔으나 네 앞에서 일곱 길로 도망하리라"(7) 하셨습니다. 하나님의 말씀대로 사는 이는 대적의 위협이 없는 평안한 삶을 누리게 됩니다. 또한 우리를 괴롭히는 죄악의 세력을 무찌르고 승리하여 평안을 누립니다. 그리고 마음과 영혼의 두려움, 염려, 걱정을 잠재우고 주님이 주시는 영적 평안과 안정을 누립니다. 일시적인 쾌락이나 상대적인 안정감이 아닌 참된 평안이 여러분의 삶과 내면에 가득하기를 바랍니다.

② 물질의 복

본문에서는 다양한 물질의 복을 언급(8, 11, 12 등)합니다. 이 복은 이 땅에서 살고 있는 한 반드시 필요한 것입니다. 아브라함도 육축과 은금이 풍부했으며(창 13:2), 이삭도 이런 복을 백배나 받았습니다(창 26:12). 역경 속에서도 믿음을 지킨 욥은 훗날 배의 물질적 복을 받았습니다(욥 42:12~15). 세상 만물의 주인이신 하나님께서는 당신의 "하늘의 아름다운 보고"를 열어 무한한 복을 내리십니다. 이 복을 받아 "꾸어줄지라도 꾸지 않는" 그리고 "기근의 날에도 풍족한"(시 37:19) 삶

새벽우물에서 퍼 올린 말씀묵상

을 살아가기를 바랍니다. 하지만 우리는 물질적 풍요 후에 더더욱 말씀대로 살아야 함을 잊지 않도록 경계해야 합니다.(8:13, 14)

③ 세계 만민 중에 뛰어나는 복(9, 10, 13)

하나님께서는 당신의 말씀에 철저히 순종하는 자에게 명철한 지혜를 주셔서 높은 명예와 권위를 얻게 하십니다. 요셉(창 4:38~46), 모르드개(에 10:2), 다니엘(단 2:48)도 그러한 복을 받았습니다. 세상 모든 정사와 권세가 하나님의 것이므로(골 1:16), 그분의 말씀대로만 산다면 하나님께서는 분명 우리를 높이시며 머리가 되게 하실 것입니다(시 89:17). 아울러 삶의 질도 높여 주실 것입니다. 혹 어떤 이들은 다 머리가 되면 어떻게 하느냐면서, 내가 머리가 되면 다른 사람이 꼬리가 된다면서 동정론을 펴기도 합니다. 그러나 여기에서 말하고자 하는 것은 꼬리에 있는 그 사람도 하나님께 복을 받아 자신의 자리에서 머리가 되라는 것이지 그를 배제하자는 의미가 아닙니다. 아무쪼록 여러분과 그 자녀들이 각 분야에서 두각을 나타내기를 바랍니다. 또한 하나님께 순종함으로 하늘의 복과 땅의 복을 모두 누리기를 바랍니다.

| 신명기 |
DEUTERONOMY
29장

감추어진 일,
나타난 일

 감추어진 일은 우리 하나님 여호와께 속하였거니와 나타
난 일은 영원히 우리와 우리 자손에게 속하였나니 이는
우리에게 이 율법의 모든 말씀을 행하게 하심이니라.(29)

하나님과의 언약을 지키라

이제 신명기가 끝나갑니다. 즉 모세의 설교가 끝나가고 있다는 말입니다. 이 설교에서 모세는 하나님과 맺은 언약을 굳게 지키라는 것으로 끝을 맺고 있습니다. 여기에서 말하는 언약은 이미 호렙 산에서 맺은 것(신 5:2, 출 19:5, 24:3~8)입니다. 그것을 여기에서 다시 한 번 확인하고 덧붙여 말씀해 줍니다.(1)

모세는 이 설교 마지막 부분에서 출애굽 이후 광야에서 사는 동안 지금까지 하나님께서 어떻게 백성을 이끌어 주셨는지 언급합니다. 그것은 이스라엘 백성이 지난 40년 동안 광야를 지나오며 옷도, 신발도, 음식도, 음료도 떨어지지 않았다는 것입니다(5~6). 또한 요단 동편 땅의 왕들과 전쟁을 치를 때에도 승리하여 그 땅을 차지하게 하셨습니다(7~8). 이스라엘 백성은 본디 노예들이지, 훈련을 받은 군사들이 아니었습니다. 그런데도 그들은 요단 동편에서뿐 아니라 여러 전쟁에서 승리하여 왔습니다. 이모두 놀라운 일입니다.

마찬가지로 이제 가나안 땅에 들어가면서 미처 몰랐던 하나님의 놀라운 섭리를 하나씩 보게 될 것입니다. 그러나 언약을 지키면 형통하는 복을 누리지만(9), 여호와를 떠나서 우상을 섬기면 저주와 화를 당할 것(16~21)이라 하였습니다. 그리고 이것은 후손과 이방 민족들에게 하나님의 언약을 버리면 이렇게 된다는 것을 보여 주는 것이라 하였습니다.(22~28)

오묘한 하나님의 일

이것을 모세는 29절에서 "감추어진 일"이 "나타난 일"이라고 하였습니다. 감추어진 일은 하나님께 속하였고, 나타난 일은 우리에게 속하였다 하였습니다. 이 말은 이스라엘 백성이 어찌될지 전혀 알 수 없던 일들을 지나고 난 후에 모두 알게 되었다는 것입니다. 그리고 앞으로는 하나님의 말씀과 언약에 대해서도 밝히 알게 될 것입니다.

개역한글성경에서는 '감추어진 일'을 "오묘한 일"이라 하였습니다. 어쩌면 이 단어가 더 어울릴 것 같습니다. 유한한 인간의 지혜로 만물의 이치와 역사의 흐름을 모두 이해하기는 어렵습니다. 더구나 아직 드러나지 않고 감추어져 있는 것은 알 수 없습니다.

개인의 삶 속에서도 마찬가지입니다. 잘 될 때에는 좋아하며 감사하지만, 잘 안 될 때에는 "왜 나만 이런 시련이냐, 하나님의 뜻이 어디에 있는지 모르겠다."고 합니다. 일이 지난 후에야 '아, 그때 그래서 그랬구나.' 하고 깨닫는 것이 고작입니다.

바울도 이렇게 말합니다. "깊도다 하나님의 지혜와 지식의 풍성함이여, 그의 판단은 헤아리지 못할 것이며 그의 길은 찾지 못할 것이로다."(롬 11:33) 우리가 하나님의 비밀을 이해하지 못한다 하여 성경의 가르침을 잘 못이라고 여기거나 하나님을 부정하는 일은 정말 어리석은 일입니다.

다 알 수 없어도 신뢰하는 삶

이탈리아의 천문학자요 물리학자인 갈릴레오 갈릴레이는 지동설을 주장하였습니다. 그는 하나님을 믿는 기독교 신자이지만, '지구는 돈다'고 주장하여 종교재판을 받았습니다. 그의 주장이 전통 교회의 가르침에 어긋난다는 이유 때문입니다. 그는 자신의 주장을 철회하고 나왔습니다. 그때 "그래도 지구는 돈다."고 했다는 말은 지금도 유명한 일화로 남아 있습니다. 그 이후 1992년, 교황 요한 바오로 2세는 그 재판이 잘못된 것이었음을 인정하고 갈릴레오 갈릴레이에게 사죄하였습니다. 그가 죽은 지 350년 후의 일이었습니다. 이 이야기처럼 당시로서는 이해할 수 없는 일들이 훗날 진리로 밝혀지는 경우도 많이 있습니다. 우리는 하나님께서 아직도 사람들에게 숨겨두신 오묘한 일이 있음을 믿어야 합니다. 그리고 이미 알려주신 일을 통하여 하나님께 영광을 돌려야 합니다.

30장

생명과 사망과
복과 저주

내가 생명과 사망과 복과 저주를 네 앞에 두었은즉 너
와 네 자손이 살기 위하여 생명을 택하고(19b)

주께 향하는 것이 복

29장에서 언약을 버리고 하나님을 떠나 우상을 섬기면 소돔과 고모라처럼 무너지리라 경고한 바 있습니다(29:23). 하지만 언약을 파기하는 백성에게 이런 엄청난 징벌을 피할 길이 없는 것은 아닙니다. 오히려 하나님께로 돌이키면 하나님도 다시 그들에게로 향하실 것이고 그들의 운명도 달라질 것이라고 합니다. 그래서 본문에는 '돌아와, 돌이키시고, 돌아오게 하시되, 돌아오게 하사, 다시'라는 말씀이 2~9절까지 거의 매 구절에 나옵니다.

백성이 하나님께 향하기만 하면 하나님도 그들에게로 향하십니다. 이것이 복입니다. 향(向)한다는 것은, 등을 돌리는 것이라는 의미의 배(背)한다는 것과 반대되는 말입니다. 이것은 예언자들의 말씀 선포의 주제이기도 하였습니다. 특히 누가복음 15장에 나오는 둘째 아들의 비유는 이 모습을 잘 그려 줍니다. 그 아들이 아버지를 떠날 때에는 등을 보이지만(背), 돌아올 때에는 얼굴을 보입니다(向). 주님은 우리가 주께 향하기를 원하고 계십니다.

복 받는 길

우리는 고대사, 근대사와 현대사, 그리고 현재의 정세들을 살펴봅니다. 그것을 통해 어떠한 경우에 역사나 문명이나 국가가 복을 받았고 번창해 나갔는지, 또한 어떠한 경우에 잘못되어갔는지 잘 알 수 있습니다. '아, 저렇게 해서 복을 받는구나.' 혹은 '저렇게 하니까 저주를 받는구나.' 하고 깨닫습니다.

그런데 자기 자신이 처한 삶의 모습에 대해서는 잘 파악하지 못하는 경우가 있습니다. 다른 사람은 나를 잘 읽고 있는데, 정작 나는 나 자신을 잘 읽지 못하는 것입니다. 설령 자신을 잘 안다 할지라도 개선하려 들지 않고 계속 그렇게 살아가고 있습니다.

하나님은 어떻게 하면 복을 받는지, 또한 어떻게 하면 저주를 받는지에 대하여 분명하게 제시하고 계십니다. 그것은 바로 "마음을 다하며 뜻을 다하여"입니다. 이 말씀은 2절, 6절, 10절에 반복하여 나옵니다.

좀 더 구체적으로 말하자면, 2절에서는 마음과 뜻을 다하여 '청종하라'는 것이요, 6절에서는 마음과 뜻을 다하여 '사랑하라'는 것이요, 10절에서는 마음과 뜻을 다하여 '돌아오라'는 것입니다. 이 말씀을 함께 묶으면, 생명과 복은 마음과 뜻을 다하여 하나님의 말씀을 듣고(2), 하나님을 사랑하고(6), 하나님께로 돌아오라(19)는 말씀이 됩니다.

이 말씀은 신명기 6장 5절과 10장 12~13절에서도 이미 말씀하신 바 있습니다. 우리 주님도 이 말씀을 그대로 받아들이셔서 마태복음 22장 37절에서 "네 마음을 다하고 목숨을 다하고 뜻을 다하여 주 너의 하나님을 사랑하라" 말씀하시는 것을 볼 수 있습니다.

가까이에 있는 복

이 말씀대로 하는 것이 어려워 보입니까? 하나님은 이 점에 대하여 이렇게 말씀하셨습니다. "내가 오늘 네게 명령한 이 명령은 네게 어려운 것도 아니요 먼 것도 아니라."(11) "생명과 사망과 복과 저주를 네 앞에 두었은즉 너와 네 자손이 살기 위하여 생명을 선택하라."(19)

사람들은 입에 붙은 말로 하나님의 명령에 대하여 지키기 어렵다고 합니다. 사실은 핑계에 불과합니다. 왜냐하면 여기 제시된 말씀은 사람이 마땅히 그렇게 살아야 할 것들을 가르치신 것이기 때문입니다. 만일 계명과 반대로 사는 것은 쉬울까요? 결코 그렇지 않습니다. 늘 우상을 섬기고, 도둑질하고, 거짓말을 하고, 못된 짓하며 사는 것이 더 어려운 것입니다. 우리가 복 받는 길은 결코 멀리 있지 않습니다. 가까이에 생명과 복이 있습니다.

| 신명기 |

DEUTERONOMY

31장

강하고 담대하라

> 너희는 강하고 담대하라. 두려워하지 말라. 그들 앞에서
> 떨지 말라. 이는 네 하나님 여호와 그가 너와 함께 가시
> 며 결코 너를 떠나지 아니하시며 버리지 아니하실 것임
> 이라.(6)

294

새벽우물에서 퍼 올린 말씀묵상

모세의 당부

모세가 지도자의 자리를 내놓아야 할 때가 다가왔습니다. 그는 나이가 많이 들었고, 가나안 땅에 들어가지 못하게 되어 있기 때문입니다(2). 그래서 이제는 이 세상을 떠나기 전에 처리할 것들을 정리합니다. 우선 후계자로 여호수아를 세우고 후계자와 백성에게 당부의 말을 합니다(3~8, 14~15). 그 다음으로 모세는 백성에게 매 칠년 되는 해(면제년, 15장 참고), 초막절에 백성 앞에서 율법을 낭독하라고 하였습니다. 그렇게 하여 이 모든 말씀을 그대로 행하고, 또한 다음세대들이 알게 하라는 것입니다(9~13). 그리고 하나님을 잘 섬겨 언약을 지키고 하나님을 떠나 재앙이 임하지 않게 하라면서(16~21) 노래를 지어 알려 주었습니다(22). 마지막으로

율법의 말씀을 다 책에 써서 마친 후에 언약궤 곁에 두게 하고, 말씀대로 살게 하였습니다.(24~29)

앞서 가시며 함께하시는 하나님

모세는 120세가 되었습니다. 기력이 쇠하여 더 이상 출입할 수도 없었습니다. 이제 그가 해야 할 가장 필요하고 적절한 일은 후계자를 세우는 것입니다. 그는 백성이 보는 앞에 여호수아를 불러 세우고 새 지도자로 소개합니다(3). 그리고 그가 할 일을 알려 주었습니다. 그것은 "이 백성을 거느리고 여호와께서 그들의 조상에게 주리라고 맹세하신 땅에 들어가서 그 땅을 차지하게 하라."(7)는 것이었습니다. 그러나 이 임무가 어디 그리 쉬운 일입니까? 참으로 힘들고 어려운 일이요, 두렵고 떨리는 일입니다.

그래서 백성과 여호수아에게 똑같은 당부를 합니다. 그것은 곧 "강하고 담대하라. 두려워하지 말라. 떨지 말라. 놀라지 말라."입니다. 그럴 수 있는 이유는 "내가 함께 하리라. 너를 버리지 아니하리라. 떠나지 아니하리라."는 하나님의 약속 때문입니다. 이 두 가지 말씀은 모두 6~8절, 23절에서 함께 나옵니다. 이것이야말로 백성과 지도자가 함께 지녀야 할 무장입니다. 훗날 여호수아가 실제 지도력을 발휘하려 할 때에도 똑같은 말로 다시 한 번 말씀해(수 1장) 주십니다. 그만큼 새 땅을 향해 나아가는 일은 강하고 담대해야 하며, 하나님께서 함께해 주실 때에만 가능하다는 것을 보여 줍니다. 여호수아는 백성을 이끌 뿐입니다. 참 지도자는 여전히 "너보다 먼저(3), 네 앞에서 가시는(8)" 하나님이시기 때문입니다.

강하고 담대한 믿음

우리가 인생을 살아갈 때에도 이러한 담대한 믿음이 필요합니다. 이것은 우리의 삶 속에서도 여실히 나타납니다. 우리의 삶이 매일 반복되는 것 같지만 (또한 반복되고 있다 할지라도), 사실은 아직 살아보지 않은 새로운 세계를 향하여 발걸음을 내딛고 있는 것입니다. 따라서 도전정신 없이는 일을 계획하는 것, 사람을 만나는 것, 일을 하거나 처리하고 추진해나가는 것이 그리 쉽지 않습니다. 더구나 미래로 나아가는 것이 규모가 크거나 중요할수록 그것에 대한 중압감은 훨씬 더합니다.

아브라함이 고향을 등지고 나올 때 어떠했을까요? 야곱이 형을 피하여 혼자 외가로 갈 때 어떠했을까요? 요셉이 상인들에게 팔려 이집트로 갈 때 어떠했을까요? 정도의 차이는 있겠지만 우리도 매일매일 미래를 향해 나아가고 있습니다. 그러한 우리에게 주님은 이사야를 통하여 이렇게 말씀하십니다.

"두려워하지 말라. 내가 너와 함께 함이라. 놀라지 말라. 나는 네 하나님이 됨이라. 내가 너를 굳세게 하리라. 참으로 너를 도와주리라. 참으로 나의 의로운 오른손으로 너를 붙들리라."(사 41:10)

우리 오늘도 이러한 주님을 믿고 자신 있고, 힘차게, 그리고 강하고 담대하게 살아갑시다.

DEUTERONOMY

32장

눈동자 같이
지키셨도다

 여호와께서 그를 황무지에서, 짐승이 부르짖는 광야에
서 만나시고 호위하시며 보호하시며 자기의 눈동자 같
이 지키셨도다.(10)

모세의 노래

　모세는 지금까지 인도해 오신 하나님을 노래하며 인생을 마감하고자
합니다. 이 노래는 앞 장 끝 절(31:30)에서 이어지는 내용입니다. 모세는 이
노래에서 그동안 자신이 전달한 말씀들(신명기)을 이슬비와 같다(2)고 하
였습니다. 하나님의 말씀은 연한 풀과 채소에 내리는 촉촉한 이슬같이 우
리의 심령을 적셔 주어 믿음을 자라게 하고 결실을 맺게 한다는 것입니
다. 말하자면 하나님의 말씀은 생명을 주는 이슬비와 같다는 것입니다.
바로 이러한 심정으로 우리도 끊임없이 하나님의 말씀을 이슬비같이 공
급받아야 합니다.

　이 노래의 주제는 7절에서 시작하는 말과 같이 '옛날을 기억하라'라고

말할 수 있습니다. 먼저 이 노래의 서시(序詩)로서 하나님을 예찬합니다. 여호와 하나님은 완전하시고 정의롭고 진실하기가 반석과 같으시다고 합니다(4). 그 하나님은 우리의 아버지이십니다. 그분이 우리를 지으시고 만드시고 세워 주셨습니다(5). 즉 하나님이 '존재의 근거'(ground of being, 신학자 폴 틸리히(Paul Tillich)가 쓴 용어)라는 것이지요.

옛날을 기억하라

그러면 옛날의 무엇을 기억해야 합니까? 이 노래가 주는 메시지는 무엇입니까? 매우 긴 노래입니다만, 몇 가지 새겨 봅니다.

첫째로 잊지 말아야 할 옛날은 광야생활을 말합니다(10). 그때를 늘 기억하라는 것입니다. 그들은 이집트 노예에서 해방되어 광야에서 고통스러운 나날을 보냈습니다. 그때 그들은 황무지 같은 곳에서 장막을 치고 지냈고, 들짐승의 부르짖는 울음소리가 들리는 황량한 곳에서 잠을 자야 했습니다. 그때 하나님은 그들을 만나시고 호위하시고 보호하시며 자기의 눈동자 같이 지켜 주셨습니다(10). 이것을 어찌 잊을 수 있겠습니까?

둘째로 광야생활은 고달팠지만 노예근성을 없애고 독수리 같이 강인한 민족으로 만들어 주었다는 것입니다(11). 이스라엘 백성은 광야생활을 통하여 하나님만을 의지하면서 신앙의 사람들이 되었고, 혹독한 훈련을 통하여 자유민이 될 수 있었습니다. 이후로 그들은 늘 승리하는 족속이 될 수 있었습니다.

셋째로 아무것도 없는 광야에서 그들의 기본적인 생존은 보장을 받았다는 것입니다(13~14). 농사도 짓지 않았건만 그들은 굶주리지 아니하였습니다. 밭의 소산, 반석에서 나오는 꿀(석청), 굳은 반석이 기름진 땅처럼 내는 기름진 것을 먹었습니다. 뿐만 아니라 우유나 양유, 밀과 포도 등 끊임없이 하나님은 생존에 필요한 것들을 공급해 주셨습니다.

넷째로 하나님을 버렸던 옛일도 기억하라는 것입니다. 즉 배에 기름이

낄 때 주의하라는 것입니다. 그들은 삶이 고난스럽거나 불가능한 일을 만날 때에는 하나님을 절대적으로 의지하다가 풍족한 삶을 누릴 때에는 하나님을 잊어버리고 배신하였습니다(15~18). 그 결과 많은 징벌을 받았습니다. 모세는 이 노래를 통하여 가나안 땅에 들어가서는 부디 이러한 일이 반복되지 않기를 바라고 있습니다.

하나님의 은혜를 기억하라

우리는 하나님께서 지난날 우리에게 베풀어 주신 은혜를 기억하고 늘 감사하며 살아야 합니다. 그렇게 해야 내가 기름질 만큼 모든 형편이 나아지고 풍족해져도 하나님을 떠나지 않을 수 있습니다. 그런데 우리는 지금 잘 지낸다 하여 어려웠던 시절을 곧잘 잊곤 합니다. 이것은 국가적으로도 그러합니다. 우리 모두 지금 부유하다 하여 '눈동자 같이 지켜' 오늘의 나를 있게 하신 하나님의 은혜를 망각해서는 안 됩니다. 지나치게 현실에 도취하지 말고 힘들고 어려웠던 시절을 회상함으로 그 일이 반복되지 않게 해야 하겠습니다.

33장

너는 행복한
사람이로다

이스라엘이여 너는 행복한 사람이로다. 여호와의 구원을 너 같이 얻은 백성이 누구냐. 그는 너를 돕는 방패시요 네 영광의 칼이시로다. 네 대적이 네게 복종하리니 네가 그들의 높은 곳을 밟으리로다.(29)

행복의 근거

　모세는 120세를 일기로 생을 마감합니다. 그는 죽기 전에 사랑하고 또 사랑했던 이스라엘 백성을 축복합니다. 각 지파별로 축복한 모세는 26절 이하에서는 지파 전체를 하나로 여겨 모두에게 공동의 축복을 합니다. 축복의 주제는 '행복'입니다. 우리는 고달픈 나그네 길을 걸어왔지만 행복하였고, 앞으로도 행복해야 한다는 것입니다. 그리고 그 행복의 이유를 하나님에게서 찾고 있습니다. 왜냐하면 하나님, 그분이 우리의 '행복의 근거'이기 때문입니다(32장에서 하나님을 '존재의 근거'라 표현한 것과 연결하여). 우리는 여기에서 열두 지파에 대하여 하나하나 모두 다룰 수 없음이 안타깝습니다. 그러나 지파 전체에 해당하는 26~29절 내용으로도 '너는 행복한 사람이로다'라는 축복의 메시지를 충분히 발견할 수 있을 것입니다.

우리가 행복한 이유

가장 먼저 하나님께서 친히 도우시므로 우리는 행복하다고 합니다(26). 하나님은 가장 위엄 있고 권위 있는 분이십니다. 천지만물을 창조하고 다스리는 분이십니다. 그런 분이 우리를 돕는다는 것은 가장 확실하고 분명한 도움입니다. 하나님처럼 도울 수 있는 사람은 없습니다. 그래서 히브리 시인은 이렇게 노래합니다. "내가 산을 향하여 눈을 들리라. 나의 도움이 어디서 올까. 나의 도움은 천지를 지으신 여호와에게서로다."(시 121:1~2)

그 다음으로 하나님께서 우리의 처소(피난처)가 되시므로 행복합니다(27). 그는 우리가 평안하도록 영원하신 팔로 안아 주시고 혹시 우리를 해치려는 것이 있으면 그 대적을 쫓아내서라도 우리의 안녕과 평안을 지켜 주십니다. 그래서 안전하게 살아가게 하십니다.

또한 하나님께서 우리에게 풍족한 은혜를 베풀어 주시므로 행복합니다(28). 여기에서 풍족한 은혜는 이슬로 표현되고 있습니다. 물이라고는 없을 것 같은 메마른 땅과 골짜기 같은 곳에서도 샘물이 나오게 하십니다. 농사가 될 것 같지 않은 거칠고 황무지 같은 땅이라 할지라도 곡식과 포도가 맺혀 먹을 것과 마실 것을 풍성하게 거두게 하십니다. 하늘에서는 이러한 풍성한 은혜가 계속되도록 이슬을 촉촉하게 내려 주십니다.

이슬과 같은 하나님의 은혜

이슬은 내리는 듯 마는 듯합니다. 미처 의식하지 못하는데 지나고 보면 알게 되는 것이 이슬입니다. 아침에 일어나 논두렁이나 밭두렁, 들판 길을 걷다 보면 간밤에 이슬이 내렸음을 압니다. "이제야 알겠구나!" 하는 것이 이슬입니다. 은혜가 바로 그러합니다. 다 자라고 보니 그것은 어머니의 은혜였습니다. 지난날을 회상해 보니 지금의 나는 하나님의 은혜였습니다.

그렇습니다. 이슬은 하나님의 은혜를 달리 표현한 것입니다. 이 내용을 보면 이삭이 야곱을 축복한 것이 생각납니다. "하늘의 이슬과 땅의 기름짐이며 풍성한 곡식과 포도주를 네게 주시기를 원하노라."(창 27:28) 이슬을 느끼듯 뒤늦게라도 은혜를 깨달은 사람은 행복합니다.

행복을 고백하는 삶

모세는 이렇게 자기 생애의 최후 노래를 맺습니다. "여수룬이여 하나님 같은 이가 없도다."(26) "이스라엘이여 너는 행복한 사람이로다."(29) 여기 여수룬은 이스라엘의 영광스러운 또 다른 이름입니다. 여수룬을 오늘날 우리로 여기고 이 두 구절을 합하면, '하나님이 계시매 우리는 행복합니다.'가 됩니다.

우리도 모세처럼 "나는 행복해!"라고 고백하며, 다른 이에게 "너는 행복한 사람이로다."라고 축복하며 삽시다.

모세가 죽을 때

 모세가 죽을 때 나이 백이십 세였으나 그의 눈이 흐리
지 아니하였고 기력이 쇠하지 아니하였더라.(7)

약속의 땅을 바라보는 모세

120세의 한 신실한 노인이 느보 산에 올라가 여리고 맞은 편 비스가 산 정상에 오릅니다. 이 산은 가나안 땅을 조망(眺望)하는 데 최적의 장소입니다. 그것이 그 노인이 딛는 이 땅의 최후입니다. 그는 모세입니다. 모세의 눈길은 우선 남쪽에서 요단 동쪽 땅을 거쳐 북으로 향합니다(길르앗 온 땅을 단까지, 1절). 그런 다음에 요단 서쪽 땅의 북쪽에서 남쪽 맨 끝까지 나아갑니다(납달리와 에브라임과 므낫세의 땅, 2절). 그러고는 다시 곡선을 그리며 시선의 출발점으로 돌아옵니다(네겝과 여리고 골짜기 평지와 소알, 3절). 대략 시계 반대 방향으로 조망하였습니다. 이 땅은 하나님께서 이스라엘 조상들에게 약속하셨던 땅입니다(창 12:7). 그 약속이 이루어지고 있습니다. 이스라엘은 전쟁을 통하여 이 땅을 차지하게 될 것입니다. 그러나 모세는 그 전체를 한번 바라보는 것으로 만족해야 했습니다.

철저한 순종의 사람

그의 이스라엘을 향한 사랑과 지도자로서 지닌 헌신, 하나님께 대한 충성을 더듬어 보면, 모세의 최후 모습에 가슴이 시려옵니다. 눈물샘이 뜨거워집니다. 그토록 원하던 젖과 꿀이 흐르는 땅에 마침내 도달하였건만 백성만 들여보내고 자신은 바라봐야만 했습니다. 그리고 아무도 모르게 죽어가야 했습니다. 영웅호걸이 죽어서 남기는 무덤도 비석도 하나 없습니다. 그리고 그것으로 끝입니다. 이스라엘 자손은 위대한 지도자 모세를 잃고 30일을 애곡하였습니다.(8)

"모세가 죽을 때 나이 백이십 세였으나 그의 눈이 흐리지 아니하였고 기력이 쇠하지 아니하였더라."(7)는 말씀에 따르면 그는 아직 얼마든지 가나안 땅에 들어갈 기력이 있습니다. 그 나이에 느보 산에 올랐다는 것만 보아도 그의 기력을 알 만합니다. 그렇다면 그가 가나안땅에 들어가지 않은 것은 나이나 건강상의 이유가 아닙니다. "너는 그리로 건너가지 못하리라."(4) 하신 말씀에 순종한 것뿐입니다. 일생을 순종한 모세는 마지막 순간까지 순종하였습니다. "일하라"에 순종한 모세는 "그만 두어라"에도 순종하였습니다. 철저한 순종, 그것이 하나님의 종으로서 그의 삶이었습니다.

하나님과 대면한 자

이 모세에 대하여 신명기는 이렇게 평가합니다. 그 후로 이스라엘에 그만한 선지자가 일어나지 못하였고, 그는 여호와와 대면하여 알았고, 하나님께서 행하시는 이적과 기사와 권능과 위엄을 행하였다는 것입니다

(10~12). 이것을 출애굽기 33장 11절에서는 "사람이 자기의 친구와 이야기함 같이 여호와께서는 모세와 대면하여 말씀하시며"라고 하였습니다. 이 대목에서 우리도 이렇게 일생을 하나님과 동행하며 살 수 있다면 얼마나 좋을까 하는 생각이 듭니다. 모세에 대하여 하나님께서 친히 평가하신 바도 있습니다. "그는 내 온 집에 충성함이라."(민 12:7)라는 평가입니다. 모세, 그는 과연 위대한 지도자였습니다.

순종하는 삶

한 충성스러운 종이 갔습니다. 그러나 그것으로 하나님의 역사가 중단되거나 끝난 것은 아닙니다. 그 역사는 사람을 바꾸어 가며 계속됩니다. 모세가 막대기를 도구로 썼듯이 자신도 하나님의 도구로 쓰임을 받았습니다. 마찬가지로 하나님은 여호수아를 후계자로 삼고 당신의 도구로 쓰고자 하십니다(9). 그 또한 하나님께 충성을 다할 것입니다. 그리고 백성은 여호수아의 지도에 순종할 것입니다.

그 모세와 여호수아는 바로 나입니다. 하나님은 당신의 일을 나와 우리를 통해 계속해 나가십니다. 이때 우리에게는 딱 한 가지 대답만 있을 뿐입니다. 그 대답은 "예"입니다. 이것이 "들으라!"를 그토록 강조하는 신명기입니다. 귀가 아니라 '행동'으로 말입니다.

새벽우물에서 퍼 올린 말씀묵상

초판 1쇄 2014년 4월 15일

박춘희 지음

발행인 ∣ 전용재
편집인 ∣ 손인선

펴 낸 곳 ∣ 도서출판 kmc
등록번호 ∣ 제2-1607호
등록일자 ∣ 1993년 9월 4일

(110-730) 서울특별시 종로구 세종대로 149 감리회관 16층
    (재)기독교대한감리회 출판국
대표전화 ∣ 02-399-2008 팩스 ∣ 02-399-4365
홈페이지 ∣ http://www.kmcmall.co.kr

디자인·인쇄 ∣ 코람데오 02-2264-3650~1

값 13,000원
ISBN 978-89-8430-641-7 03230

「이 도서의 국립중앙도서관 출판시도서목록(CIP)은 서지정보유통
지원시스템 홈페이지(http://seoji.nl.go.kr)와 국가자료공동목록시스템
(http://www.nl.go.kr/kolisnet)에서 이용하실 수 있습니다.
(CIP제어번호: CIP2014010376)」